CHAGALL

夏加尔

献给我的家人，罗森曼-达岩（Rosenman-Dayan）一家。

图1
安德烈·柯特兹（André Kertész）
画室里的夏加尔（Chagall dans son atelier）
1933年
摄影
巴黎，蓬皮杜中心国家现代艺术博物馆藏
画家于1978年捐赠

CHAGALL

夏加尔

守望乡愁与爱的色彩诗人

[法] 伊扎克·戈德伯格（Itzhak Goldberg） 著

朱洁 译

CITADELLES & MAZENOD

華中科技大学出版社
http://www.hustp.com
中国·武汉

有书至美
BOOK & BEAUTY

图书在版编目(CIP)数据

夏加尔：守望乡愁与爱的色彩诗人 /（法）伊扎克·戈德伯格著；朱洁译. -- 武汉：华中科技大学出版社，2021.2

ISBN 978-7-5680-6718-8

Ⅰ.①夏… Ⅱ.①伊… ②朱… Ⅲ.①夏加尔（Chagall, Marc 1887–1985）– 传记 Ⅳ.①K835.655.72

中国版本图书馆CIP数据核字(2020)第229890号

作者：Itzhak Goldberg

湖北省版权局著作权合同登记 图字：17–2020–168 号

夏加尔：守望乡愁与爱的色彩诗人
Xia Jia Er：Shouwang Xiangchou yu Ai de Secai Shiren

[法] 伊扎克 · 戈德伯格（Itzhak Goldberg）著
朱洁 译

出版发行：华中科技大学出版社（中国 · 武汉） 电话：(027) 81321913
北京有书至美文化传媒有限公司 (010) 67326910–6023
出 版 人：阮海洪

责任编辑：莽 昱 特约编辑：唐丽丽
责任监印：徐 露 郑红红 封面设计：唐 棣

制 作：北京博逸文化传播有限公司
印 刷：广东省博罗县园洲勤达印务有限公司
开 本：889mm × 1194mm 1/8
印 张：48
字 数：182千字
版 次：2021年2月第1版第1次印刷
定 价：398.00元

华中出版

本书若有印装质量问题，请向出版社营销中心调换
全国免费服务热线：400–6679–118 竭诚为您服务

图2
《喝酒的士兵》（*Le soldat boit*）
1911—1912年
图78局部，第83页

目录

引言
令人赞叹的轻盈生命 9

第一章
夏加尔，犹太艺术家？ 15

第二章
初识先锋艺术（1908—1914年） 48

第三章
重返俄罗斯（1914—1922年） 97

第四章
重生（1922—1937年） 175

第五章
黑暗的年代（1937—1947年） 213

第六章
面朝地中海（1948—1985年） 259

第七章
上帝的走钢丝演员 313

后记 366

附录
年谱 368
注释 372
部分参考书目 377
人名索引 379
作品索引 381

图3
《雅歌II》（*Le Cantique des cantiques II*）
1957年
图352局部，第332页

引言

令人赞叹的轻盈生命

夏加尔是一个试图画出世界的人。一年年过去了，他的画布上布满了各种形象，回旋的脸孔、农舍屋顶的红色奶牛和小提琴手、身首分离以及倒立的人、绿色面孔的犹太教拉比、飞起来的恋人、住在天空的公鸡和驴子、躺在村子中央的尸体、长了胡子的奇怪新生儿……夏加尔的世界似乎是非理性的、无逻辑的、梦幻的，但这个不可思议的世界其实是平衡而稳定的，只不过，他把真实的世界整个颠倒了。

在夏加尔看来，真实和想象之间没有距离。“对我来说，绘画是飞向另一个世界的窗口”[1]。阿尔伯蒂（Alberti）在关于绘画的著名隐喻中认为绘画是通向现实的窗口，而夏加尔却用作品创作和阐释了另一个空间：世界舞台。

对于那些希望对夏加尔的作品浅尝辄止的游客，我们建议参观圣保罗·德旺斯（Saint-Paul-de-Vence）的梅格基金会美术馆（Fondation Maeght）足矣。画家自1950年在这里定居之后就没再离开，直至生命的终点。在美术馆一楼的一间展室里，迎接观众的是一幅巨幅画作（296厘米×406厘米），它囊括了画家的“全部作品”。实际上，这幅名为《我的生涯》（*La Vie*，1964年，图5）的作品不仅仅是一幅画，它可以被称作是夏加尔世界的“识字图谱”，里面汇集了画家笔下几乎所有反复出现过的人物、动物等艺术题材。整个画面中分布的许多小场景，都曾在画家的其他作品中出现过。没有任何叙述逻辑将这些分解图或者说视觉的复调音乐串联起来。然而这在夏加尔作品中是司空见惯的。画家生活过的巴黎以及故乡维捷布斯克（Vitebsk）等地点的场景和故事片段中的人物和零散场景聚集在同一个空间里，却又互不相干，并游离于时间之外。它们从一个地点跳跃到另一个地点，在一幅画中分布为多个视觉重心，这诠释了夏加尔式的表达方式。他的画就像梦境一样，完全无视了矛盾的存在。让-米歇尔·弗莱（Jean-Michel Foray）曾针对这幅画写道：“这幅作品从不可辨认的本质以及缺少常规美学的构图来看，颇具讽喻意味。画布表面随意安放着混杂却又对等的画面。”[2]

实际上，《我的生涯》这一巨幅画作揭示了贯穿夏加尔作品的一个特点：“画中人物众多，经常有十多个，他们之间混合叠加，形成深浅、大小不一的平面，经常会构成人物上的阴影。人物所处的空间也从来不是单一的地点。”[3]当然，夏加尔没有利用空间失调来扭曲叙述规则，而是通过非常规、非默认的方式，用迂回的方式尽力巧妙地颠覆传统叙事方式。

《我的生涯》是一部视觉自传，这一丰富的、如梦境般的图像让人联想到戏剧表演结束时的场景：尚未卸妆的演员走到舞台前，向热烈鼓掌的观众们致谢，而导演却不在场，他隐藏在天使、动物或是空气

图4
《仰头的男人》（*L'Homme à la tête renversée*）
1919年
油画，装裱在木板上的纸板
57厘米×47厘米
私人收藏

图5
《我的生涯》
1964年
油画，画布
296厘米×406厘米
圣保罗·德旺斯
梅格基金会美术馆藏

人（Luftmensch）[①]的形象下，是凌空行走的人。以某种形式缺席的画家同样在现代艺术名人录中缺席了。因为夏加尔身上存在一种悖论。尽管（或者说恰恰因为）他的作品大受欢迎，艺术史反而对他保持了一种审慎的态度。公众和评论界对他的评价从来没能达成一致。皮埃尔·施耐德（Pierre Schneider）写道："夏加尔被所有人接受，艺术史学家们除外。"[4]看来，这种绘画形式还不足以让一位画家进入风光无限的先锋艺术圈。很显然，这位20世纪之初的创作者既不放弃传统，也不属于立体派或是抽象派，甚至不完全是超现实主义派，很难被归类，因此也难以被获准进入艺术名人圈。更糟糕的是，夏加尔还犯下了一宗严重的原罪——不放弃诱惑力，这恰恰与当代艺术所宣扬的朴实无华相对立。著名的研究夏加尔的专家本雅明·哈沙夫（Benjamin Harshav）对他的定位也是矛盾的："在几乎整个20世纪期间，马克·夏加尔在现代艺术中占据着主要地位，尽管这个位置是边缘化的、难以捉摸的。"[5]

此外，尽管夏加尔有很多朋友，例如德劳内（Delaunay）、桑德拉尔（Cendrars）等，但他却不属于任何团体。更有甚者，我们发现在绘画方面，这位画家不仅没有"兄弟"，更没有"后裔"。这一尴尬的情况造成了他在美术史上归类的不确定性。要知道，根据皮埃尔·施耐德的说法，美术史就是"一种形式的传承，通过后继者的数量来评判画家的重要性"。

我们在读本书时也会有这种"不确定性"感受。当然，不了解犹太传统和风俗也并不影响我们对夏加尔的喜爱。当绘画作品表现出独立于色彩和形状的束缚时，画家那难以复制的诗意想象、丰富的色彩、轻盈和通透的表达，都给人带来视觉上的享受。人们甚至认为，一切用夏加尔的出身来阐释其作品的做法都是一种局限，因为这种做法没有考虑现代艺术对于表现一切的渴望。但是对于画家自身来说，放飞的想象、自由的形状、脱离自然的色彩，这一切都是他用来表达主题的重要工具，也正是他从出身的文化中汲取的灵感。在夏加尔的绘画世界中，虽然所有人物都拒绝遵守万有引力规律，但他却从来没有放弃自己的出身本源。他想象力的源泉是在一个明确的时空中，它勾勒出一座犹太村落，根植于犹太传统并直面变革中的俄罗斯世界。在画家的世界中，犹太教堂与基督教堂的钟楼并存，健壮的农民出现在希伯来式的传统婚礼上……这些神秘的意象经常杂糅了意第绪文化和俄罗斯民间艺术，其中，也并置了犹太教传统和基督教传统元素。

吉尔贝特·拉斯科尔特（Gilbert Lascault）写道："夏加尔，比起直线，他更青睐迂回的线条；比起平庸，他更笃爱奇观；比起娓娓道来，他更喜欢跳跃想象；比起平铺直叙，他更钟情雄辩；比起断然肯定，他更偏爱犹疑不定。"[6]他的作品容许任何形式的偏离主题，总是带着半幻想、半现实，半恭敬、半放肆艰难地维持着两可之间的位置——乡土和国际化之间、犹太和非犹太之间、俄国和法国之间。在他创造的这一特别的世界里，理性和荒谬和谐共存，各种宗教和文化并置黏合，同时又借鉴了先锋艺术元素，形成了一种混杂而又自洽的语言。再次引述本雅明·哈沙夫的文章："跟许多与他同时代的人一样，我们也不能将他局限在一种文化或一个国家里……他的意识从这一内在的复调音乐中汲取了养分，而割裂这些表象的矛盾是毫无意义的做法。"[7]

为了方便在各种文化间转换，我们需要不停地变换视角。很少有艺术家会像夏加尔这样游离于艺术史之外，也很少有画家在人生中出现如此多的割裂、如此多自愿或是被迫的离乡背井的经历。然而，恰恰是这

① Luftmensch，意第绪语。从字面上看，意思是"空气人"，指没有商业头脑、不切实际的梦想家，一般形容与社会格格不入的人。译注。

些经历造就了他的作品充满了乡愁与爱的回忆。“在跟他有过相似流亡经历的画家中，都存在一种矛盾的需求，即寻找新坐标和重新确认自我根源的矛盾，这一点在夏加尔的作品中尤为明显。”[8]这位难于归类的画家给艺术史学家们出了一个难题，皮埃尔·施耐德写道：“史学家们接纳了他，却带着几分不情不愿，于是仅给了他一个临时准入函，而非永久居住权。在艺术史学家的眼中，夏加尔就是这样一个不合时宜的艺术家。”[9]

杰拉尔·卡鲁斯特（Gérard Garouste）也有同样的看法，从某种象征意义上来说，夏加尔“承担起了侨居者的角色，从地缘以及历史角度来看，他始终被流放着，与人们对现代艺术家的期望大相径庭。……他一只脚迈入艺术史，另一只脚却踏在外围，与先锋艺术逆向而行”[10]。他的作品，刻意游走在边缘，与艺术理论水火不容。无法被归类的夏加尔因此失去了其应有的社会地位，无论是否故意为之，他都被孤立了起来。然而，这却正是他的作品的力量所在。

本书并非是一本夏加尔传记，意图展现“夏加尔的一切”。传记类书籍已经有很多了，在1961年出版的关于他的巨著中，弗朗茨·梅耶（Franz Meyer）已经列出了大量关于夏加尔的传记。最新的传记作品出自杰克·乌尔切拉格（Jackie Wullschläger）之手，其内容准确、翔实，堪称研究夏加尔的资料库。当然，在本书中不可避免会涉及夏加尔艺术生涯的重要阶段与相关作品之间剪不断理还乱的关系，但是本书的根本目的是试着让画说话，带我们去理解夏加尔笔下的精神世界。

图6
《哦上帝》（*Oh God*）
1919年
油画，装裱在纸板上的画纸
57.8厘米×46.5厘米
费城，费城美术馆藏

第一章

夏加尔，犹太艺术家？

"确实有犹太艺术家，但是没有所谓犹太艺术。"

亚伯拉罕·埃弗罗斯（Abram Efros），1916年

犹太艺术

夏加尔是否能被称为犹太画家？这一点似乎是可以确定的，因为在他的作品中存在大量犹太元素。无论这些元素是"明示"还是"隐藏"的，他诗意化的想象力都是服务于一种"世界犹太语"的。虽然非内行人士也可以理解，但是其中还暗含着一种密语。不过这一论调必须要有一个前提，那就是存在一种犹太艺术。在《犹太百科全书》（*Encyclopedia Judaica*）这部不存在任何反犹太偏见的作品中，可以看到这样一句话，"长期以来，是否存在一种能被称为犹太艺术的艺术形式这一论题备受争议"。例如，在犹太文明史中可以看到，美学不是主流，愿意给予美学重要位置的犹太哲学家更是凤毛麟角。对于美的感官并没有被禁止，但却被看成是危险的，会扰乱《律法书》（*la Torah*）所传达的教义。所以，受限于历史因素，对艺术品的禁止造成犹太艺术这一概念的缺失。

谈及犹太艺术，人们首先想到的是宗教和文化，犹太艺术指的是犹太艺术家的所有作品吗？或是跟犹太思想相关的所有作品吗？还是含有代代传承的犹太传统及特定内容的吗？如果说大部分历史学家都赞同犹太传统给予视觉文化的有限位置，其危险在于一种基于生理决定论的所谓创作艺术无能的解释，这其实是一种种族理论。相反，我们有理由相信，犹太哲学和神学虽然没有站在美和艺术创作的对立面，但至少是对其持冷漠态度的。摩西律法中的禁止图像，在整个希伯来历史中，这一精神对造型艺术领域影响深

前一跨页

图7
《婚礼》（*la Noce*）
1911—1912年
图82局部，第86—87页

图8
内森·奥尔特曼（Nathan Altman）
叶海卡·多布鲁辛（Yehezkel Dobrushin）的《上帝，火种》（*Got der Fayer*）插画
1922年
墨水画，画纸
18.6厘米×12.1厘米
巴黎，犹太艺术和历史博物馆藏

图9
《律法书》装饰版画
1806—1807年
烫金压纹，银牌
18.3厘米×15厘米
纽约，犹太博物馆藏

远。只要读一读夏加尔这位犹太艺术家代表的回忆录就可以看出这一点，“大家都说我是画家。然而上帝绝不允许这件事。这是原罪！”[1]

有一无数次重申的禁令源自摩西十诫中第二戒律，其将所有艺术作品视为禁止，包括神人同形同性论者：“不可为自己雕刻偶像，也不可做什么形象，仿佛上天、下地和地底下、水中的百物。不可跪拜那些像[2]……”。[②]这里所说的“像”，也即古希腊概念中的eidolon（偶像）。任何形象都可以成为“偶像”，人们非常了解这一概念的负面影响，即出现偶像崇拜。在《圣经》的《诗篇》（*les Psaumes*）里写道：“外邦的偶像、是金的、是银的、是人手所造的，有口却不能言，有眼却不能看，有耳却不能听，口中也没有气息。”[3]由此，我们立刻就可以领会犹太宗教所预测到的危险——从图像到偶像的转化，从艺术到崇拜的转化，从象征性模仿到不可见形象的具象化。在基督教中，圣子变成了有血有肉的躯体，这个躯体可以通过图像表现出来（主的显现）；而对于犹太人来说，主只通过声音传教。一位基督教艺术家会使用图像作为表现深层真实的方式，而在希伯来人看来，声音不可以变成可见的形象。神圣性的基础在于通过《摩西五经》（*Pentateuque*）传达的神的声音。放弃形象而选择声音的传统也延展到书写当中。

也正因此，如果说《新约》（*Nouveau Testament*）是记述门徒所言，那么《旧约》（*Ancien Testament*）则被认为是用一种可以诠释上帝全知全能的语言所撰写的。这一语言产生于创世之前，甚至被看成是创世的推动力，并通过组成文本的字母具象化而来。这些字母是至关重要的：犹太神秘主义的基础就在于

②参考《圣经》修订本，下同。译注。

图10
《先知以利亚》（*Le Prophète Élie*）
伊茨霍克·莱布什·佩雷茨（Yitskhok Leybush Peretz）《巫师》（*Der Kunsten-makher*）中的插画
1914—1915年
墨汁和水粉画，画纸
16.9厘米×16厘米
巴黎，蓬皮杜中心国家现代艺术博物馆藏，1997年付与

图11
以萨迦·贝尔·里巴克（Issachar Ber Ryback）《亚历夫·贝思》（*Alef Beth*）
1918年
油画，画布
99.8厘米×79.5厘米
巴特亚姆（Bat Yam，以色列），里巴克艺术博物馆（Ryback Art Museum）藏

图12
《墓地大门》
1917年
油画，画布
87厘米×68.5厘米
巴黎，犹太艺术和历史博物馆，蓬皮杜中心国家现代艺术博物馆寄存，1984年捐赠

赋予字母隐含的意义，认为在各种字母组合中隐藏着神的启示。这些字母反复出现在夏加尔的画布上，就表示了这一传统的延续。它们是夏加尔作品不可或缺的元素，尽管有时仅表现为立体元素变形的重影和侧影。犹太艺术家用希伯来字母构造各种几何图案。（图10、图11）夏加尔也在为报纸和杂志画的插画中用上了这一手法。在其他作品中，则主要引述了《旧约》中的文本。在1917年作品《墓地大门》（*Les Portes du cimetière*，图12）中，唤起“枯骨”复活的预言铭刻在墓地入口的拱门上，这是引自《以西结书》（*d'Ézéchiel*）中意喻希望的经文。在1915年作品《红色犹太人》（*le Juif rouge*，图14）中出现的是《创世纪》（*Genèse*）第十二章的一句话，上帝对亚伯拉罕说：“你要离开本地、本族、父家，往我所要指示你的地去。”[4]画中引述的铭文和作品完成时间并非毫无关联。当1914年7月第一次世界大战突然爆发时，俄罗斯犹太人被怀疑替德国人从事间谍活动。很快，居住在前线的二十万犹太人被驱逐出境，维捷布斯克小镇迎来了难民潮。因此，夏加尔引述的《旧约》文本与其创作所处时代构成了一场巧合，这是犹太人民创造历史之阶段和20世纪初笼罩在俄罗斯大地上的沉重气氛之间的一场巧合，是否颇具讥讽意味？说起来，这似乎也是对《圣经》文本的一种重现。

因此，如果说夏加尔与同时代的人一样对犹太文化满怀兴趣，并经常引用《圣经》文本，但这只是一种世俗的行为，一种充满了乡愁的行为。让-米歇尔·弗莱写道：“对于夏加尔来说，他想要将无处不在的上帝所代表的源文化和诸神缺席的现代艺术结合起来。”[5]在19世纪出现的犹太解放运动中，犹太艺术家总是与犹太社群保持着距离，并投身于造型艺术中，

תרנ
תקעב

因为这一艺术形式的美学标准已不再由宗教需求来决定。他们追寻一种普遍适用的艺术语言，实际上是跟国家或是种族的鲜明特征相悖的。通常，创作者会利用犹太传统社会的分崩离析去探索现代艺术的各个方面。夏加尔更是深深植根于这个面临变革的社会，这一大社会背景恰恰让他能够将自身文化与时代艺术之间进行令人惊叹的组合。

对于犹太艺术家，尤其是对于夏加尔来说，身份认同始终是首要问题。但这不仅仅是针对变革中的艺术本我的主观性，“如何将现代艺术和犹太-俄罗斯本土文化相结合？”让-米歇尔·弗莱问道。身份认同缺失所带来的焦虑在夏加尔的作品中是最核心的。无疑，对于身份的质疑是希伯来世界和现代艺术所共通的。夏加尔在身份认同和适应的过程中，这也是决定性的。[6]他的命运与犹太社群息息相关，所以他需要找到一种方法去确认自我身份，同时又不能抛弃这一群体。这个问题在20世纪之初犹太人在俄罗斯的复兴时期尤为尖锐。一方面，人们看到在苏联占据一席之地而又保持其特有文化传统和语言的犹太民族中，存在着发展自身特有艺术的意愿；另一方面，自19世纪末开始，一个尚处于少数派的流派跟犹太复国主义紧密相连，他们只承认在即将建立的犹太国土上的艺术，而排斥所有其他艺术形式。犹太艺术自此植根于思想史中，而非艺术史中。这是一种国家艺术，可以为犹太身份认同贡献一部分内涵，也表现了犹太人民建立一种文化和国家的能力。“两种带有鲜明救世主色彩的流派得到了发展：一个是赫茨尔（Herzl）发起的，充满民族主义特征，其理论是回归应许之地。另一种是其他思想家提出的，更倾向于国际主义，宣扬通过政治和社会变革迎接一个更美好世界的降临。”[7]夏加尔的选择显然是第二种，至少他在俄罗斯生活的那些年是如此。

图13
埃尔·利西茨基（El Lissitzky）
为玛尼·莱博（Mani Leyb）的《伶牙俐齿的调皮小男孩》（*Yingl, tsingl, khvat*）画的插画
1919年
墨水画，画纸
25.8厘米×20.5厘米
巴黎，犹太艺术和历史博物馆藏

图14
《红色犹太人》
1915年
油画，画布
100厘米×80.5厘米
圣彼得堡，俄罗斯博物馆藏

chagall.

神圣语言和世俗语言

夏加尔终其一生都与《圣经》保持着密切的联系。虽然他不是信徒，但是《圣经》为其作品提供了丰富的养分。1930年前后为《旧约》绘制的插画，以及20世纪50年代的旺斯《圣经箴言》（*Message Biblique*）组图计划，是夏加尔与《圣经》联系最紧密的时期。甚至可以说《圣经》文本贯穿了他的整个创作生涯。夏加尔七岁的时候进入了以希伯来语教学的犹太宗教小学，开始学习这一《圣经》语言。《圣经》世界成为他最熟悉的世界，也是他最常接触的世界。美国艺术史学家梅耶·夏皮罗（Meyer Schapiro）在夏加尔的《圣经》插画中发现了“东欧犹太聚集区里许多真实的人和脸孔”[8]。

这群人并不说在宗教仪式上使用的希伯来语，而是说意第绪语，这也是东欧犹太社群的本土语言。在20世纪初期有大约一千二百万说意第绪语的犹太人。所以，这也是夏加尔的母语，也是他从十三岁以后唯一真正使用并精通的语言。意第绪语是源自中古德语的一种成熟方言，融入了大量希伯来词汇。夏加尔将从右向左书写的希伯来文字与标音文字以及德语、波罗的语和斯拉夫语结合起来。从中世纪起，德系犹太人就开始使用意第绪语，随后大部分的俄罗斯犹太人也开始使用这一语言。这一语言逐渐接受了其他语言的词汇，并将其中的抽象词汇和形象化的夸张变成一种有趣的混合物。文字游戏、双关语、委婉表达、映射的大量存在，都源自犹太人身处充满敌意的环境下，必须要自我保护的状态。“这是在家里说的语言，使用这一家的语言会给我们一种安全感和归属感，这种感受是身处19世纪的犹太人在世界上其他任何地方都不可能找到的特有价值观、宗教传统和法律体系。”[9]

可以把意第绪语看作一种禁语，一种用许可的

图15
《祈祷的犹太人》（*Juif en prière*）
1913—1914年
油画，画布
40厘米×31厘米
耶路撒冷，以色列博物馆藏

图16
耶胡达·潘（Yehuda Pen）
《钟表匠》（*L'Horloger*）
1914年
油画，画布
60厘米×67厘米
明斯克，白俄罗斯国家美术馆藏

图17
《致俄罗斯、驴子和其他》
1911年
油画，画布
157厘米×122厘米
巴黎，蓬皮杜中心国家现代艺术博物馆藏，1953年由艺术家本人捐赠

图18
《七指自画像》
1912—1913年
油画，画布
127厘米×107厘米
阿姆斯特丹，市立博物馆藏

词句表达禁忌的方法。它不仅是灵感之源，更是储备格言的仓库，画家可以狡黠地将其运用到绘画中。这一杂交的语言因其结构被画家在其艺术创作中用作隐喻。夏加尔的作品扎根于这种语言，并跟这种语言一样，至简而又极其捉摸不定。《七指自画像》（*Autoportrait aux sept doigts*，图18）就是一个绝佳的例子。因为这幅画的创作早于超现实主义运动，有人说能从这幅画中看到超现实主义的序曲。这种看法听起来像是个合情合理的假设，但是并没有考虑到“七”这个数字在《圣经》中的特殊含义。此外，在意第绪语中，“有七根手指”是极其灵活和强烈的象征。并且还要考虑到，夏加尔出生于1887年第七个月份的第七天。这让夏加尔深信自己被深深打上了“七”这个数字特有的烙印。在他的其他作品中，经常有一头驴子在屋顶上飞翔（意第绪语为a ku iz gefloygn ibern dakh），正如在《致俄罗斯、驴子和其他》（*À la Russie, aux ânes et aux autres*，图17）这个作品中一样，映射了一段“无头无尾的历史”。

夏加尔反驳了那些认为他的作品建立在单一语言上的阐释，也质疑那种认为他有意在画里逐字逐句使用意第绪语的分析。在一次访谈中，爱德华·罗迪特（Édouard Roditi）进一步发展了这一分析，他认为按照以色列艺术史学家海茵姆·甘佐（Haïm Gamzou）的说法，夏加尔可以被称为意第绪语言和风俗方面的勃鲁盖尔（Bruegel）。爱德华·罗迪特自己就能在夏加尔的作品中找出上百处意第绪语常用语或是谚语的图像。针对这一说法，艺术家本人回复说：“我并非有意识地画出……，是否我成为画家这件事，在我持续无意识地自我表达时迫使我成为了文学家？就像我童年时周围的所有人那样？”[10]作为无意间步入诗词界的夏加尔来说，他代表的是一个出身贫苦但永不忘记自己出身的创作者。甚至在他的艺术引领他走向一种让读者难以理解的矫揉造作时，他依然跟犹太性（yiddishkeit）或是译作“犹太化”的这一概念密不可分。某些人将其看作保守主义的铭牌，固守过去、故步自封，甚至是一种宗教或民族分裂主义。但恰恰相反，这实际上是一个民族社群祖辈的文化经验与全世界文化交融的表现，并因此产生了“一种特殊格调、一种氛围、一种性情以及一种幽默感”[11]。

首先，意第绪语是夏加尔与他的童年世界维捷布斯克之间从未割裂的纽带，这一纽带可以说贯穿

图19
大卫·霍夫斯坦因（David Hofstein）的《丧礼》（*Troyer*）封面插画
1919年
墨水画，犊皮纸
47.2厘米×33.7厘米
巴黎，蓬皮杜中心国家现代艺术博物馆藏，1992年付与

图20
《时代变了吗？》（*Les temps changent-ils?*），大卫·霍夫斯坦因的《丧礼》插画
1920年
黑色墨水画，犊皮纸
34.4厘米×25.7厘米，
巴黎，蓬皮杜中心国家现代艺术博物馆藏，1988年付与

了他的全部作品。从某种意义上说，意第绪语和维捷布斯克对于他来说本质上是一样的。意第绪语国度（Yiddishland）这一表述可以完美概括这种象征性的融合。夏加尔虽然离开了这里，但是却又从未远离过。然而这又是不可能的融合，因为夏加尔很快就会发现自己处于进退维谷的困境：他需要离开维捷布斯克才能继续画画，而完全抛弃维捷布斯克又让他失去了绘画的理由[12]。他在对故土的眷恋和摆脱之情中摇摆不定。本雅明·方丹（Benjamin Fondane）写道："这个意第绪文化的天堂，既温情又痛苦，既虔诚又可笑，充满着伤痛和屠戮。在这个旧货市场般的天堂里，人民向着过去的上帝——一个跳蚤市场里的上帝祈祷。而正是在这个天堂里，夏加尔牵住了佩雷茨·马基什（Peretz Markish）和萨罗姆-阿列赫姆（Scholem-Aleichem）的手。"[13]

另外，自20世纪30年代以来，夏加尔一直与意第绪语诗人和作家保持联络，并为他们的作品画插画。他的自传是用俄文写作的，随后被奥赛·瓦扎斯基（Oser Warszawski）和佩雷茨·马基什翻译成意第绪语，而他自己也开始用意第绪语写诗。娜塔莉·哈赞-布鲁内（Nathalie Hazan-Brunet）认为，意第绪语已经成为夏加尔写诗的语言，让他能够架起通向童年世界的桥梁，因为他的亲人和文化都消失了[14]。1968年，夏加尔将他所有的诗收录进一本诗集，并创作了二十四幅木版画，所有灵感均来自于他的绘画作品中反复出现的形象。

哈西德主义

没人知道夏加尔是否加入了哈西德教派。但是他无疑生活在以这一派别为主流的环境中。实际上，维捷布斯克五十个祈祷室几乎全部都信奉哈西德教派。夏加尔本人则回避这一话题："我的家人确实都属于哈西德教派团体。我们在维捷布斯克甚至有过一个著名的哈西德派显现圣迹的司祭。但是我不认为我的画是一种神秘主义或是宗教信仰的表现。神秘主义和宗教在我的童年起了很重要的作用，可能也在我的作品中留下了印记，但就像这个世界上其他任何东西一样。无论如何，从我第一次离开维捷布斯克起，我认识了更多其他的世界。"[15]

无论如何，夏加尔都保留了哈西德精神文化并在画中有所体现。这种"虔信主义"运动诞生于18世纪的东欧，在整个19世纪的波兰和白俄罗斯，哈西德教派在犹太社群中迅速发展起来。跟正统犹太教的理性和业已僵化的正教法典相反，哈西德教众，也就是所谓"虔诚的人"，会通过行为而非对教义的研究和博学表现信仰。也就是说，正统犹太教采用的是一种过于枯燥的方法因而不能触动普通民众，而哈西德教派希望从内在振兴犹太精神。其思想基础是忠于上帝和内在本我，在人和神之间构建一种亲近甚至是殷切的关

图21
马克斯·韦伯（Max Weber）
《犹太教律法研究者》（*Les Talmudistes*）
1934年
油画，画布
127.3厘米×86.4厘米
纽约，犹太博物馆藏

图22
《犹太教律法研究者》，《我的生涯》第9幅插画
1922年
蚀刻版画，画纸
27.5厘米×21.5厘米
汉诺威（Hanovre），施普伦格尔博物馆（Sprengel Museum）藏

图23
《抱着律法书的男人》
（*L'Homme à la Torah*）
1914年
墨水和水粉画，装裱在纸板上的压纹纸
22.5厘米×18.1厘米
巴黎，蓬皮杜中心国家现代艺术博物馆藏
1988年付与

系。信徒会感受到与上帝永久的共融感，并时刻保持与其神圣的联系。关于遵守教义者和圣人的圣徒传记一直坚持这种与上帝的关系。上帝没有放弃他所创造的世界，且无处不在。哈西德教派运动通过信仰和迷信行为进行传播，并通过故事和道德寓言发展壮大。它一直带有一种幽默的悲剧色彩，并“总是将神圣与庸俗、天堂与世俗混在一起”[16]。

这一犹太虔信主义在超验性中融入了内在性，在处理人世间和彼岸世界时不考虑连贯性，有时甚至会颠覆既定教阶。所以哈西德主义会同时探讨“崇高”和日常生活，会在家庭环境发生的日常事件中找到“崇高”，这些日常事件就像是发生在天堂一样。[17]正如在夏加尔的作品里，人物总是处在半空中。这让人立刻想到了维捷布斯克，对于夏加尔来说，那里无论是“云端还是鞋匠的房子里”[18]都浸染着一种宗教狂热的情感。夏加尔也许并未正式加入哈西德派别，但却被

图24
《号角》(*Le Shofar*)
1914—1915年
石墨、水彩和水粉画，贴在红纸上的灰色画纸
26.3厘米×32.7厘米
巴黎，蓬皮杜中心国家现代艺术博物馆藏，1988年付与

图25
《牲畜棚》(*L'Étable*)
1917年
油画，画布，纸板
47厘米×61.5厘米
汉诺威，施普伦格尔博物馆藏

其中的泛神论概念所吸引，尤其是“对快乐的肯定，并视作存在的至高意义”[19]。也因为其泛神论的理论，哈西德教徒不会严格区分人类和动物，认为野兽也是神的造物。所以诺亚方舟及动物的寓言在夏加尔的《圣经》插画中占据大量篇幅并非偶然。他所画的日常生活场景中的狂喜，“让人失去理智”的心醉神迷以及节日和音乐，都是对这种宗教形式的情感特征的形象表达。总之，我们可以在夏加尔充满支离破碎场景的艺术语言中找到与充满格言警句的哈西德思想的联系。

维捷布斯克：市镇还是犹太聚居地？

在意第绪语中，shtetl的字面意思是“小城”，指的是东欧地区有相当大比例的犹太人聚居的城镇。在沙俄时期，犹太人被禁止生活在大城市和乡下，法律只允许他们在广阔的“聚集地”居住和流动。这一地区又被称作“栅栏区”，自俄国女皇叶卡捷琳娜二世（Catherine II）下令设立以来，被其继任者保留了下来。这一区域位于波罗的海和红海之间，从罗兹（Łódz）到波尔塔瓦（Poltava），包括乌克兰（Ukraine）、立陶宛（Lituanie），以及近期并入的白俄罗斯和波兰的领土。在1897年第一次官方人口普查时，有四百九十万犹太人居住其中，占当地人口总数的12%，是俄罗斯犹太人口总数的94%。一个犹太人想要获得许可合法离开这一区域是非常困难的事情[20]。

夏加尔在描绘故乡维捷布斯克时，打造了一个犹太聚居地的传说，一个俄罗斯境内深处的贫穷小镇。他从此再也没有摆脱过这一标志性的小镇形象，而人

图26
马克·夏加尔一家在维捷布斯克（La famille de Marc Chagall à Vitebsk）
1907—1910年
摄影
巴黎，马克和伊达·夏加尔（Marc et Ida Chagall）档案馆藏

图27
维捷布斯克的斯摩棱斯克街道（Rue de Smolensk à Vitebsk）
20世纪初
摄影
维捷布斯克，地方博物馆藏

图28
《街道上的商店》
1911年
墨水、水彩和水粉画，画纸
13.3厘米×21厘米
巴黎，蓬皮杜中心国家现代艺术博物馆藏，1988年付与

图29
《卖面包的女商贩》
（*La Marchande de pain*）
1910年
油画，画布
60厘米×73厘米
箱根（Hakone，日本），宝拉美术馆（Pola Museum of Art）藏

们也理所当然地将他看成对这个日渐消失的世界的记忆载体[21]。实际上，维捷布斯克早在10世纪就已经建立，可以说是俄罗斯古老的城市之一。在步入20世纪之时，那里有六万居民，其中近半是犹太人，成为沙俄时期较大的犹太人聚集地之一。1887年7月7日，夏加尔出生在城郊的佩思科瓦缇基（Peskovatiki）。父亲是鲱鱼仓库的伙计，周围都是像他们家一样的贫困人家。在他出生后的几年里，全家一直生活在这个颇具犹太特色的地区。他的童年生活中充满了各种各样的宗教传统。很自然的，他在绘画生涯之初描绘的就是这里的人。这一记忆陪伴了他终生。《我们的餐厅》（*Notre salle à manger*，图31）就表现了他在自传《我的生涯》中描绘的家庭生活场景：疲惫的父亲在餐桌前睡着了，祖母正在煮茶炊，而孩子则坐在餐桌旁，似乎正在画画。此外，《去祖父母家》（*Visite chez les grands-parents*，图33）以及《街道上的商店》（*La Boutique dans la rue*，图28），都可以让我们看到夏加尔世界的一角。

图30
《雪，维捷布斯克的冬天》
（*Neige, hiver à Vitebsk*）
1911年
水粉画，纸板
47.9厘米×60.3厘米
纽约，大都会艺术博物馆藏

снѣгъ
снѣгъ

图31
《我们的餐厅》
1911年
墨水渲染画，水彩、墨水和画纸
13.3厘米×20.9厘米
巴黎，蓬皮杜中心国家现代艺术博物馆藏，1988年付与

图32
《安息日》(*Sabbath*)
1910年
油画，画布
90.5厘米×94.5厘米
科隆（Cologne），路德维希博物馆（Museum Ludwig）藏

图33
《去祖父母家》
1915年
墨水和铅笔画，水彩、钢笔、画纸
46.3厘米×62.5厘米
巴塞尔（Bâle，瑞士），马库斯·迪耶内收藏（Marcus Diener）

1915
Chagall
Marc

图34
《维捷布斯克》(*Vitebsk*)
1911年
石墨和渲染画，墨水、水粉，画纸
17.1厘米×23.1厘米
巴黎，蓬皮杜中心国家现代艺术博物馆藏，1988年付与

图35
维捷布斯克的伊利因斯基教堂一景（Vue de l'église Ilyinsky à Vitebsk）
20世纪初
摄影
维捷布斯克，地方博物馆藏

然而，正如在他的作品中所表现的那样，夏加尔并没有局限于维捷布斯克日常生活的一面，他对这个城市的其他面貌并非一无所知。实际上，维捷布斯克并不是一个被世界遗忘的角落。自1886年起，莫斯科到里加（Riga）、基辅（Kiev）、圣彼得堡的铁路贯通，维捷布斯克成为铁路枢纽，人口激增，经济也得到了快速发展。这一变革的标志性事件就是，维捷布斯克成为当地首个拥有有轨电车的城市，也是俄罗斯较早拥有这一设施的城市之一。人们在那里能够看到许多犹太教堂，作为城市风光标志的教堂钟楼和圆屋顶更是随处可见，而这些都可以在夏加尔的画里找到。著名画家以利亚·列宾（Ilya Répine）甚至称维捷布斯克为“俄罗斯的托莱多（Tolède）”[22]。

然而，这种现代化却几乎未对当地的犹太人产生任何影响。夏加尔从犹太宗教小学毕业后，进入了用俄语教学的中学。惊人的巧合是，未来成为著名雕塑家的奥西普·扎德金（Ossip Zadkine）成为了他的同班同学。夏加尔决定成为画家之后，会花许多时间画画，因此，那时他与家人产生了冲突。与莫斯科和圣彼得堡的居民不同，维捷布斯克的犹太人固守着过去和身份，几乎不接受文化的革新。他的家人，与被迫居住在聚集区的近五百万犹太人一样，贫穷却虔诚，在宗教、语言和文化方面保持着清晰、明确的生活方式。夏加尔试图用造型艺术描绘这个城市，也因此被这个世界驱逐了出去。在这种环境下，他选择学习艺术非常艰难。这一文化表现形式对聚集区的人们来说不仅是陌生的，还被看作是轻浮甚至应该受到惩罚的。画家承认：“这是一个充满幻想、文艺的词，是来自另一个世界的词——艺术家。是的，我可能听说过这个词，但是在我生活的城市里，从来不会有人说这个词。”[23]

夏加尔并非特例。柴姆·苏丁（Chaïm Soutine）的两个童年好友米哈伊尔·基科涅（Mikhaïl Kikoïne）和扎尔芬（Zarfin）曾讲述过，苏丁在17岁的时候因为画了村里一对兄弟的父亲而被这两个人狠狠地教训了一顿。萨罗姆-阿列赫姆的最后一篇短篇小说《莫特尔，唱诗者的儿子》（*Motel, fils du chantre*，1916年）中就描写了这一轶事：主角莫特尔（Motel）拥有绘画方面的天赋，但却因此被严厉责骂[24]。1881年，俄罗斯的犹太报纸上经常会有这样的描述：“犹太人没有造型艺术方面的天赋。他们对于这种人类创造性活动毫无兴趣可言……。整个犹太民族史证明了其在造型艺术方面毫无才华。”[25]

虽然周围环境和家人都不赞同夏加尔的选择，在1906年，他还是跟一位当地的画家开始了绘画学习。他就是耶胡达·潘（图36），是在圣彼得堡皇家美术学院学习过的年轻犹太人团体中的一员。夏加尔进入的学校是维捷布斯克第一所犹太人占据主导地位的艺术

图36
耶胡达·潘
《戴草帽的自画像》（*Autoportrait au chapeau de paille*）
1890年左右
油画，画布
26厘米×18厘米
明斯克，白俄罗斯国家美术馆藏

图37
《餐桌旁的羔羊或夫妇》(*L'Anneau ou Le Couple à table*)
1908—1909年
油画，贴在画布上的黄麻布
62厘米×81厘米
私人收藏

图38
《持广口瓶的女人》(*La Femme à la corbeille*)
1906—1907年
油画和木炭画，水粉、纸板
67.5厘米×49.3厘米
莫斯科，特列季亚科夫美术馆（Galerie Tretiakov）藏

学校。潘属于现实主义画派，尤其偏好与犹太相关的主题。夏加尔在那里完成的几幅风景画和肖像画也是忠于现实的，不过已经显露出一定的自由度，这在未来将得到更快发展。

夏加尔在学习了两个月后离开了耶胡达·潘，但是他对这段经历保留了美好的回忆。如果他那本内容有待商榷的自传可信，那么，他首次表现出色彩运用方面的天赋就是在那里。画家写道："在潘那里，我是唯一使用紫色的。我能够免费去他的学校学习，这是很勇敢的行为。"[26]对这一厚待的提及并非无足轻重，这不仅因为夏加尔的家人没有能力负担学费，更是因为他的父亲激烈反对他从事艺术这一难以理解的职业。夏加尔也曾在一位名为米斯切尼诺夫（Miestchaninov）的摄影师那里当学徒，修底片，并为商店画招牌，以此来赚取生活费。这里要提到他的好朋友维克多·梅克勒（Victor Mekler），就是在他的鼓励下，夏加尔最终决定去大城市碰碰运气。

Marc Chagall

初入首都

多亏了一个叫作戈德伯格（Goldberg）的律师以及古茨堡男爵（Gunzburg）的资助，夏加尔才最终得以在1906—1907年冬前往圣彼得堡。他在那里还得到了俄罗斯杜马议员马克西姆·维纳弗（Maxime Vinaver）的支持，他也是犹太进步协会的代表。同样出身于维捷布斯克的塞米翁·安斯基［(Semyon Ansky)，原名什洛莫·拉伯波尔（Shlomo Rappoport)］，在圣彼得堡创立希伯来历史和民族志协会后，维纳弗一直活跃其中。这一社团是非宗教性质的，乐于接纳艺术，尽管成员们生活非常拮据，但是他们会出资收集与犹太生活和传统相关的物品，主要是犹太教堂贮藏室里的物品和文献（理论上会被埋到墓地里）。这些物件的艺术价值不高，主要在犹太教徒聚会时使用，但是这种收藏可以让人们了解犹太社群的生活，那些具有独特的装饰性图案也可展现具有犹太特征的创造形式。

图39
马克·夏加尔在圣彼得堡
1910年
摄影
巴黎，马克和伊达·夏加尔档案馆藏

他们要收藏的物品没有在德国或法国那么丰富，但是考虑到俄罗斯和波兰的犹太人的经济状况以及当地对犹太人的种种限制，留给当地犹太人进行艺术创作的空间非常有限。但无论如何，收藏活动带来了俄罗斯犹太文化的复苏，这成为一项从宗教范畴以及民俗艺术中探寻犹太艺术根源的运动。1905年，古茨堡男爵出版了几部来自圣彼得堡图书馆的希伯来手稿，合集名为《希伯来装饰画》（*L'Ornement hébraïque*）。著名的俄罗斯艺术史学家弗拉基米尔·斯塔索夫（Vladimir Stassov）也参与了出版。这次出版，发起了艺术家们对犹太特有的装饰美学传统的研究热潮。

1912年，古茨堡男爵又资助了一次重要的民族志考察活动，考察队的成员有圣彼得堡犹太学院的学生们，还有音乐学家以及摄影师兼画家所罗门·尤多文（Solomon Yudovin），他也曾跟在耶胡达·潘身边学画。考察队探索了沙俄西部比较偏远的犹太居住区，并广泛在照片、服饰、手稿、歌谣、传说和谚语等方面进行了搜集和整理。这次考察甚至带来了民族志博物馆的一度兴起（1916—1918年），用以鼓励现存非宗教犹太文化的发展。此后民族志得到了一定的重视，对于所有民间艺术形式的兴趣普及开来。瓦西里·康定斯基（Vassily Kandinsky）曾在多年前（1889年）参与过性质相似的考察团，探索农舍的装饰。对于这位后来成为抽象派先锋一员的画家来说，这种与民间艺术的碰撞成为其绘画创作主要的灵感元素之一。

图40
《希伯来装饰画》封面，由霍勒斯·古茨堡男爵出版
1905年
彩色石印画和布面涂层版画画纸，纸板
58.5厘米×48厘米
巴黎，犹太艺术和历史博物馆藏

图41
艺术家所罗门·尤多文和白俄罗斯石碑
约1912—1914年
摄影
19厘米×12.9厘米
圣彼得堡，圣彼得堡犹太文物中心藏

在所有被发现的物品中，被称作卢布吉 [(loubki，复数形式称作卢博克（loubok）] 的民间木刻版画表明，在犹太社会中对图像的禁止存在某些例外。研究夏加尔的第一部专著（1918年）的作者之一亚伯拉罕·埃弗罗斯写道："卢博克、……香料蜜糖面包、玩具和绘有图案的织物，构成现代实用美学的全部内容……。如果说犹太社群希望过上艺术性的生活，如果说它正在寻求自己的未来美学，那么可以假定这种美学必然跟民间艺术存在着完全的、不可割裂的联系。"[27]实际上，埃弗罗斯在这里重拾了斯塔索夫的论调，鼓吹通过民族志观点发展国家艺术的方法。这条道路，在多米尼克·加拉塞（Dominique Jarrassé）看来，需要与所有国家——尤其是那些身份认同成为最中心问题的国家——表现出来的对原始主义的渴望建立联系。为了保留或重获其身份认同，他们回归了传统价值观，从"人民灵魂"中汲取所有图案，而这正是纯粹和真实的

保证[28]。正如康定斯基对于寻找美术外部源泉的兴趣一样，对于这个时期的犹太艺术家来说，借用阿夫拉姆·坎普夫（Avram Kampf）的话，是从“犹太民间艺术”向“犹太现代艺术”的过渡[29]。艺术家们从画满插画的手稿、石头墓碑上的铭文、犹太教堂的装饰以及数量众多的卢布吉中汲取灵感。

这种文化和艺术的觉醒让我们明白，夏加尔作品的诞生并非奇迹。如果说他的生活环境是保守和自我封闭的，并且宗教传统尤其是希伯来传统制造了一批对变革充满怀疑和麻木不仁的人，那么可以确定的是，20世纪之初的犹太社会确实经历了严重的动荡。知识界试图从宗教传统中解放出来，充满了变革沙俄的念头。他们对文学和意第绪语戏剧的看重也证明这一少数派希望肯定其特有文化存在的意愿。在19世纪末，在犹太人内部，尤其是居住在圣彼得堡等大城市中的富裕商人、律师、医生和知识分子之间就散布着一种对自身文化的不安情绪。当聚集区大部分人都全心保留特有身份认同时，这类人反而更亲近西方[30]。因此，夏加尔夸大了在维捷布斯克从事艺术行业的不可能性，将他个人家庭的实际情况映射到整个城市。但实际上，居住在城里的一部分人，主要是那些生活比较富裕、也更加世俗的那部分人，是愿意接受艺术的。夏加尔最终得以走上艺术创作的道路，正是得益于19世纪90年代到20世纪20年代期间俄罗斯犹太社群经历的艺术动荡。因此，夏加尔的绘画创作始于1905年也并非偶然，俄罗斯正是在这一年爆发了第一次革命。犹太村镇就像是“社会中的社会”，失去了其确定性。但也是在这一时期，这个日渐消亡的社会被赋予了“乡愁”的象征，并成为一个传说，一个日后成就了夏加尔名气的传说。尽管犹太社群并没有收藏艺术品的习惯，但是购买艺术作品将伴随着新兴资产阶级的崛起而快速增长。最初的收藏家出现在自由职业者阶层。其中最著名的就是圣彼得堡的娜婕达·多比希娜（Nadezhda Dobychina）、雅科夫·卡根-沙布沙伊（Yakov Kagan-Shabshai）和莫斯科的格什曼兄弟（les Girshman）。

图42
《骑母鸡的女骑士》（版画）
（*Cavalière sur une poule*）
18世纪下半叶
版画
私人收藏

图43
《在公鸡背上》（*Sur le coq*）
1929年
油画，画布
81厘米×65.5厘米
马德里，提森-博内米萨国家博物馆（Musée national Thyssen-Bornemisza）藏

为找到独属于自己的艺术方向，发展独特的风格，夏加尔需要离开维捷布斯克继续深造。艺术史上将其去往巴黎视作夏加尔艺术转变的决定性时刻。无疑，巴黎为他提供了眼界上的真正转变。虽然遇见巴黎就像是一场突如其来的启示，但巴黎对于夏加尔的作用还应予以认可。在作为俄罗斯帝国文化和艺术中心的圣彼得堡时，夏加尔不仅已经认识了高更（Gauguin）的作品和原始主义，而且还在那里感受过先锋艺术兴起后作品迭出的艺术氛围。当然，夏加尔很少与一些放荡的艺术家接触，但他还是在扎万切娃私人艺术学校（l’école Zvantseva）结识了米哈伊尔·拉里奥诺夫（Mikhaïl Larionov）和娜塔莉亚·冈

图44
《自画像（头戴光环）》[***Autoportrait (Tête au nimbe)***]
1911年
油画，纸板
20.5厘米×18.5厘米
私人收藏

图45
《父亲》
1911年
油画，画布
80厘米×44.2厘米
巴黎，犹太艺术和历史博物馆，蓬皮杜中心国家现代艺术博物馆藏，1988年付与

查列娃（Natalia Gontcharova）。因为经济拮据，也因为犹太人在圣彼得堡的微妙处境（当时犹太人面临被驱逐出境的威胁），他并未建立自己的社交圈子。虽然犹太人及工人子弟的身份以及这种双重排斥的境遇对他与先锋派艺术家的结识毫无帮助[31]，但是他对于这座城市中的绘画变革并非毫无察觉。

然而，在艺术学校的艺术学习没有给夏加尔任何接触新绘画流派的机会。虽然，校长尼古拉·罗维奇（Nikolaï Roerich）非常欣赏高更，并影响了夏加尔，但在学校的学习仍然是传统的，偏向古典俄罗斯艺术。当夏加尔进入扎万切娃私人艺术学校后，情况有了一定的好转。当时的导师莱昂·巴克斯特（Léon Bakst）是《艺术世界》（*Mir Iskousstva*）杂志的成员，并与谢尔盖·帕夫洛维奇·佳吉列夫（Sergeï Pavlovitch Diaghilev）在芭蕾和戏剧舞台布景和服装方面有很多合作。正是在跟巴克斯特身边学习时，夏加尔发现了自己对戏剧的兴趣。当得知老师暂居巴黎之后，他产生了追随老师前往巴黎的想法，或者说是追随梦想。另外，值得一提的是，巴克斯特在圣彼得堡的戏剧社举办过一次讲座，强调了两点内容：一是儿童绘画以及其中蕴含的纯真；二是使用鲜艳浓烈的色彩[32]。这两点对于后人理解夏加尔艺术至关重要。米利亚姆·莱纳（Mirjam Rainer）在评论《父亲》（*Le Père*，1911年，图45）时写道："夏加尔在这幅作品中融入了自己原始主义风格的灵感，即结合了儿童艺术中的纯真、犹太乡村的格调，与自然紧密联系的元素以及从野兽派借鉴而来的鲜明色彩。"[33]夏加尔随后又敢于拒绝将儿童"启蒙"艺术运用在更严肃的主题中，这有助于他与孩童般的风格保持恰当的距离，更好地表现20世纪初期俄罗斯乡村犹太人的悲惨生活境遇[34]。米利亚姆·莱纳在1918年的专著中就已经指出了这一点："夏加尔有一种孩童般的渴望，产生于意识之外的某种东西……，就像孩子的作品一样，真实而清新，'粗野'而充满幻想，但错误地来到了这里，放在了成年人的作品旁。"[35]有一点需要注意的是，夏加尔非常关注他所欣赏的象征主义诗人亚历山大·勃洛克（Alexandre Blok）在《金羊毛》（*La Toison d'or*）杂志中发表的一篇文章，在文章中，作者鼓励艺术家们"将儿童艺术、俄罗斯的大自然和人民作为新的创作源泉，因为……当代人与自然割裂开来，并陷入一种机械的生活方式"[36]。

第二章

初识先锋艺术（1908—1914年）

他睡了

他醒了

他立刻开始画画

他用教堂画教堂

他用母牛画母牛。

——布莱斯·桑德拉尔，《肖像》（*Portraits*），弹性诗（Poèmes élastiques），1913年

前一跨页

图46
《黄色卧室》（*La Chambre jaune*）
1911年
图79局部，第84页

图47
《爱情》
1907年
铅笔画，画纸
29.5厘米×19.2厘米
私人收藏

新原始主义

20世纪初，圣彼得堡涌现出各种先锋艺术流派，推动和见证了俄罗斯大地上艺术的兴盛。这片国土展现出了令人印象深刻的美学风景，就像万花筒一样。各种学派都迫不及待地蜂拥而至，像是急着赶上之前落下的进程。布尔柳克兄弟（les frères Bourliouk）与诗人弗拉基米尔·马雅科夫斯基（Vladimir Maïakovski）一起组成了第一个俄罗斯未来流派团体（1907年），随后参加了一个叫做"年轻联盟"的组织，参与其中的还有娜塔莉亚·冈查列娃、卡西米尔·马列维奇（Kazimir Malevitch）、弗拉基米尔·塔特林（Vladimir Tatline）、米哈伊尔·拉里奥诺夫。夏加尔对这些团体非常熟悉。在巴黎期间，他还继续给俄国的先锋派艺术展投寄作品，其中最著名的两次是拉里奥诺夫在1912年组织的"驴尾巴"展览（Queue d'Âne）和1913年组织的"靶心"展览（La Cible）。投寄的作品让他不至于在俄国默默无闻。同一时期，他与瓦斯拉夫·尼金斯基（Vaslav Nijinski）在俄罗斯芭蕾舞团结识，并建立了友谊。很久以后（1973年），当夏加尔回忆起这段历程时，他总是带着某种乡愁说："如果我在俄罗斯画的作品放在欧洲画家的作品旁展出，会让人感到很奇怪。它们应该在为20世纪初的俄罗斯艺术专门设立的博物馆里找到自己的位置。"[1]

夏加尔最鲜明的风格依然是新原始主义。对于让-克劳德·马卡德（Jean-Claude Marcadé）来说，新原始主义"使得反透视法学说、极简主义和色彩对比学完全服务于庸俗主题。从肖像学角度来说，它对立于象征主义画家日渐消亡的主题，从而发展出一种乡土主题，反映了农民、小手工业者和小市民的世界，这也是夏加尔最初所处的世界"[2]。在《爱情》（*L'Amour*，图47）这幅作品中，人物简化而粗壮的身体摆脱了一切装饰性元素。从中可以看出夏加尔与冈查列娃、马列维奇相似的风格，尤其是与拉里奥诺夫的相似风格，让人颇感尴尬。此外，夏加尔还批判了象征主义，称其"盛行着图案化、唯美论以及各种浮夸和矫揉造作的形式"[3]。

图48
娜塔莉亚·冈查列娃
《女搬运工》(*Les Porteuses*)
1911年
油画，画布
130.5厘米×101厘米
巴黎，蓬皮杜中心国家现代艺术博物馆藏

有一种观点倾向于将俄罗斯新原始主义纳入欧洲先锋派范畴，因为它们均抛弃了自西方文艺复兴起就遵循的绘画传统。无论是印象派还是立体画派的画家都在寻找新的起点，他们被非洲和大洋洲文化深深吸引，醉心于儿童艺术或是疯子艺术。另外，在20世纪的第一个十年，基克拉底头像和伊比利亚面具的发现更是推动了超越传统的艺术形式的产生。

画家们在这些发现中获得了新的纯真艺术活力，并将其运用到自己的创作中，比起他们自身文化环境所推崇的优美考究，他们更喜欢那些简化的形状和浓烈的色彩。高更前往遥远国度，逃离欧洲文明的行为，如今依然被看作是在虚伪赤裸的社会中追寻人与自然和谐相处的标志性事件。

俄罗斯艺术家们较少接触异域文化或回归过去，

图49
米哈伊尔·拉里奥诺夫
《理发师》(*Le Coiffeur*)
1907年
油画，画布
77.5厘米×59.5厘米
圣彼得堡，俄罗斯博物馆藏

图50
《在理发店》(*Chez le coiffeur*)
1912年
水粉画，胶装画纸和包装纸
32.7厘米×24厘米
巴黎，蓬皮杜中心国家现代艺术博物馆藏，1988年付与

Marc Chagall 912
1912

图51
卡西米尔·马列维奇
《洗衣妇》(*La Lavandière*)
1911年
水粉画，画纸
100厘米×105.9厘米
巴塞尔（Bâle），巴塞尔美术馆藏

与拥有殖民地的法国或德国不同，在俄罗斯很难接触到非西方艺术。同时，国家工业发展的滞后、农业为主的社会环境，都推动娜塔莉亚·冈查列娃、卡西米尔·马列维奇、米哈伊尔·拉里奥诺夫和奥莉加·罗扎诺娃（Olga Rozanova）从丰富的国家文化遗产中寻找新的灵感源泉，尤其是手工艺品。这些艺术家不考虑去遥远的岛屿，而是在至今仍存在于俄罗斯农村地区的“史前历史”中汲取养分。这一行为让人想起高更前往布列塔尼（Bretagne）寻求新的灵感。高更对布列塔尼的基督受难像颇感兴趣，而俄罗斯的艺术家们则对圣母像情有独钟，但他们更看重的是其美学力量而非宗教价值。我们知道康定斯基在离开故国多年后，一直收藏大量的小圣母像。而亨利·马蒂斯（Henri Matisse）也在居住俄罗斯期间观看了许多圣母像，并对此留有难忘的回忆[4]。

俄罗斯民间图像主要存在于商店及作坊的招牌、方瓷砖、刺绣品、玩具，尤其是叫作卢布吉的一种手工上色的小块木雕版画。叶卡捷琳娜·L. 塞莱茨妮娃（Ekaterina L. Selezneva）写道：“卢布吉这个词源自卢布（树皮的内层）。最初，卢布吉是指在大块木板上雕刻的图案，并配上文字说明。其特点是图案简单易懂、色彩丰富。图注文字简单、活泼、形象，通常使用通俗的语言。”[5]考虑到当时文盲率极高的情况，这些图案非常具有可读性。其表面平整、形状线条简单、比例随意、色彩鲜明。艾维尼亚·佩卓娃（Evgenia Petrova）曾经用过一个非常精妙的比喻来形容其朴实无华的特征，以及物品和图案所表现出的纯粹感：“画家就像是在用农民的眼睛和画笔去表现农村生活场景一样……。”[6]农民的选择并非是无知的，因为与本质上来自城市的“西方”先锋派不同，这里是乡村，是深层面的俄罗斯，象征着艺术家们的主流价值观。我们在对比意大利未来派的工业机械肖像画

和俄罗斯立体-未来派主题作品时，可以看出这一区别。在马列维奇或是拉里奥诺夫的画中，我们可以看到乡土原始主义的造型，这明显与农村世界有许多类似，是从民间图片中汲取的灵感。新原始主义对传统艺术界的渗透，从拉里奥诺夫1910年组织的“方片J”（Valet de carreau）展览的题名可见一斑。以对扑克牌这一家庭游戏的回忆为主题的创作，恰恰与同时代以《蓝玫瑰》（*la Rose bleue*）为代表作品的浪漫-象征主义表现手法完全相反。

新原始主义还有一个重要特点是：在绘画作品中引入写作和手写的铭文。立体派把字母当成作品的组成部分，用于他们对表现形式的追求，而俄罗斯艺术家与之恰恰相反，他们赋予字母多种功能。对于他们来说，一方面，书写在某种意义上让人想起“涂鸦”这种挑战绘画传统美学的方式；另一方面，手写文字经常使用艺术字体，经常出现在肖像和民间艺术木刻画中，给无数俄罗斯新原始主义画家提供了灵感。这里的字母既是构图的元素，又是作品的装饰和铭文[7]。拉里奥诺夫尤其爱在作品中插入铭文，例如在他的《四季》（*Saisons*）组图中的《秋》（*L'Automne*，图52）里。同夏加尔的作品一样，画面的各种形象以及铭文不仅让人想起民间艺术，还会唤起对儿童画纯真的回忆，给予观者无比清新的感受。在拉里奥诺夫的画中，观众可以读画中的文字（俄文），而在夏加尔的

图52
米哈伊尔·拉里奥诺夫
《秋》
1912年
油画，画布
136厘米×115厘米
巴黎，蓬皮杜中心国家现代艺术博物馆藏

图53
《诗人与鸟》（*Le Poète aux oiseaux*）
1911年
油画，画布
73厘米×100厘米
明尼阿波利斯市（Minneapolis，美国）
明尼阿波利斯艺术协会藏

画里，词句有时候是意第绪文，有时候是希伯来文，通常是《圣经》片段，但主要还是一些更具装饰性的变形和各种朝向的字母，以及截断或是叠放到一起的单词构成的一种密语。夏加尔的画里虽然融入了犹太传统，但是也保留了一种普世的意义，而他对语言的引入则更像是某种形式的犹太群体署名。画家对单词的掌控游刃有余，这要部分归因于他在一位招牌画家身边的学习经历。这段经历给他留下了美好的回忆："我非常喜欢画招牌……。看到我最初画出来的招牌在市场、肉店或是水果店的门口摇来晃去真是一种非常棒的感觉。"[8]另外有一点需要注意的是，在夏加尔学习的犹太经学院里，学生们会分组使用同一本书，因为没有足够的书本供每个人使用。所以，正着读和倒着读对于大家来说都是习以为常的事情。

夏加尔作品的其他特点是，粗糙的笔触、粗壮的轮廓、强壮的人物，例如耕种者、伐木工、运水工的形象等。但在这位犹太画家的画里没有新原始主义对于土地的特有回忆，没有农村世界，甚至在俄罗斯画家沉迷于耕作者那充满粗鲁力量、贴近自然的古拙而完美的形象时，他却用流动性强的农民形象取而代之。实际上，这些形象跟商人或是小贩毫无区别，除了身边陪伴他们的动物，他们看起来跟土地毫无关联。我们当然可以解释说，这是一种对农民形象的诗意化表现，这种表现方式贯穿于夏加尔的所有创作。但是，我们无疑也能从中看到一种他在刻意或无意间表达出的对犹太社群的归属感。这一群体因为经常面临威胁，所以更倾向于从事一些能够让他们随时迁移的职业。又因为经常被禁止拥有土地，所以很少有犹太人成为农民。一般来说，当夏加尔表现带有乡村色彩的人物职业时，更多出现的是牲口贩子或是运水工。总之，在夏加尔身上，原始主义几乎不会跟定义他全部作品的特点区分开，即对犹太民族的归属

Chagall
1911

图54
《月光下的运水工》
1911年
水粉、水彩和墨水画，画纸
24.1厘米×31.3厘米
纽约，大都会艺术博物馆藏

图55
《收获》
1911年以后
油画，画布
59.5厘米×80.5厘米
巴黎，蓬皮杜中心国家现代艺术博物馆藏，1988年付与

感，而他最喜欢的地方依然是维捷布斯克。在1911年的《月光下的运水工》（*Le Porteur d'eau au clair de lune*，图54）里，月光照亮了村庄，就像童话中的场景。小小的人物，躲在歪歪扭扭的房子前的情侣，通向山上的小路……整个场景自成一个封闭的世界。值得注意的是画面左侧有一个“杂技演员”，正以手撑地倒立着，从某种意义上来说，这样的形象更像是夏加尔的图像署名。

《收获》（*La Récolte*，图55）是一个奇怪的特例。这幅画很可能是从米哈伊尔·拉里奥诺夫和娜塔莉亚·冈查列娃的绘画主题中汲取的灵感：一位女性农民在头上顶着装满丰收果实的篮子。周围场景好像一场真正的爆炸，一种巨大的束状物（树或是麦穗捆），其中白色和蓝色的笔触让人想起鸟的翅膀，唤起对拉里奥诺夫的《孔雀》（*Le Paon*，1908年）的记忆[9]。这种惊人的构图也让人想起色彩绚丽的花束，在多年以后，这一形象将成为夏加尔为人所熟悉的标签之一。而夏加尔所画的那些丰满的裸体女性（图56、图57、图58），却跟其他画家所画的有着粗壮轮廓的躯体相似，例如彼得·康查洛夫斯基（Piotr Kontchalovski）的人体画或是拉里奥诺夫的多幅《维纳斯》（*Vénus*）中的造型。

Marc Chagall 1910

图56
《持扇的裸女》(*Nu à l'éventail*)
1910年
水粉画，包装纸和纸板
17.3厘米×30.2厘米
巴黎，蓬皮杜中心国家现代艺术博物馆藏，1988年付与

图57
《树旁的裸女》(*Nu avec arbre*)
1911年
水粉画，画纸
34厘米×24厘米
私人收藏

图58
《拿梳子的裸女》(*Nu au peigne*)
1911—1912年
水粉画，画纸
33.5厘米×23.5厘米
私人收藏

chagall

文化和宗教交互

真实和幻想在《死者》(*Le Mort*，图60)这幅被评论界视作夏加尔第一幅重要作品的画中交织出现，这也是他跟扎万切娃私人艺术学校的学生一起展出的作品之一[10]。虽然这幅作品的整体基调沉闷(场景处于黄昏时分)，但是已经能够在其中找到贯穿夏加尔作品的某些人物形象了。画面在一种充满超现实主义梦幻的氛围中，一位死者平躺在路上，周围摆放着一圈蜡烛。旁边有个女人在痛哭，她举起手臂，做出祈祷的姿态。一个男人拿着扫帚穿过街道。画面右侧露出来的两条腿似乎在逃跑，上半部分身体却奇异地被切断了。这幅画中的透视法运用得相当敷衍，甚至可以说是用错了。相对旁边没有亮灯的安静枞木屋来说，人物比例严重失调。人物姿态的僵直，细节的缺失，位于画布正中央的修鞋店招牌，都是夏加尔作品中原始主义的标志。然而，按照以色列艺术史学家金娃·阿米沙-梅瑟(Ziva Amishai-Maisels)的说法，这一街景(可能是在维捷布斯克)暗合一种意第绪语的说法，即“死亡之路”，荒芜而黑暗的死亡之路。盖着暗沉裹尸布的尸体是对整个村子悲伤空洞氛围的表现和语言隐喻[11]。画面中也能找到夏加尔标志性的人物，比如那个爬到屋顶的男人正在专心致志地拉着小提琴，他处在天空和地面之间，与场景主题形成鲜明的对比。当然，这一场景也可以简单地理解为，画家在第一次遭遇死亡事件许久后画出的作品。那件事深深地烙印在夏加尔的脑海里，他对此进行了详细地描述：“一天，在黎明到来之前，一阵突如其来的尖叫声从大街上透过窗户传了进来。在小夜灯微弱的光线下，我模糊地辨认出一个女人的身形，她独自一人奔跑着穿过空无一人的街道，挥舞着双臂，嘴里呜咽着，乞求着周围的人……来救救她的丈夫。她越跑越远了，像是害怕跟死去的丈夫待在一起。惊慌的人群从四面八方跑来……，那些坚强的男人把女人隔离开，默默地点燃了蜡烛……。死者面容庄重悲切，平躺在地上，六根蜡烛照亮了他的脸……。我们的街道不再是原来那样

图59
《哀悼男人的女人》(*Femme pleurant un homme*)
1914—1915年
墨汁、钢笔、铅笔画，白色烘托，画纸
16.2厘米×32.3厘米，
圣彼得堡，俄罗斯博物馆藏

图60
《死者》又名《死亡》(*La Mort*)
1908—1909年
油画，画布
68.2厘米×86厘米
巴黎，犹太艺术和历史博物馆，蓬皮杜中心国家现代艺术博物馆寄存，1988年付与

1908
Marc Chagall

图61
《圣家庭或夫妻》
1909年
油画，画布
91厘米×103厘米
尼斯，国立马克·夏加尔博物馆，
蓬皮杜中心国家现代艺术博物馆寄存，
1988年付与

图62
《怀孕的女人（母爱图）》
1913年
油画，画布
193厘米×116厘米
阿姆斯特丹，市立博物馆藏

了。”[12]读到这些回忆的时候，我们能感到夏加尔完全沉浸在过去的那一刻，他通过画面将那一整天发生的事情全部集中到他印象最深刻的时刻。回忆也能如此鲜活，以至于他在几年后再次用一种介于现实主义和表现主义之间的手法画出了类似的场景（图59）。

另一幅色调暗沉的画是1909年的作品《圣家庭或夫妻》(*La Sainte Famille ou Le Couple*，图61)，表明画家从绘画创作的最初就没有仅仅从犹太传统中寻找主题。这是他与基督教艺术的第一次交锋，是他在俄国首都发现的最初几个《新约》场景。这里运用了新原始主义的风格，人物造型也从圣母像庄严呆板以及简化的形象中汲取了灵感。然而，画家将基督生活的一个经典的宗教场景绘制成日常场景，没有添加任何神秘元素，这个神秘主题转变成了一幅简单的母爱图。作品的两个题名是对这个家庭真实属性的模糊处理。对于这些宗教主题，夏加尔保持了自己的自由。他的作品中，神迹总是脚踏实地的，但平凡的动作经常代表了非现实的特征。他的自由有时候甚至构成大不敬，《怀孕的女人(母爱图)》[*La Femme enceinte (Maternité)*，图62]就是个明显的例子：一个巨大的女人站在屋顶上，一只手指着肚子，从圆形的开口可以看到她身体里面的“婴儿”几乎是个站立的成年人。这是一个表现圣灵造访圣母的有趣角度，灵感可能来自于特列季亚科夫美术馆里的一幅12世纪的《兹娜美尼亚圣母像》(*Znaménié*)。不过，还是把这种圣灵感孕和女性形象的表现方式留给精神分析学家们来思考吧[13]。

宗教间的混合在1910年创作的《圣家庭》(*Sainte Famille*，图63)中更加明显。画面中的玛利亚正沉浸在阅读中，而约瑟(Joseph)则在问上天为什么孩子长着奇怪的大胡子。其实，这正好呼应了一种意第绪文化的看法，即每个犹太人生来就是老人。近景是年轻的施洗者约翰(Jean-Baptiste)杀猪取血，代表对圣餐、圣体的嘲笑。“使用猪这种因其不洁净的动物，……来代替羔羊，是一种亵渎行为”[14]。正如金娃·阿米沙-梅瑟提到的，我们发现在另一幅1912年创作的《圣家庭》(图64)中，男人竟然怀孕了。这一

图63
《圣家庭》
1910年
油画，画布
76厘米×63厘米
苏黎世，苏黎世美术馆藏

图64
《圣家庭》
1912年
水粉、墨水、铅笔画，画纸
24.8厘米×18.5厘米
私人收藏

切都发生在一只猫困惑懵懂的目光下，它像是在质疑这个对基督人生中至关重要阶段的亵渎的场景。在夏加尔的画里，现实很快会转变成幻象。在世俗和神圣之间，在嘲讽和诱惑之间，在外部空间和内部空间之间，在不容侵犯和隐秘之间，文化和宗教的交错构成了夏加尔所有作品的特点。我们还是会质疑，他是否在两个版本的《诞生》(*Naissance*) 中重新诠释东方三王 (les Mages) 的降生和崇拜。创作于1911年的其中一幅 (私人收藏) 表现的是私人场景，集中在主要几个人物身上：平躺的女人、抱着孩子的男人、持灯的路人。同年创作的另一幅 (图65) 展现的是星空下屋顶敞开的房子里挤满了人，他们的动作在快乐、惊讶和赞叹之间摇摆不定。画面右侧，一个女人面朝外张开双臂，看起来在向大家宣布圣婴的降生。

Chagall 912

图65
《诞生》
1911年
油画，画布
113.4厘米×195.3厘米
芝加哥，芝加哥艺术协会藏

巴黎，蜂巢

图66
沃尔特·里默特（Walter Limot）
蜂巢
摄影
巴黎，卡纳瓦莱博物馆（musée Carnavalet）藏

夏加尔与新原始主义非常接近，但是却没有随之走上抽象主义的道路，包括拉里奥诺夫的辐射主义或是马列维奇的至上主义。他从没有忘记在俄罗斯学过的东西，也根本不可能将其影响和他后来在巴黎的经历严格区分开来。而他在蜂巢居住时最初的邻居都是俄罗斯人这件事，更是让这种尝试变得徒劳无功。更奇怪的是，这些人都是雕塑家，如奥西普·扎德金和亚历山大·阿契本科（Alexander Archipenko），他们实践的是巨大人物形象的立体主义。

不可否认的是，巴黎是夏加尔的风格从根本上发生转变的地方。根据安德烈·布勒东（André Breton）的说法，正是在巴黎，人们才看到了夏加尔身上“完全的灵感爆发”。也是在这座城市中，在这个“欧洲的首都”中，缅怀传统的群体和先锋派群体产生碰撞。夏加尔沉浸在这个世界中，从现代主义的各种规定和规则的操控中获得解放，同时也从中获取了养料。维纳·哈弗特曼（Werner Haftmann）写道：“夏加尔艺术表现手法的转变主要体现在强化色彩和形状在画面上的独立性……。1911年，当23岁的夏加尔来到巴黎时，这种转变就已经完成。对于他来说，不再是从‘形式’或‘语法’的角度去创立新的语言……而是通过新的图像表现方式以及当时还不能表达出的感受去完善新体系——一种处于尚未确定的无形和荒诞领域，并会让全部回忆突然重现的体系。”[15]这从某种程度上说明了，夏加尔是在艺术作品中找寻唤起回忆的新方法做出贡献的其中一人。

夏加尔用一幅油画和一幅素描作品换来了马克西姆·维纳弗的奖学金。1911年，他终于来到巴黎。不久以后，夏加尔描述了自己的计划：“我去巴黎是要寻找这座城市的光线、自由和文化，并找机会完善我的艺术。巴黎照亮了我阴暗的世界，就像太阳一样，”[16]他接着说道，“不会有比我在1910年遇到的眼睛革命更大的变化了（原文如此，作者注），也就是我来到巴黎之后的所见。塞尚（Cézanne）、马奈（Manet）、莫奈（Monet）、修拉（Seurat）、雷诺阿（Renoir）、梵高（Van Gogh）、野兽派的马蒂斯，以及许多其他画

家的风景和人物画都让我惊讶不已，它们就像自然现象一样吸引了我。”[17]在沉迷于参观卢浮宫时，夏加尔似乎将巴黎当成了他的第二故乡、第二祖国。在一封后世非常著名的信里，他用一句爱的宣言作为结尾：“巴黎啊，我终于看到了你，你就是我的第二个维捷布斯克。”从时间或重要性来看，巴黎在维捷布斯克之后。虽然在巴黎的生活不总是那么容易，但是它却让夏加尔能够经常去卢浮宫和独立艺术家沙龙，让他能够欣赏到当代艺术创作。如果他的回忆录内容可信，那么就是在这个他“到达第二天”就迫不及待参加的沙龙里，“我全身心地沉浸在法国1910年的绘画中（原文如此，作者注）。我把它们牢牢抓在手心。”[18]

画家搬到了美因巷（Maine）一间带有家具的出租房，位于蒙帕纳斯（Montparnasse）车站后，房间是作家伊利亚·爱伦堡（Ilya Ehrenbourg）的俄国画家亲戚帮他找到的。他经常去巴黎私立艺术学院（l'Académie de la Palette），当时，立体主义创始人让·梅钦赫尔（Jean Metzinger）和亨利·勒福康尼尔（Henri Le Fauconnier）在那里执教。他还在格朗旭米埃画院①（la Grande Chaumière）对着模特儿写生。他贪婪地吸取知识，经常出没于沙龙和美术馆：“我在巴黎的画展、橱窗和博物馆学到的东西是任何一所学校里都不能教给我的。”[19]1912年，他在蜂巢安顿了下来，距离丹齐格（Dantzig）两条街区，在沃吉拉德（Vaugirard）屠宰场旁边。这一著名的“艺术家之家”是雕塑家阿尔弗雷德·布歇（Alfred Boucher）创建的，在1902年已经家喻户晓。在这片偶然获得的土地上，他让人重现了1900年万国博览会时的建筑：女性馆的装饰艺术栅栏，印度尼西亚馆的女像柱以及古斯塔夫·埃菲尔（Gustave Eiffel）住过的纪龙德红酒的八角形馆。在这一场馆周围，还分散着多个建筑，里面有近一百五十间画室。这一建筑的本意是为了帮助贫穷的年轻艺术家，里面也确实迎来过许多未来的大师：莫迪里阿尼（Modigliani）、苏丁、布朗库西（Brancusi）、莱歇（Léger）、扎德金，阿契本科、基科涅和夏加尔，以及一些著名的作家。更令人惊讶的是，其中还有几个政治家和俄罗斯革命家，最著名的要数阿那托利·卢那察尔斯基（Anatoly Lunacharsky）。他在不久后成为著名的苏联人民教化委员，而夏加尔也会在之后跟他不时有过交集。

这一段波西米亚式的生活与艺术史所打造的浪漫主义印象相去甚远，甚至可以说，在蜂巢的生活是

①又译为大茅屋学院。译注。

图67
马克·夏加尔在巴黎的天文之泉前
1911年
摄影
巴黎，马克和伊达·夏加尔档案馆藏

Chagall. 1910

非常艰苦的。创作者们根据出身的不同（来自法国、意大利、俄罗斯、犹太人聚集地、波兰或是白俄罗斯）分成不同的团体，先来的人跟后来的人之间也保持明显的距离。比如，扎德金，他虽然也来自维捷布斯克，但是却在夏加尔到来前就已经离开了那里。他曾说过："我跟蜂巢及周边的居民很少有联系……我几乎是独自生活……许多人都过着这样的生活，人们互相之间漠不关心。"[20]看起来，最初希望通过建立一个戏剧城和一个学院来打造社区生活的计划并没有成功。夏加尔跟同行几乎没有接触，反而跟作家和诗人建立了联系，在学会法语之前，他主要跟那些说意第绪语或俄语的人交往。其中有德国诗人路德维希·卢比内（Ludwig Rubiner），以及后来成为他最好的朋友及艺术知己的布莱斯·桑德拉尔，这位艺术家与夏加尔对现代艺术有相同的看法，诗人不羁的诗句充满了奇特的韵律，与夏加尔最初的奇妙幻想世界产生共鸣[21]。从某种象征意义上来说，夏加尔给自己作品的命名也证明了诗人对他的影响。比如他在1912年独立艺术家沙龙上展出的三幅作品似乎就像是被桑德拉尔命名或重新命了名：《驴子和女人》（*L'Âne et la femme*）变为了《献给我的未婚妻》（*Dédié à ma fiancée*，1911—1912年，图70），《飞上天空的姑妈（速写）》[*La Tante au ciel* (*esquisse*)] 则变成了《致俄罗斯、驴子和其他》（图17），第三幅则被命名为《醉酒的男人或酒鬼》（*L'Homme ivre ou le Saoul*，图80）。桑德拉尔讲俄语，因而成功诠释了夏加尔作品中的情欲色彩。他在《肖像》中指出，夏加尔"画出了一个俄罗斯外省小镇的激情爱欲"[22]。这首诗连同献给夏加尔的另一首诗《画室》（*Atelier*）一起被收录在柏林《风暴》（*Der Sturm*）杂志上发表的一部诗集里，并起了一个富有表现力的名字"弹性诗"。将布莱斯·桑德拉尔跳跃性的写作方法和惊人的概括

图68
《画室》（*L'Atelier*）
1910—1911年
油画，画布
60.4厘米×73厘米
尼斯，国立马克·夏加尔博物馆，蓬皮杜中心国家现代艺术博物馆寄存，1988年付与

图69
《我和村庄》(*Moi et le village*)
1911年
油画，画布
192.1厘米×151.4厘米
纽约，现代艺术博物馆藏

图70
《献给我的未婚妻》
1911—1912年
油画，画布
194×114.5厘米
伯尔尼（Berne，瑞士），伯尔尼美术馆藏

Chagall 911.
Paris.

图71
《阿波利奈尔肖像》(*Portrait d'Apollinaire*)
1913—1914年
水彩和墨水画，画纸
27.8厘米×21.7厘米
巴黎，蓬皮杜中心国家现代艺术博物馆藏，1988年付与

能力与夏加尔作品的“碎片化”进行对比，可以发现，他们非常相似。他在《西伯利亚散文》(*La Prose du Transsibérien*)中这样写道:“跟我的朋友夏加尔一样，我也可以创作一系列荒唐的画。”[23]

两个人之间有很多交流，桑德拉尔介绍夏加尔进入巴黎的先锋派文艺圈。因为他，夏加尔才有机会跟毕加索(Picasso)、纪尧姆·阿波利奈尔(Guillaume Apollinaire)、德劳内等名流结识。当然，他们之间存在语言障碍，但是夏加尔有一个特别的优势，即当时巴黎社交界对于俄罗斯世界的迷恋。这种迷恋尤其体现在音乐和舞蹈方面，例如斯特拉文斯基(Stravinsky)的《火鸟》(*L'Oiseau de feu*)或是尼金斯基为《牧神的午后》(*L'Après-midi d'un faune*)编排的舞蹈。“斯拉夫灵魂”特有的异域风情和狂热在当时是一种流行风尚。在1912年秋季沙龙的评论中，雅各布·图仁霍德(Jacob Tugendhold)写过这样一段话:“他向我们展示了一些欧洲人所不能理解的东西，同时也是一些令人好奇的东西，与俄罗斯芭蕾中某些绚丽到粗野的音乐所引起的好奇心相同。”[24]

夏加尔在1912年左右完成的作品，包括其中一幅巨幅画，也获得了纪尧姆·阿波利奈尔的赞赏。这位诗人兼当时最具影响力的评论家刚刚出版了第一部关于立体主义的专著，并在书中始终支持毕加索，这是他最为欣赏的画家。在拜访夏加尔的画室时，面对这一幅如此特别的画，阿波利奈尔提到了“超自然”这个词，不过没有使用“超现实主义”这一词语，要知道，夏加尔在随后一直与这一流派保持了一定的距离。

夏加尔对诗人印象深刻，他为诗人画了一幅奇特的画，与他的其他绘画作品完全不同。《阿波利奈尔礼赞》(*Hommage à Apollinaire*，图74)的灵感源自立体主义，整幅画充满了拐角和斜线。画里表现的是一个两性躯体形象，躯干的上半身分裂为两个不同的人。这两个人的完美结合给人一种原始的神秘感，很可能来自《创世纪》中的一句话：“他创造了他们，有男有女”[②](《创世纪》，第1章，第27句)。夏娃手里拿着的苹果以及亚当身侧蜿蜒的蛇形也让人联想到同一场景。从这幅图的草稿《亚当和夏娃》(*Étude pour Adam et Ève*，图73)中可以清晰地看出，对男人和女人的融合使用了极其简化的线条。画中人物的身体下方是共用的，在腰部向上的位置分开。这段时期正是夏加尔对两性关系充满兴趣的时候，他当时还画了许多同类的画。《阿波利奈尔礼赞》这幅画中还有一

②译文参考《圣经》中的《创世纪》修订本。译注。

图72
《致阿波利奈尔》(*Pour Apollinaire*)
1911年
素描，铅笔、画纸
33.6厘米×26.1厘米
巴黎，蓬皮杜中心国家现代艺术博物馆藏，1988年付与

图73
《亚当和夏娃》
1911—1912年
水粉画，粘在画布上的画纸
27.5厘米×24厘米
私人收藏

图74
《阿波利奈尔礼赞》
1911—1912年
油画，画布
200.4厘米×189.5厘米
埃因霍芬（Eindhoven，荷兰），凡艾伯美术馆（Van Abbemuseum）藏

个重要元素，车轮状刻度盘，上面的数字让人联想到人被从永恒的天堂驱逐出去之后的时间流逝，让人感受到时间的威胁。金娃·阿米沙-梅瑟参照了犹太经学研究者的解释后指出，这实际上指的都是特殊时刻。数字9、10、11分别指代三个决定性的时刻：第一个是禁止靠近智慧树的时刻，第二个是犯下原罪的时刻，最后一个是亚当和夏娃被逐出天堂的时刻。[25]

夏加尔在作品的底部签下了瓦尔登（Walden）、卡努杜（Canudo）、桑德拉尔和阿波利奈尔的名字，这是四位标志着夏加尔巴黎时代的人物。某种意义上

Chagall
CENdrAS
WALDEN.

图75
《雨》(*La Pluie*)
1911年
油画和粉笔画，画布
86.7厘米×108厘米
威尼斯，佩姬·古根海姆收藏

来说，都是他的良师益友。《阿波利奈尔礼赞》这一题名可能就是后来起的。阿波利奈尔、桑德拉尔、卡努杜（也是一位诗人），与夏加尔之间的深厚友谊表明，这些诗人对于夏加尔绘画语言以及双重文化艺术状态颇感兴趣[26]。终其一生，夏加尔都跟作家保持了紧密的关系，尤其是他与安德烈·马尔罗（André Malraux）之间忠贞的友谊更是最著名的例证。

阿波利奈尔所使用的"超自然"这个词非常契合夏加尔作品的特色。但是也会让人产生一种误解，那就是将画家纳入到超现实主义运动中。这种看法并非毫无根据，与超现实主义画家一样，夏加尔也摒弃了抽象，并拒绝局限于对现实的描绘。对于他来说，超自然是另一种现实，一种不遵循物理学规律的现实，在其中，想象的力量无所不能。"我们整个内在世界是现实的，可能比表象的世界更加真实"。[27]夏加尔的美学建立在真实与幻想、日常生活的平淡无奇与幻想的诗意之间的交融这一基础之上。因此，除了夏加尔对于各种艺术团体的兴趣寥寥无几，他的精神世界与超现实主义画家之间也存在本质不同。超现实主义画家虽然选择了形象艺术表现手法，但是与所有先锋派艺术家一样，他们怀抱着乌托邦的思想，意图创造一种打破国界的文化语言。他们立足于心理分析、梦境和性爱，总的来说，所有他们认为是共通的领域。而对于夏加尔，虽然也存在这些元素，但是其作品主要还是根植于他自身的文化当中。虽然他离开了原本的土地，但还是说着意第绪语，还是会"飞"到维捷布斯克上空。无论在哪里，作为总导演的夏加尔始终需要掌控他所创造的世界。"我的结构可以是荒诞的、无逻辑的，但是只要想到存在某种无意识行为，我就会感到焦虑不安，"[28]他接着说道，"永远都不应该用象征来画画。"[29]

无论是否属于超现实主义，夏加尔都走出了自己的道路。虽然他当时还没能卖掉自己的作品，但是已经有一批内行人士开始注意到他。通过在《激进报》(*L'Intransigeant*)、《巴黎日报》(*Paris-Journal*)和《蒙茹瓦！》(*Montjoie!*)[30]等报纸和杂志上发表的文章和诗，他渐渐被人们所熟识。诗人兼评论家、也是法国最早的艺术品收藏家古斯塔夫·科奎奥（Gustave Coquiot）认为："他是最富有想象力和最出色的色彩运用者。他敢于尝试一切，不仅画出了俄罗斯辽阔土地上的所有传说，还敢于画出最夸张的梦境，最可怕或是最怪诞的幻觉。"[31]安德烈·萨尔蒙（André Salmon）也以一种超乎寻常的敏锐抓住了夏加尔作品建立在对比之上的特点。他说："夏加尔用一种飞翔的笨拙来体现一种质朴的伪装喜悦，这是斯拉夫灵魂中忧郁、自杀和健康的救赎，"[32]他接着说，"在俄罗斯的圣像手工艺画匠和商铺招牌的画家之中，只有一个人会同时或轮流从中为主流艺术提取或天真或狡黠的元素，他就是夏加尔，一个犹太人。"[33]

夏加尔和德劳内：选择性相似

幸运的巧合是，布莱斯·桑德拉尔著名的《西伯利亚散文》是由罗伯特·德劳内的妻子索尼娅·德劳内（Sonia Delaunay）画的插画，而这位出生在乌克兰并曾在圣彼得堡求学的犹太女人随后将夏加尔引荐给了丈夫。这次相遇后，夏加尔与德劳内建立了长久而深厚的友谊。多亏了罗伯特·德劳内，夏加尔才得以在1912年独立艺术家沙龙上展出了三幅作品。不可否认的是，德劳内独特的风格也成为了夏加尔重要的灵感源泉。德劳内将20世纪两大艺术流派——野兽派和立体派巧妙地融合在一起，被阿波利奈尔命名为“奥费主义”③。不同于毕加索或是乔治·布拉克（Georges Braque），他运用一种充满多变色彩的立体主义手法，引入了色彩的调和与对比，带给人一种充满生机的感觉。画布中充满斜线，成为色彩的方向，并通过运用精细彩色颜料和一种近似水彩画的技巧，产生一种渐变的运动感。总的来说，德劳内带给夏加尔一种他一直在凭直觉寻找的手法：立体主义绘画空间和野兽派色彩的情绪力量的结合。

德劳内和夏加尔的作品有着相似的风格和某些类似的主题，然而在分析两者作品关系之前，需要先强调夏加尔与立体主义之间的关系。实际上，他与野兽派之间的联系更自然，因为重视色彩很早就成为他绘画的特点，甚至在巴黎期间，他的用色习惯更加大胆明亮。只要将1908年版的《死者》（图60）和1924年的同名画（图76）进行比较就可以清楚地看出来，前者的色调比较暗沉，而后者使用了鲜艳而不协调的色彩，主要是通过水粉颜料来实现。在直接接触过巴黎野兽派艺术家的作品后，夏加尔的用色迸发出了光彩。“苏丁和我都因为色彩离开了。刚来到巴黎时我的色彩非常暗沉，是土豆的颜色。”[34]他自己这样声称。

夏加尔与立体主义的关系则比较复杂。同时代的画家，包括夏加尔，都不可能对这一带来了新绘画语言和新视觉理论体系的运动无动于衷。1911年，阿尔伯特·格雷茨（Albert Gleizes）、德劳内、莱歇、勒福康尼尔和让·梅钦赫尔在独立艺术家沙龙的聚会使立体主义影响急剧扩大。皮埃尔·施耐德写道：“多亏了立体主义，夏加尔的作品才不再局限于未定型的幻想或民间艺术所固有的含蓄。”[35]当然，画家对这一运动中的教条主义部分持保留态度，并用疏离的态度进行了一番审视。尽管梅钦赫尔在大茅屋学院的教学带给了夏加尔创作《亚当和夏娃》（图77）等作品的灵感，但是夏加尔的热情在面对当时的表象创作时保持一贯的审慎，甚至是持讥讽的态度。“我在旁边看着，并想着，他们在三角

图76
《死者（村庄和拉小提琴的人）》[*Le Mort (Village et violoniste)*]
1924年
水粉画，画纸
34.3厘米×42厘米
纽约，私人收藏

③奥费主义也称作俄耳甫斯主义。译注。

图77
《亚当和夏娃》(*Adam et Ève*)
1912年
油画，画布
166.4厘米×118.7厘米
圣路易（Saint Louis，美国），
圣路易美术馆藏

图78
《喝酒的士兵》
1911—1912年
油画，画布
109.2厘米×94.6厘米
纽约，所罗门·R. 古根海姆博物馆
（Solomon R. Guggenheim
Museum）藏

形的餐桌旁狼吞虎咽地吃着方形的梨子。”[36]他针对立体主义画家这样写道。

立体主义者试图解构世界，而夏加尔则希望能让世界以一种具体或抽象的方式重生。夏加尔画里的物体与立体主义的“晦涩”不同，而是变为通透，观众的目光透过物品看到表象下的东西。欣赏他的画仿佛被邀请进入一场旅行，一场走入他的童年、他的信仰以及俄罗斯乡愁的旅行[37]。如果说《各各他或基督受难地》(*Golgotha ou Le Calvaire*，图89）或是《亚当和夏娃》有奇怪甚至不合时宜的一面，这是因为它们的主题与立体主义主题严重割裂。让·卡索（Jean Cassou）甚至在《亚当和夏娃》中看到了“某些应用艺术……，确实非常生硬”[38]。同样，立体主义使用字母作为平面图案符号主要是为了强调对于空间幻象的摒弃，而夏加尔则是通过字母的隐喻在语言和绘画之间建立对话。因此，《醉酒的男人或酒鬼》（图80）通过一个头与身子分离，就像“失去了脑袋”的男人来诠释醉酒。在其他的主题上，夏加尔的作品也在避免抽象，避免立体主义的自我参照。但是，他保留了立体主义体系的本质——分割的绘图表象、形状的简

图79

《黄色卧室》

1911年

油画，画布

84.2厘米×112厘米

里恩/巴塞尔（Riehen/Basel，瑞士），

贝耶勒基金会（Fondation Beyeler）藏

图80
《醉酒的男人或酒鬼》
1911—1912年
油画，画布
83.5厘米×114厘米
私人收藏

化、人体的解构和重建以及几何图形的运用。

看一看1909年的《结婚》（*La Mariage*，图81）和1911—1912年在巴黎画的相同主题的另一幅画《婚礼》（*La noce*，图82），就能够看出夏加尔的特点，那就是重新用不同的方法画出已有的主题[39]。第一个版本让人想起《死者》的构架和画中穿过村镇的主街道。在符合逻辑的空间里，克里兹莫④演奏家（小提琴家）带领着新婚夫妇和宾客们走向观众。整体画面色彩基调是沉闷的，灰色、浅褐色、棕色、黑色，唯一的例外就是新娘洁白的裙子。在巴黎的版本中，颜色更加纯粹和明亮，并且在画面上方，横向叠加的色带就像个自动调色盘。尤其是尺幅的选择（99.5厘米×188.5厘米），加重了空间的分离感。人物就像站在舞台的沿幕上。似几何图形般的色块有着清晰的界限，新婚夫妇站在蓝绿色的三角形内，与参加婚礼的其他宾客隔离开来。

④犹太传统音乐，常在婚礼中演奏。译注。

图81
《结婚》
1909年
油画，画布
68.5厘米×97.5厘米
苏黎世，E. G. 布尔勒（E.G. Bührle）收藏

在《诗人马辛》（*Le Poète Mazin*，图83）以及《三点半·诗人》（*Trois heures et demie. Le Poète*，图84）这两幅画中，这种转变更加明显。前者是一幅相对传统的肖像画，里面的人物手持象征自己职业的书本，而后者的名字让人想到诗人一夜未眠，然而实际内容却离题万里，这是诗人的“分裂”版本，不仅身体处于不正常状态，整个画面也割裂成块状。《三点半·诗人》更符合立体主义的构图，通过斜线、菱

形、平行线和垂线的组合，构成一个人的身体和桌子，而椅子则似乎飘浮在空中[40]。夏加尔声称的“立体主义的瓶子是笔直的，我把它们倾斜了，把头切了下来”[41]。这一论调，在这里就是最好的证明。

对于夏加尔来说，立体主义太机械化、太理性、甚至太现实，因而不够诗意。“我讨厌现实主义和自然主义，甚至是立体主义的这类因素。我希望引入一种心理形式主义。”[42]德劳内的奥费主义把几何图案打碎，把空间元素分解，对夏加尔的影响是决定性的。在非理性的空间里，人物形象几乎脱离重力，跟德劳内征服空气的幻想联系了起来。这种飞翔在他最爱的主题埃菲尔铁塔中也能看出来，埃菲尔铁塔的三角形构造被拆解成一堆折线和分散的形状，但又似乎高耸入云。跟德劳内一样，夏加尔对埃菲尔铁塔和摩天轮印象深刻，他在1911—1912年以相对现实的手法画了这两个主题。这两处法国首都宏伟的标志性建筑，

图82
《婚礼》
1911—1912年
油画，画布
99.5厘米×188.5厘米
巴黎，蓬皮杜中心国家现代艺术博物馆藏，1988年付与

图83
《诗人马辛》1911—1912年
油画，画布
73×54厘米
巴黎，蓬皮杜中心国家现代艺术博物馆藏，1984年捐赠

图84
《三点半·诗人》
1911年
油画，画布
195.9厘米×144.8厘米
费城（Philadelphie），费城美术馆藏

Chagall

图85

《巴黎，摩天轮》（*Paris, la Grande Roue*）

1911—1912年

油画，画布

60.9厘米×89厘米

私人收藏

被画家在《巴黎，摩天轮》(图85) 的画面底部用“巴黎”这一签名强调了出来。

通过对德劳内《埃菲尔铁塔》(*La Tour*) 系列作品与夏加尔几个相似主题作品的比较，我们能更好地理解夏加尔的理念。德劳内完全投入到现代生活，沉浸在被阿波利奈尔称为“新思维”的思潮中。在这一背景下，埃菲尔铁塔成为城市现代化骚动的具象化，它那不同寻常的尺寸和形状，颠覆了一直以来的建筑习惯。这一“肖像化”主题的选择表明了德劳内的尝试，其中风格的变化与阐述当代社会变革的主题是不可分割的。而埃菲尔铁塔，作为现代技术的象征，对德劳内的尝试来说，尤为恰到好处。其非物质性的一面及其通透性，使它似乎成为了一块巨大的棱镜，可以分解光线，而这种分解正是画家通过赋予各层颜色一种半透明感来试图表现的。埃菲尔铁塔可能对于夏加尔来说也象征着现代化，然而，它却没有成为夏加尔艺术的主题。只是通过简化的线条，让埃菲尔铁塔成为了一个符号、一个签名、巴黎风光的代表。当德劳内将其树立为诸如“工厂、桥梁、钢铁建筑”等的新金属建筑的典范时，对于夏加尔来说，埃菲尔铁塔却成为了城市里充满诗意的景象。

而且，作为一个外省人，一个俄罗斯艺术家，面对这一建筑，能够当面画下它，已经是梦想成真的证明，就像是在对自己说“我终于来到了这里”。当然，我们也见过夏加尔画的巴黎其他标志性建筑，例如凯旋门和巴黎圣母院，但是没有一个如埃菲尔铁塔那般频繁出现。与吸引刚刚踏足巴黎的人的其他地方不同，埃菲尔铁塔是夏加尔和他的另一个“故乡”巴黎之间情感变化的晴雨表。根据它在画布上的位置、尺寸及其他象征性因素，我们可以持续探寻画家和这座

图86
罗伯特·德劳内
《城市同一时刻的窗》(*Les Fenêtres simultanées sur la ville*)
1912年
混合技术，画布
46厘米×40厘米
汉堡，市立美术馆藏

图87
《七指自画像》局部
1912—1913年
插画18，第25页

图88
《窗外的巴黎》
1913年
油画，画布
136厘米×141.9厘米
纽约，所罗门·R. 古根海姆基金会（Solomon R. Guggenheim Foundation）藏

城市之间关系的亲密度。“埃菲尔铁塔既是一个表明‘在巴黎’的地理坐标，同时也是一个情感坐标，表明‘我在巴黎’。”[43]1912—1913年的《七指自画像》的局部（图87）和1913年的《窗外的巴黎》（*Paris par la fenêtre*，图88）这两幅创作时间仅相差几个月的作品证明了夏加尔对巴黎的适应。题名已经泄露了不同，第一幅将手指颇具引申意味的形象放到了画家身上，第二幅则提到了地点。当然，能够表明夏加尔对于这座城市激烈情感变化的主要还是画的构图。《七指自画像》表达了一种矛盾的情感。埃菲尔铁塔被放在一个角落，在画家身后，这个小小的白色三角被框在一扇窗户里，并被窗帘压扁了一点。在画的另一角，云层掩映下的城市景色就像是一个气泡。虽然不能确定，但是会让人想起维捷布斯克，想起那里的房子和教堂。在这幅画的一幅草图中，这部分仅仅处理为简单的绿色斑点，还有一个模糊的意象，只能勉强辨认出是一座钟。这个“天堂的耶路撒冷”在这里不仅是现实，更像是一个白日梦境，一缕纯粹的乡愁。它触及了画架上面夹着的一幅尚未完成的画，这幅画清楚地让人回忆起画家的过去，即那幅《致俄罗斯、驴子和其他》（图17）。因此，尽管夏加尔实现了渴望来到巴黎的心愿，但他还是不能也不愿割舍与出身的联系。在自画像顶部用意第绪语写下的“巴黎”和“俄罗斯”这两个词更是强化了这种二重性。

这一“精神分裂”在《窗外的巴黎》中似乎被部分治愈了。窗户在这里几乎覆盖了整个画面，让人看到巴黎的全景，其中最突出的就是埃菲尔铁塔，周边是法国国旗的颜色。最重要的是，无论是维捷布斯克还是过去的任何印记都没有出现在这幅作品中，因而这幅作品就像是画家对新环境的赞美。但是画家在画布的底端画了雅努斯（Janus）⑤般的肖像，他头上的两副面孔分别朝着相反的方向。我们可以说左侧的面孔朝向巴黎，但永远都不清楚右侧朝向哪里，我们可以自由猜测。[44]在这肖像头部上方，有两个小人飘浮着，他们横向飘浮着，穿着东正教犹太人的传统服饰，就像是巴黎版本的空气人。这也是颇具夏加尔创作风格的形象，将他跟意第绪传统联系了起来。夏加尔对维捷布斯克的依恋还有一个特殊的理由，那就是他的未婚妻贝拉·罗森菲尔德（Bella Rosenfeld），自他们1909年相识后就留在了那里。在1916年创作的一幅名为《恋人》（*Les Amoureux*，图113）的画里，夏加尔的头似乎正前往维捷布斯克进行一场想象之旅，因为他最亲爱的人就在那座城市里。

⑤古罗马两面神。译注。

Chagall

暂居柏林

滞留柏林期间，夏加尔的职业生涯充满矛盾。他仅在1914年短暂居留此地，参加个人画展的开幕式。与在巴黎不同，柏林完全不了解他的作品，因此这次短暂居留对于他的声名鹊起是个非常重要的阶段。更确切地说，重要的是赫尔瓦特·瓦尔登而非柏林，因为他才是那个“发掘”了画家的人。瓦尔登是个多才多艺的人，不断为德国的首都引入各种新的造型艺术流派。他于1910年创立了著名的《风暴》杂志，两年后，又建立了同名画廊。在现代艺术发展之初，艺术家们的命运往往取决于他们与诸如蓝骑士（Blaue Reiter）、桥（Die Brücke）以及风格派（De Stijl）之类的著名团体的密切关系。但是具有足够知名度而足以使其“庇护者们”扬名立万的展出地点却非常少。

1913年，夏加尔与瓦尔登通过《蒙茹瓦！》杂志的主编里乔托·卡努杜在巴黎结识。这位柏林的画廊老板邀请他参加了一场在艺术史上留名的画展，也就是德国秋季沙龙的展出。许多参展过蓝骑士画展的画家也参加了这次展出，包括汉斯·阿尔普（Hans Arp）、阿尔伯特·布洛赫（Albert Bloch）、布尔柳克兄弟、海因里希·坎本东克（Heinrich Campendonk）以及奥古斯特·麦克（August Macke）。夏加尔的三幅参展作品分别是《献给我的未婚妻》《致俄罗斯、驴子和其他》以及《各各他或基督受难地》，并且得到了评论家们的认可：“夏加尔用炽热的色彩和奔放的幻想唤起了热情，虽然不是所有人都对这种热情表示认同。”[45]这些画色彩对比强烈，形状扭曲，与德国印象派风格相似，并与蓝骑士艺术团的作品尤为相似，而后者恰恰是瓦尔登最欣赏的。另外，奥古斯特·麦克的一位亲戚，同时也是蓝骑士的资助者，购买了夏加尔的重要作品《各各他或基督受难地》。

随后在1914年6—7月，《风暴》杂志社举办了夏加尔的个人画展，这次共展出了四十余幅画，几乎是他在巴黎创作的所有作品。这次展出引起了轰动，尤其是在德国的印象派新秀画家中间，比如奥古斯特·麦克和弗兰茨·马克（Franz Marc）。这很可能是夏加尔艺术生涯中的决定性阶段，对于他日后在国际上享有盛名起到了重要作用[46]。马克思·恩斯特（Max Ernst）和库尔特·施维特斯（Kurt Schwitters）也深受夏加尔艺术的触动。施维特斯甚至写了一首诗献给他，诗中提及的作品就是《醉酒的男人或酒鬼》，其爆发性的一面在诗人看来具有达达主义的视觉特征[47]。

当夏加尔离开柏林时，那里正酝酿着一场战争。他绝对不会想到，本来预计在俄罗斯停留3个月的行程会延续很久，也绝对难以预料他与瓦尔登的友谊最后竟然以对簿公堂告终。俄罗斯边境因为战争封锁了，他在八年后才得以最终离开故国，再次回到自己的第二故乡——法国。

图89
《各各他或基督受难地》
1912年
油画，画布
174.6厘米×192.4厘米
纽约，现代艺术博物馆藏

Chagall

АКАЛЕИНАЯ
РАБII НОВIIЧЪ
ПРОДАЖА
ПЕЧЕНIЯ
ВОДЫ

第三章

重返俄罗斯（1914—1922年）

“每个艺术家都有自己的故乡，尽管有一天，他会发现自己被另一个地方所影响，但是故乡的某些无法言表的本质和‘芬芳的气息’却总会在他的作品中散发出来。”

马克·夏加尔写给詹姆斯·约翰逊·斯维尼（James Johnson Sweeney），《党派评论》（*Partisan Review*），1944年。

维捷布斯克：喜忧参半的重逢

我们知道，现实总不会如想象那样美好。夏加尔在巴黎期间，维捷布斯克在他的记忆中如尘世的天堂一样美好，但是正因为如此，当他回到故乡的时候，就更加感到幻灭。“一个与众不同的地方，一个特殊的城市，充满不幸、乏味……。数十个、上百个的犹太教堂、肉店和行人。这就是俄罗斯吗？这仅仅是我的故乡，属于我的，我重新寻回的故乡。”[1]维纳·哈弗特曼强调：“在重逢的魔力面前，想象褪去了色彩。现实的冲击比回忆更有力量。”[2]

面对这一环境和那些熟悉的人物，夏加尔用一种完全不同风格的画将他们诠释了出来。他放弃了自己的幻想世界，放弃了鲜艳的色彩和夸张的形状，他讥讽的目光被充满乡愁的印象所代替[3]。他在父母家里住了六个月，画下了家庭生活和重逢的亲人们，尤其是他的妹妹和哥哥大卫（David）。画家将这些作品称为

前一跨页

图90
《维捷布斯克的集市》（*La Place du Marché. Vitebsk*）
1917年
图108局部，第114页

图91页
马克·夏加尔肖像
1922年
摄影
巴黎，马克和伊达·夏加尔档案馆藏

“文献”，对所有私密的、私人的和家庭圈子的生活进行了相对详尽地描绘（图92～图96）。这些作品通常都是使用廉价材料画的水粉画或纸板蛋彩画。但这些也都是富有情感的画，亚伯拉罕·埃弗罗斯生动地形容这种回归本源就像是衣锦还乡的儿子回到了父母的草窝：“他再次拥抱了这座犹太小镇中的犹太小世界。他用同样虔诚的精神紧紧握住这个世界，这种热情与他在巴黎时打破那些拙劣的形状时的热情如出一辙。……为了给重逢的故乡一个庄严的面貌，他铺陈了无与伦比的微妙色彩，并采用了一种精致的绘画技巧。”[4]

在某种程度上回归古典主义是夏加尔这一时期最初作品的特点。画面中常出现不堪重负的年迈犹太

图92
《草莓或餐桌旁的贝拉和伊达》
（*Les Fraises ou Bella et Ida à table*）
1916年
油画，画布
45.5厘米×59.5厘米
私人收藏

图93
《妹妹玛利亚桑卡》（*Mariasenka. La sœur de l'artiste*）
1914—1915年
油画，纸板
51厘米×36厘米
私人收藏

图94
《餐桌旁的马妮亚》（*Mania à table*）
1914年
油画，覆在纸板上的画纸
49.2厘米×37.5厘米
私人收藏

chagall

图95
《祖母》（***La Grand-Mère***）
1914年
铅笔素描，画纸
31厘米×24.5厘米
私人收藏

图96
《窗边的丽莎》（***Lisa à la fenêtre***）
1914年
油画，画布
79厘米×46.5厘米
私人收藏

Chagall
1914

图97
《报贩》
1914年
油画，纸板
98厘米×78.5厘米
巴黎，蓬皮杜中心国家现代艺术博物馆藏，1984年付与

图98
《报贩》（习作）
1914年
石墨画，包装纸
45厘米×35.5厘米
巴黎，蓬皮杜中心国家现代艺术博物馆藏，1984年付与

人形象，很可能是乞丐，造型介于程式化的套路和真实的肖像之间。在构图上，他将人物放在近景处，展现出一个雕塑般的躯体，以及刻满了岁月痕迹的脸。但是这种古典主义手法并非一成不变，因为夏加尔对于时代背景并非无动于衷。1914—1915年间，他成为被从前线驱逐的人群中的一员。其实在1915年，他被征募入伍，不过经过贝拉哥哥的多方斡旋，他在圣彼得堡的军事经济局谋得一份工作，避免了直接参战。尽管维捷布斯克远离前线，但却成为了一个驻军地，夏加尔在某些画中留下了这一冲突的痕迹。

这时期夏加尔许多黑白素描作品，充满印象派风格，描绘了一个晦暗的现实。此外，《报贩》（*Le Marchand de journaux*，图97）这幅画就很可能与战争有关。在这幅作品的习作（图98）中用俄语表明了“战争”（Wojna）这个词。《斯摩棱斯克日报》（*Le Journal de Smolensk*，图99）也是如此，画里有一张报纸和两位读报的人。这些作品中的人物表情沉重，画面整体色调为红色或绿色，很可能是在用一种简洁

的手法表现俄罗斯犹太人当时的状况。画里没有直接表现出对于犹太人的迫害，但是却让人感受到背井离乡的沉重，以及那些因被俄罗斯当局疑为德国间谍而驱逐出境的家庭的重负。许多犹太人逃到了维捷布斯克。这些充满沉重的苦痛而缄默不语的人物与夏加尔作品的轻盈感形成对立。与《节日或手持柠檬的犹太教士》（*Jour de fête ou Le Rabbin au citron*，图102）的那种不无讽刺的疏离视角相去甚远。

但是，用一种相对古典的手法去表现维捷布斯克的居民，是否是对艺术，尤其是先锋艺术完全封闭的环境下的一种自我查禁？夏加尔没有放弃学习现代艺术，没有放弃从巴黎美学中学到的风格变化。在主题为年迈的犹太人系列作品中，人物脸孔的颜色以及身体与空间的关系表明这些作品完全不是真正的写实主义。他自由发挥的想象和充满风格的创作似乎从没有被那些与童年世界直接相连而重现的情绪完全抹平。弗朗茨·梅耶指出："圆润的形状与棱角分明的形状对立，锯齿形线条与直线对立，几何图形与近乎自然主

图99
《斯摩棱斯克日报》
1914年
油画、石墨画，装裱于画布上的纸板
37.9厘米×50.2厘米
费城，费城美术馆藏

图100
《受伤的士兵》(*Le Soldat blessé*)
1914年
水彩和水粉画，纸板
48.9厘米×37.8厘米
费城，费城美术馆藏

图101
《敬礼》(*Le Salut*)
1914年
油画，装裱于画布的纸板
37厘米×49.8厘米
巴黎，犹太民族艺术和历史博物馆，
蓬皮杜中心国家现代艺术博物馆寄存，
1988年付与

Chagall
1914

义的图形对立……。而且，想象的色彩再次与自然主义对立起来。同一个模特儿上一次还长着黄胡子和绿面孔，下一次就变成了红胡子和白面孔。这里是一只黄色的手和一只白色的手，那里就变成了一只白色的手和一只绿色的手。而这些对立绝非死板的，在细节精确的基础上，画家用色彩诠释了一种充满温情的氛围。”[5]两幅关于哥哥大卫弹曼陀铃的肖像画就是典型的例子。第一幅（图104）用了相对古典的表现方式，脸部和乐器的细节非常清晰。第二幅（图105）则采用了更加自由的表达方式，根据色调的明暗完全采用了大片的蓝色来表现。脸孔变得模糊，没有刻画任何细节，整体带给人一种非形象的色彩逻辑。从其他画上也能看出夏加尔在法国跟随画家们学习的痕迹。其中，《草莓或餐桌旁的贝拉和伊达》（图92）就明显借鉴了他所欣赏的皮埃尔·勃纳尔（Pierre Bonnard）的风格。

同时，夏加尔还画了一些完全打破理性的画，例如令人着迷的《世界之外》（*N'importe où hors du monde*，图106）。这个谜一样的题目可能来自夏尔·波德莱尔（Charles Baudelaire），展现的是维捷布

图102
《节日或手持柠檬的犹太教士》
1914年
油画，装裱于画布上的纸板
100.5厘米×81.3厘米
杜塞尔多夫，北莱茵-威斯特法伦艺术品收藏馆藏

图103
《绿色犹太人》（*Le Juif en vert*）
1914年
油画，装裱于木板上的画布
100.5厘米×81.5厘米
巴塞尔，市立美术馆藏

图104
《大卫》（***David***）
1914年
油画，装裱于纸板上的画纸
50厘米×37.5厘米
私人收藏

图105
《弹曼陀铃的大卫》（***David à la mandoline***）
1914年
水粉画，纸板
49.5厘米×37.4厘米
符拉迪沃斯托克（海参崴），国家海洋美术馆藏

图106
《世界之外》
1915年
油画，装裱于画布上的纸板
61厘米×47.3厘米
高崎（日本），群马县现代美术馆藏

斯克的风景，但是城市景色被扭转了90度，变成了垂直方向，就像是画家希望重新找回家乡因他的远离而被赋予的童话气息。在他的想象中被理想化了的城市实际上是如此平庸无奇，令他感到失望，因而夏加尔“改善了”现实。他不满足于只对地形进行改造，他还改造了人体构造，比例失调的身体占据了几乎整个近景。这一“改造游戏”并不是轻微的，人物的头从鼻子和嘴巴处被一分为二，上半部分飞到半空，似乎不再属于这个躯体（可能是夏加尔自己），摆脱了重力束缚和身体负荷的头颅可以自由游弋于“世界之外”的任何地方。在画家笔下，这一充满隐喻的世界还表现为，以维捷布斯克彩色的城市风景为背景的画面上，突兀地出现一座枞木屋。《蓝色房屋》（*La Maison bleue*，图107），表现的就是一种虚幻的视觉，是一种希望从思想上逃离那个现实中无力逃脱的境遇的方式。

图107
《蓝色房屋》
1917—1920年
油画，画布
66厘米×97厘米
列日（Liège，比利时），列日美术馆藏

图108
《维捷布斯克的集市》
1917年
油画，画布
66.4厘米×97.2厘米
纽约，大都会美术馆藏

图109
《房屋背后》（*Derrière la maison*）
1917年
油画，纸板
60.6厘米×46厘米
埃里温（Erevan，亚美尼亚），国家博物馆藏

爱，永恒的爱

世界上有一个地方，那里的现实和梦境可以合二为一，现实颠倒了位置。在世界上到处是冲突和争端的第一次世界大战期间，对于夏加尔来说，却因为与贝拉的结合以及1916年女儿伊达的出生而感到幸福。他在维捷布斯克和彼得格勒（Petrograd，苏联对于圣彼得堡的称呼）的创作，就是这一热情的证明。这些作品不仅成为他的代表作，也无疑是艺术史上最瑰丽的描绘爱情宣言的画作。因为爱情的冲动而情难自禁，夏加尔所画的飞到空中的恋人似乎在自己的小世界中与世隔绝，永恒地结合在了一起。妻子神情羞涩，低垂双目，丈夫的目光中总是只有妻子一人。这些作品中的恋人们不仅身处真实的空间之外，而且还超越了时间的羁绊。表达了一种容不下任何烦恼、没有阴霾的爱——夫妻间的幸福和爱情带来了生之轻盈。与空气人形成对比的是，虽然两种画面形象都摒弃了物理法则，但两者是有区别的：第一种画面表现的是一对情绪激动的恋人，因爱情变形。第二种则描绘了一些得过且过、背井离乡且毫无牵挂的人。

画这些“飞”起来的人分为几个阶段，但是都集中在同一时期出现，即1914—1918年期间。这些画都是在一种充满激情的冲动下完成的，都表现了姿态不同却又和谐互补的夫妻形象。在《生日》（*L'Anniversaire*，图112）中，夏加尔处于一个具有杂技姿态的位置，他处于失重状态。在送给妻子一束花之后，他扭着脖子亲吻妻子。贝拉用一种充满诗意和性感以及升华的方式描绘了这幅在他们的婚礼前几天

图110
马克·夏加尔和贝拉及女儿伊达
摄影
1916—1917年
巴黎，马克和伊达·夏加尔档案馆藏

图111
《贝拉和伊达》（*Bella et Ida*）
1916年
铅笔素描，画纸
22.1厘米×18.7厘米
私人收藏

图112
《生日》
1915年
油画，纸板
80.6厘米×99.7厘米
纽约，现代美术馆藏

诞生的画。“你投身到这幅画中，它在你的手下战栗。你浸湿了画笔，红色、蓝色、白色和黑色喷涌而出。你把我带入了色彩的洪流。突然，你又把我拉回了地面，而你自己，却单脚跳了起来，就像是你在屋子里感到过于局促。你在上升，伸展四肢，飘浮在天花板上……。我们两个人一同，慢慢地，升到了精心装饰的卧室上空，然后飞了起来……。挂满壁毯的墙壁在我们周围旋转，让我们头晕目眩。大片的花田、房子、屋顶、院子和教堂，都在我们脚下徘徊。”[6]

在横幅画《城市上空》(*Au-dessus de la ville*，图114)中，这对夫妇似乎又在屋顶飘荡。除了题名，莫里斯·福莱肖莱(Maurice Fréchuret)写道：“画的构图使画里的物品没有和观众处在同一视线水平。城市，从上空看来，带给人一种与现实相去甚远的感受，形成一种更广泛的自由。”[7]与《世界之外》不同，夏加尔的身体在这幅画中没有被分裂，反而是恰恰相反，他与爱人的身体融为一体，每个人都只有一只手臂。很明显，他们都不需要寻求在别处的快乐，因为现世就已是极乐。观者是否在被围墙包围的城市里看到了《圣经》伊甸园的遥远回忆？如果不是一个普通的细节不太符合这一神圣场景，我们几乎就确信了这一点。在画面左边栅栏旁边，能隐约看到一个小小的人，就像是《拿着调色盘的自画像》(*Autoportrait à la palette*)中的人物，区别只在于这里的人物是蹲坐着的，但是我们能够猜到他在干什么。即使爱情也没有让夏加尔失去对真实世界的感受，甚至是一种幽默感。一直以来，不可调和的世界或对立的画面共存的现象，在夏加尔的作品中总是那么理所当然。

在《散步》(*La Promenade*，图115)中，夏加尔引入了一个自然元素，一片草地在画面近景延伸，背景是城市风光，红色的桌布切割开绿色的地面，旁边还有

图113
《恋人》
1916年
油画，画布
108.9厘米×134.6厘米
纽约，大都会美术馆藏

图114
《城市上空》
1914—1918年
油画，画布
141厘米×198厘米
莫斯科，特列季亚科夫美术馆藏

图115
《散步》
1917—1918年
油画，画布
175.2厘米×168.4厘米
圣彼得堡，俄罗斯博物馆藏

图116
《持红酒杯的双人肖像》
1917—1918年
油画，画布
235厘米×137厘米
巴黎，蓬皮杜中心国家现代艺术博物馆藏
画家于1949年捐赠

被画框的边框切断的蓝色树枝。这个田园般的画面让人想起恋人们的野餐。唯一例外的是，女人悬浮在空中，拉着男人跟在他身后。《持红酒杯的双人肖像》(*Le Double Portrait au verre de vin*，图116）中，丈夫像杂技演员一样骑在妻子的肩膀上，挥舞着一杯红酒庆祝孩子的诞生。父亲上面，有一个一半天使一半儿童的形象，补全了这一庆祝场景。最后，还有一幅作品来庆祝同一事件，那就是《婚礼》(*La Noce*，图117)。

这几幅作品与1914—1917年间完成的作品形成系列，被命名为《献给我的未婚妻》(*Dédié à ma femme*)。每一幅画都构成其中的一幅作品，画出了这对结合的恋人，他们的脸孔和身体都是合二为一的。《蓝色恋人》(*Les Amoureux en bleu*，图118)、《绿色恋人》(*Les Amoureux en vert*，图120)、《玫瑰色恋人》(*Les Amoureux en rose*)、《灰色恋人》(*Les Amoureux en gris*，图119)，每幅画都有不同的主体色

图117
《婚礼》
1918年
油画，画布
100厘米×119厘米
莫斯科，特列季亚科夫美术馆藏

图118
《蓝色恋人》
1914年
蛋彩画，贴在纸板上的画纸
49厘米×44.3厘米
私人收藏

图119
《灰色恋人》
1916—1917年左右
油画，画布
69厘米×49厘米
巴黎，犹太艺术和历史博物馆藏
1984年捐赠

调。总的来说，爱，永恒的爱，对于夏加尔来说是必不可少的，他把爱情当作创作过程中必需的构成要素。

从这对夫妇身上还能看出一些奇怪的东西。阿涅斯·德拉博梅勒（Agnès de La Beaumelle）谈及“充满微妙情感的组图，几乎是完全纯洁的……，这对两性合为一体的夫妇自我封闭，自成一个世界，形成一种升华、永恒的形象，就像纪念章上的双人头像”[8]。如果说这里将理想化推到极致，那么夏加尔的其他作品中，无数相拥着藏在花束下的恋人们也很少散发欲望的气息。非物质化的、透明化的躯体，缺少肉欲，飘浮在天空，空气也是物质实体。纯洁、空灵，这种经常出现在夏加尔作品中的没有性别的形象更接近天使和神圣造物，而非真实的男女。

“恋人就是形状，形状就是恋人”[9]，夏加尔这样说过。比起人类的躯体，形状才能更好地表现没有冲突的爱情。夏加尔的寓言不像拉封丹寓言那样严酷，

图120
《绿色恋人》
1916年
油画，装裱在画布上的纸板
69.7厘米×49.5厘米
尼斯，马克·夏加尔国立博物馆，巴黎，蓬皮杜中心国家现代艺术博物馆寄存，1988年付与

图121
《白脖子的贝拉》(*Bella au col blanc*)
1917年
油画，画布
149厘米×72厘米
巴黎，蓬皮杜中心国家现代艺术博物馆藏
1988年付与

图122
《显圣》
1917—1918年
油画，画布
157厘米×140厘米
私人收藏

而是完全的童话或梦想，就像名为《梦》（*Le Rêve*，1927年，巴黎，国家现代美术馆）的作品表现出来的那样。一个赤裸的女人骑在一头驴子背上，让人不禁想到朱庇特的诱拐。这位众神之王会根据情况变成各种生物，拐走他看上的所有女人。这一场景经常也被毕加索表现。但两位画家有一点不同：一个显得崇高，另一个则不然。毕加索不纠结于影射，消除了画家和模特儿之间、艺术家和女人之间的神秘感。夏加尔则似乎放弃了所有的暴力和兽性的一面。毕加索呈现的画面通常是充满无限男性特征的公牛或是人身牛头人猛扑向女性躯体，而夏加尔展现的则是一头驴子背上驮着一位伸展四肢、身上覆盖着鲜花的女人。在夏加尔的画中，肉欲甚至是性感，总是被远远隔开、过滤、审视。在其他主题中，我们在这两位画家身上也可以看到力量和优雅的对比。这种"清除"色情的做法，应该是夏加尔对于原始的无性别区分的神话的一种幻想，也可以在创世之初男性和女性因素的融合中找到源头。《阿波利奈尔礼赞》（图74）与之前的所有习作就是最有利的证明。

另外，我们还可以从其作品看到，画面中交融的夫妇之间的关系跟画家和贝拉之间的关系很相像。我们还可以说，夏加尔毫不犹豫，至少是在潜意识里毫不犹豫地展现自己女性的一面。实际上，我们能够看到画家在各幅自画像中或明确或隐晦地表现出中性或是女性化的特征，特别是当他把自己画成天使的时候。有时候，例如在《显圣》（*Apparition*，图122）中，能够看到两性角色的完全逆转。在这个天神报喜像中，画家自己扮演的是圣母的角色，而天使的性别则是不确定的，或者按现在的说法，是跨性别的。

另外，夏加尔对于爱情的表现似乎脱离了"短暂"这一概念。对于他来说，贝拉是一个超脱于历史的女人。贝拉，也可以说是关于贝拉的回忆。因为在他们长期共同生活之后（1915—1944年），很难想象她和夏加尔的外表几乎没有发生改变。对于皮埃尔·勃纳尔及其伴侣玛特·勃纳尔（Marthe Bonnard），彼得·多依格（Peter Doig）写道："某种意义上来说，他成功创造了一个空间，介于他所看到的和他所想象的之间，因为他作品的本质，尤其在他画妻子的时候，反而不那么重要……这是个回忆的空间，但是又建立在现实之上。"[10]在夏加尔画贝拉的时候，也是如此。

夏加尔是个非历史的画家吗？更确切地说，他在故事和历史①之间摇摆不定，他建造了一个秘密花园，并在其中放置了自己人生中最私密的部分。《雅歌》（*Cantique des Cantiques*）在《圣经箴言》（*Message Biblique*）组图中占据重要位置是偶然吗？夏加尔真的是个没有暴力的画家吗？他无疑更专注于痛苦和受害者，在那些出现难民和流亡者的场景中，确实从来没有出现过刽子手或是屠杀者。

最后以一个特例作为本小节结尾。如今，我们很难搞清楚为什么夏加尔的一幅画激怒了1912年独立艺术家沙龙的负责人。到底哪里出现了猥亵的内容？可能是将源自桑德拉尔的充满挑逗、挑唆的题目《献给我的未婚妻》（图70）和画中那个看起来疑似与年轻女人发生了关系的动物联系在了一起。另外，这幅画最初的题名是《驴子和女人》（*L'Âne et la femme*）。但是无论如何，这一色情的画面深深震撼了画展监察官，以至于他在画展开始前一个小时决定撤掉它。夏加尔不得不在另一位俄罗斯画家尼古拉·塔尔霍夫（Nikolaï Tarkhov）的帮助下[11]，用金粉重新润色了被认为隐含猥亵的部分。阿波利奈尔在评论中写道："俄罗斯人夏加尔展出了一匹吸着鸦片的金驴子。因为这幅画之前惹怒过警察。"[12]这真的是色情的笔误吗？

①历史（Histoire）和故事（histoire），同一个单词，区别在于首字母的大小写。这里，作者用了一个文字游戏。译注。

犹太复兴

画家在俄国期间不只是待在维捷布斯克，也不只是举办了婚礼。1915年，他与贝拉一起定居在圣彼得堡，经济状况也有了一定改善。当时，富有的工程师卡根-沙布萨（Kagan-Shabshai）为了在莫斯科建造一间犹太艺术博物馆而向夏加尔买了三十多幅画。也是在莫斯科，夏加尔带着自己的二十五幅画参加了1915年画展。这次画展汇集了各种当代艺术流派。他的作品受到了公众的欢迎，并得到了评论界的好评。

在这一时期，夏加尔参加了犹太社团的各种活动。居留禁令的取消给了他很多便利，犹太人从此可以在整个俄罗斯领土上自由行动，大量犹太人被吸引至城市中心。这一趋势并非新出现的，从19世纪末以来，已经有很多犹太人从犹太居住区偷偷前往大城市居住，圣彼得堡尤其吸引他们。自1913年起，塞米翁·安斯基见证了这一点："感谢上帝，如今的圣彼得堡变成犹太城市了。"[13]在这个城市里，比在莫斯科更甚，许多机构蓬勃发展，特别是一些杂志和艺术团体，共同支撑起整个犹太艺术[14]。1916年初，夏加尔加入了1915年创立的犹太美术促进协会，主席是马克西姆·维纳弗，负责造型艺术的则是古茨堡男爵。该社团组织第二次画展后，夏加尔成为了评审团成员。后来有人请他为一所位于犹太教堂内的犹太职业学校画壁画。此外，他还为许多书画了插画，如伊茨霍克·莱布什·佩雷茨的《巫师》以及德尔·尼斯特（Der Nister）的《童话》（*Contes*）。这些故事介于民间故事、哈西德传统故事和俄罗斯象征主义作品之间。

另外，他的画还经常涉及犹太主题。除了老年犹太人系列或是犹太学校装饰画《住棚节》[*La Fête des Tabernacles*（*Pourim*，图125，1916—1918年]，1917年，他还完成了《犹太教堂》（*La*

图123
《维捷布斯克上空》（*Au-dessus de Vitebsk*）
1915—1920年期间，临摹1914年作品
油画，画布
67厘米×92.7厘米
纽约，现代艺术博物馆藏

Synagogue)、《墓地》(*Le Cimetière*，图126)和《墓地大门》(图12)。在《墓地大门》这幅画里，大门的柱子和拱形顶上覆盖着希伯来特色装饰。夏加尔还在上面写下了以西结的预言:“我的子民，看哪，我要打开你们的墓穴，把你们带出坟墓……。你们可以在自己的土地上安静地生活。”[15]这是个关于不幸即将到来的预言，同时也是希望的讯息。在俄罗斯革命带给了犹太人更好的生活条件后，他们不可能不去读这句引自《旧约》的预言。而巧合的是，1917年的《贝尔福宣言》(*déclaration Balfour*)公开表示支持犹太人在巴勒斯坦建国。

然而，夏加尔作为画家被认可，尤其是作为一位犹太画家，不仅仅是因为主题的选择，他的绘画美学认同了同辈艺术家们的新典范。对于耶胡达·潘和雕

图124
《习作》(*L'Étude*)
1918年
墨水画，画纸
24.9厘米×34.3厘米
巴黎，蓬皮杜中心国家现代艺术博物馆藏
1988年付与

图125
《住棚节(普珥节)》
1916—1918年
水粉画，画纸
32厘米×40厘米
私人收藏

图126
《墓地》
1917年
油画、铅笔画，画布
69.5厘米×100厘米
巴黎，蓬皮杜中心国家现代艺术博物馆藏
1988年付与

Chagall
1917

图127
《维捷布斯克犹太教士或黑白的犹太教士》
1914年
油画，装裱于画布上的纸板
101厘米×80厘米
巴塞尔，市立美术馆藏

图128
马克·安托科尔斯基
《犹太裁缝》(*Tailleur juif*)
1864年
木板，铁丝和玻璃
36.5厘米×12.5厘米
圣彼得堡，俄罗斯博物馆藏

刻家马克·安托科尔斯基（Mark Antokolsky）这代人来说，明确的犹太主题才是最根本的，但新生代艺术家们更看重形式的一面，形式对于他们来说才是决定纯粹犹太特色的因素。在这种意义上，20世纪最初几十年的犹太艺术逃脱不了现代视觉艺术，对造型艺术的处理更倾向于肖像方面。有些人也试着通过特别的风格与技巧来确定犹太艺术的现代版本，例如色彩的运用、东方特质、形状的感受等。但这些评判标准很模糊，更像是刻板的印象，而非现实的标准。在这个先锋艺术追寻超越文化国界的新语言的时代，这种做法显得更加空洞。但是这一想法还是找到了自己的出路，1919年，犹太艺术家鲍里斯·阿瑞森（Boris Aronson）和以萨迦·贝尔·里巴克（Issachar Ber Ryback）发表了一篇题为《犹太绘画艺术之路》(*Voies de la peinture juive*)的文章，明确和肯定了以上观点。对于他们来说，“对于形式而非主题的强调揭示了艺术家最真实的认知”。他们提出的例证就是夏加尔的作品，称他“通过抽象的形式，部分表现了个人风格和国家特质……。他是唯一一个理解、欣赏并诗意化地重新创作出犹太民间艺术特征的人……。作为犹太文化的作品，夏加尔也展示了他的国家形式……，所以他是第一个有资格被冠以犹太艺术家之称的人”[16]。

莫妮卡·波姆-杜辰（Monica Bohm-Duchen）提到了其他选择同一方向的艺术家和评论家，例如摄影师所罗门·尤多文和评论家叶海卡·多布鲁辛，后者于1918年在基辅创建了一个意第绪世俗文化组织。按照他们的看法，她写道：“在犹太民间艺术本源中，有一种深邃、暗沉和丰富的色彩，有希伯来文字的独立性，没有层次感和透视法，但存在抽象和对称的倾向。”[17]但是，我们发现，同样的标准也是马列维奇或

是拉里奥诺夫的风格特征。除了希伯来文被西里尔字母所代替，莫妮卡·波姆-杜辰还发现，鲍里斯·阿瑞森和以萨迦·贝尔·里巴克将夏加尔的《维捷布斯克犹太教士或黑白的犹太教士》（*Le Rabbin de Vitebsk* ou *Le Rabbin en noir et blanc*，图127）当成例子，这幅作品的犹太主题是显而易见的。换句话说，夏加尔创造的“空气人”这一形象最终在他自己的文化中找到了源头。如果说他在表现犹太社会的作品中引入了一个彻底的转变，那么谈论犹太视觉表达就没有任何意义，就像谈论基督教视觉表达一样没有意义。最后还要考虑到他更喜欢说犹太-俄罗斯语，因为这个国家的犹太民间艺术与其俄罗斯背景是密不可分的。

夏加尔不是唯一对犹太民间艺术感兴趣的画家，甚至远非如此。1916年，犹太人种和历史协会请埃尔·利西茨基（El Lissitizky）和里巴克负责探索第聂伯河（Dniepr）岸的犹太教堂，尤其是著名的莫吉廖夫（Mogilev）教堂。虽然没有真实的家族谱系证明，但夏加尔依然认为，这座18世纪的教堂的壁画作者哈彦·本·伊萨克·西格尔·德斯鲁茨克（Hayyin Ben Isaac Segal de Slutsk）是他的祖先[18]。几年后，内森·奥尔特曼纠结于现代语言和犹太语言，于1923年在彼得格勒及柏林出版了一部《犹太装饰图案辑录》（*Evreiskaia grafika*，图130）。但如果说利西茨基和里巴克后来所做的工作可能跟希伯来手稿的古文字接

图129
哈彦·本·伊萨克·西格尔·德斯鲁茨克
《大洪水》（*Le Déluge*），莫吉廖夫（Mogilev）剧景的临摹作品
1930年左右
水粉画，硬质纤维板
180.5厘米×184.5厘米
巴黎，犹太艺术和历史博物馆藏

图130
内森·奥尔特曼
《犹太装饰图案辑录》的插画
1923年
石版画
48.5厘米×36.2厘米
巴黎，犹太艺术和历史博物馆藏

图131
埃尔·利西茨基
《宰牛的屠夫来啦》(*Et vint le boucher qui tua le bœuf*),
《哈德·伽迪亚》插画
1919年
锌版画,画纸
26.5厘米×24.3厘米
巴黎,犹太艺术和历史博物馆藏

图132
埃尔·利西茨基
《杀死死亡天使的上帝来了》(*Et vint le Saint, Béni soit-il, qui tua l'ange de la mort*)
《哈德·伽迪亚》插画
1919年
锌版画,画纸
26.6厘米×24.3厘米
巴黎,犹太艺术和历史博物馆藏

近,他们的风格则借鉴了很多立体主义因素。利西茨基著名的作品之一就是1918—1919年间为《哈德·伽迪亚》(*Had Gadya*,图131、132)所作的系列插画。这本书中都是传统的童话故事,通常会在逾越节的时候讲给孩子们听,后来由一个促进犹太民间文化发展的组织"文化联盟"(Kultur-Lige)出版发行。不过,利西茨基在处理这一完全犹太主题的时候,则结合了卢布吉的质朴和立体主义。

无论如何,夏加尔都感到需要靠近圣彼得堡的犹太艺术家团体,包括利西茨基、阿瑞森、里巴克、彼得·伊里奇·柴可夫斯基(Piotr Ilitch Tchaïkovski)等艺术家。他们致力于"在寻找现代犹太艺术过程中探索和发展犹太-俄罗斯民间艺术"[19]。他们在莫斯科的犹太杂志《风暴》里宣称:"为什么犹太人民不能给这个世界带来犹太特有的艺术呢?"[20]

成功靠近犹太艺术团体让夏加尔得以在"方块J画展"上展出了四十五幅作品,命名为"于俄罗斯创作的系列作品(维捷布斯克,1914—1915年)"。马列维奇则展出了题为"绘画至上主义"的五十九幅作品。这次相遇仅是象征性的,因为尽管夏加尔的作品已经被大众认可(亚伯拉罕·埃弗罗斯和雅各布·图仁霍德写的首部关于他的专著在1918年出版,图133),尽管与那些依然贴近传统的犹太画家相比他的风格趋向现代化,但他还是与完全新型的抽象主义保持了距离。1915年底,"最后的未来主义绘画展0.10"宣布至上主义的来临和两位主要艺术家卡西米尔·马列维奇和弗拉基米尔·塔特林的崛起。

与夏加尔充满乡愁，甚至是浪漫的视觉表现不同，这种几何抽象主义以及随之而来的政治及乌托邦论述看起来似乎映射了一个新世界，一个一切皆有可能的世界。这种艺术手法与即将到来的革命一拍即合。在这种不言而喻的面对面接触中，人们目睹了一场两种理念之间的冲突：维捷布斯克所扮演的乡村和象形艺术与俄罗斯抽象派所推崇的宇宙观的冲突[21]。根据杰克·乌尔切拉格的看法，夏加尔的境况与在巴黎时是同样的，他一边学习他所欣赏的立体主义，一边又与之保持着一定的距离。两地境况的对比虽然在风格方面确乎如此，但是却没有考虑当时的背景。立体主义仅仅是一种艺术现象，至上主义则与意识形态密不可分。马列维奇和塔特林自诩为这一新艺术宗教的捍卫者，他们积极发展教徒，并吸引了众多拥趸。夏加尔则被孤立，又失去收入来源，只好回到维捷布斯克，在那里受到了启蒙老师耶胡达·潘的欢迎。

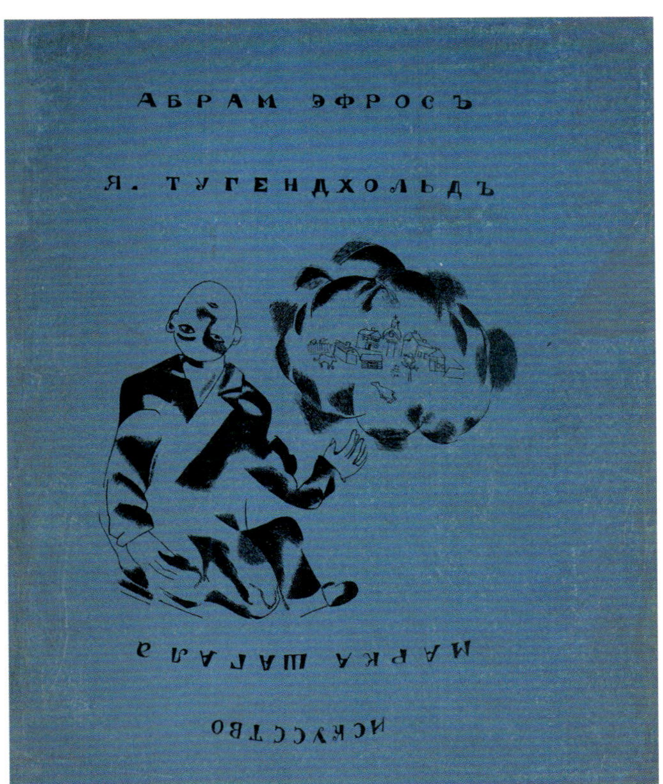

夏加尔对于当时青云直上的抽象派有感受吗？他并非毫无所知，但是却既不放弃形象艺术，也不放弃叙述。根据他的女婿艺术史学家兼巴塞尔美术馆馆长弗朗茨·梅耶的看法：《墓地大门》这幅画就通过几何形状和上升的动态，满足了至上主义的标准，“每个形状都充满生命，就像是插上了翅膀，一股难以遏制的气流上升到物质世界之上，进入精神的现实，这个现实同时是此时此地的真正现实”[22]。我们可以接受这种分析，同时意识到，至上主义对夏加尔的影响一直居于次要位置，处于牢牢扎根犹太社会的主题之后。

图133
亚伯拉罕·埃弗罗斯和雅各布·图仁霍德
《马克·夏加尔的艺术》，封面
1918年
墨水画，画纸
29.3厘米×23厘米
纽约，现代艺术博物馆藏

图134
《持灯的男人》（*L'Homme à la lampe*）
1921年
墨水画，墨水和花纹图案压痕，硬纸板
46厘米×33厘米
巴黎，蓬皮杜中心国家现代艺术博物馆藏
1988年付与

革命背景

革命后的俄罗斯成为欧洲唯一集合了先锋艺术和先锋政治条件的地方。新政府和艺术家们建立了一个联盟，以文化部长阿纳托利·卢那察尔斯基为代表。领导者们希望通过对普通民众的教育来改变社会。这一计划的目的在于消灭小幅画作或是任何让人想起“为了艺术而艺术”的形式，同时也是希望重建整个民族的生活方式。在这一计划中，艺术家们起到主要作用。“街道是我们的画刷，广场是我们的调色盘”，马雅科夫斯基写道。这不仅是个简单的比喻，而是对未来社会的诗意想象。艺术家们对于历史事件的宣言带着救世主的口吻，甚至让人感到他们自认为是唯一能够引领革命成功的群体。利西茨基也如此宣称：“至上主义会解放所有从事创造活动的人，让世界成为完美典范。这也是我们期待卡西米尔·马列维奇带给我们的。”[23]这一宣言表明，艺术家们希望参与真正的社会变革，但似乎仅停留在口头上，无力提供具体计划。他们既非观念学派，也非理论家，他们局限于时代，唯一的共通之处就在于抛弃“旧制度”。不管是乌托邦还是天真，革命推动艺术家与普通人同化，并带来了一批“自由艺术工作室”（Svomas）形式的人民艺术学院的设立，第一个就设立在莫斯科（1918年）。许多艺术家都对新制度非常感兴趣，并试着去承担责任和新角色。

图135
埃尔·利西茨基
《红色冲击白色》（*Frappez les blancs avec le coin rouge*）
1919—1920年
石版画
46厘米×55.7厘米
私人收藏

对于夏加尔来说，他不但不是哈希德教徒，也不是革命派，甚至没有真正投入到政治中。但是作为一个犹太人，对于自由的向往带给他根本的改变。新制度让他可以在俄罗斯自由行走，1917年的《人权宣言》（*Déclaration des droits du peuple*）宣布“废除对于国家和宗教的所有偏见和限制，推动少数民族和各族群的全面发展”。安乐的局面没有持续太久，1917—1922年间，犹太文化经历了一段荣耀时光。虽然对于现代犹太艺术的追寻在革命之前就已开始，但是锻造真正艺术身份的梦想则直到1917年后才真正实现[24]。

夏加尔在这一时期的创作活动非常多，最著名的是为莫斯科的犹太艺术剧院设计布景。这是一个全领域艺术品，也是绝对的代表作。这个时期还有一个有趣的插曲发生在维捷布斯克，夏加尔在那里创办了一所艺术学校，创建了一座博物馆，并在1918年成为整个城市的“布景师”，来纪念大革命胜利一周年。

在彼得格勒，夏加尔加入了青年联盟。随后，他被任命为联盟派驻艺术工作者协会的代表。在1917年俄国二月革命之后建立的这个组织里，成员来自多个艺术流派，他们唯一的共同点就是摒弃学院主义。当时，夏加尔已经是著名艺术家，他在蜂巢时的邻

居，也是第一个在俄罗斯发表其作品评论文章的卢那察尔斯基推荐他担任一份重要的工作，即在人民教育委员会（Narkompros）新设立的美术研究所（Izo）任所长。很可能是在贝拉的压力之下，夏加尔谢绝了这一推荐。他也确实不擅长行政事务，对此，他风趣地回复道："相比较成为所长，我更喜欢我的故乡。"[25]他实在不应说得如此动听，因为他和家人将不得不折回维捷布斯克。这个白俄城市因为地理位置相对偏远，得以在战争时期勉强维持正常生活。因此，相比大城市，它的物资供给要相对宽裕。

回到维捷布斯克之后，夏加尔见到了自己曾经的老师耶胡达·潘，并被邀请在他的画室工作。夏加尔在那里完成了许多重要作品，例如《持红酒杯的双人肖像》和《散步》。"在画里，我们看到贝拉就像旗帜一样打着旋儿。这幅画在1919年成为纪念军事胜利的宣传画"[26]。当时与首都的联系相对容易，因此可

图136
《窗边的身影》（*Profil à la fenêtre*）
1918年
水粉、石墨和墨水画，纸板
22厘米×16.8厘米
巴黎，蓬皮杜中心国家现代艺术博物馆藏
1988年付与

图137
《乡间茅舍的和平——宫殿的战争》
十月革命周年纪念时在维捷布斯克进行的装饰布景计划
1918年
水粉和铅画，画纸
33.5厘米×23.2厘米
莫斯科，特列季亚科夫美术馆藏

图138
大卫·亚克松（David Iakerson）
素描作品《举牌子的工人》（*Panneau avec une figure d'ouvrier*）
1918年
画纸，水粉和墨水画
47厘米×34厘米
未知

以及时了解最新的艺术作品并与各机构保持联系。夏加尔开始在故乡慢慢发展文化活动。受大革命前景的鼓舞，夏加尔建议美术研究所所长大卫·斯泰林伯格（David Chterenberg）在维捷布斯克建立一所自由艺术学校和一座博物馆。耶胡达·潘曾在1897年创办了第一所白俄罗斯犹太艺术学校，夏加尔曾在这所学校学习，他可能是受此启发，也是受到维捷布斯克剧院、图书馆等举办的活跃的犹太文化活动的鼓励。这项建议得到了卢那察尔斯基的肯定，夏加尔成为维捷布斯克省的美术委员。1918年9月12日，尼古拉·普宁（Nikolaï Pounine）在有其署名的官方信函上称，他认为夏加尔唤醒了维捷布斯克的文化和革命，并“组织了维捷布斯克及其周边区域的艺术学校、博物馆、讲座和其他艺术活动”。11月16日，在当地的一份日报上，夏加尔宣称“这项计划为普通初学绘画者提供真正走上艺术道路的可能”[27]。他还规划了为城市设计装饰布景、招牌和海报的工作室。

在学校正式开学之前（1919年1月28日），夏加尔负责1918年十月革命一周年的盛大纪念活动。夏加尔的故乡只是组织纪念活动的城市之一，正如雅各布·图仁霍德所说：“就是在这些街头的庆祝中，我们的左派艺术大放光彩。他不满足于仅仅装饰街道，而是完成了一项革命性的工程。他装饰了寺庙、宫殿、纪念碑，打破了它们惯常的外貌，给予了它们全新的形式。”[28]在莫斯科和彼得格勒，与维捷布斯克以及其他地方一样，革命的庆典使城市景色短暂地显现出预想中的样子，渴望具象呈现一种“未来的城市”景色，当然，这并非真实的建筑计划，而是一种新世界的写照。在以古老城市为背景的画上，加入了彩色装饰，运用了很多艺术手法。大量待完成的计划引发了多次人数众多的游行。这些群众表演让居民们得以参与这场被称作大版本街头艺术的演出。

夏加尔借此次活动之机改变了维捷布斯克的城市面貌。布景的样图都是由耶胡达·潘学校的学生完成后再经过夏加尔的批准。这些施工工程会委托给房屋粉刷工人，夏加尔在其中发现了不少非常有天赋的

图139
《前进、前进》
1918年
水粉画，犊皮纸
23.4厘米×33.7厘米
巴黎，蓬皮杜中心国家现代艺术博物馆藏
1988年付与

人，并鼓励他们加入他未来的学校。克莱尔·勒福尔（Claire Le Foll）更确切地指出，建筑物上共悬挂了四百五十幅海报、旗帜和花饰，立起了七座凯旋门[29]。整个城市成为了一个完整的艺术作品。“节日当天的城市装饰是这个无产阶级节日最美丽的成果。热情洋溢的标语、主题的选择和标牌的投放，所有这些都给城市一种不同寻常的面貌。最让人印象深刻的是晚上，当花饰通上电之后，美丽的亮光涌入装饰精美的房屋。”[30]亚历山大·罗姆（Alexandre Romm）用了更加夸张的口吻来描述这一场景：“海报棒极了，完美地与街上的一切融合。从光怪陆离而又光芒四射的色彩中能感受到一种细腻的思维和高雅的品位，看起来非常像是左派风格的画。”[31]这位艺术评论家是夏加尔的老朋友，我们有理由相信他没有作出完全客观的评价，因为即使是夏加尔对反响也不是感到全然高兴。当然，他很自豪地写道：“10月25日当天，我那些五光十色的充气动物们在城市各处晃来晃去。工人们一边唱着《国际歌》一边向前走。看到他们的笑容，我相信他们一定理解了我。”但是，他又接着说道：“领导者们则看起来没那么满意。为什么牛是绿色的？为什么马可以飞到天上？为什么？”[32]

实际上，夏加尔的宣传画有两种风格。第一种明确写着革命的标语，说明艺术家自身完全了解宣传鼓动的力量，例如《乡间茅舍的和平——宫殿战争》（*Paix aux chaumières – Guerre au palais*，图137）和《前进、前进》（*En avant, en avant*，图139）都属于这类。其他的则采用了他惯用的绘画特征，融入了比喻手法，例如《吹号的骑士》（*Cavalier soufflant dans une trompe*，图140），很可能是将革命看作一种清扫掉过去的景象，或者是飞过维捷布斯克上空的“空气人”。这一景象跟娜塔莉亚·冈查列娃的宗教画（图141）类似。这些作品，无论是象征性的还是讽喻的，都太过于风格化，因而难以为观众所理解。与夏加尔的希望恰恰相反，“维捷布斯克的居民震惊地看

图140
《吹号的骑士》
1918年
水彩、石墨和水粉画，画纸
23厘米×30厘米
私人收藏

图141
娜塔莉亚·冈查列娃
《宗教作品：大天使长米迦勒》
（*Composition religieuse : l'archange Michel*）
1910年
油画，画布
160厘米×129.5厘米
洛杉矶，洛杉矶郡艺术博物馆藏

着绿色的马和飞翔的犹太人，这些生性平和的外省人震惊于马的颜色、画的主题以及画中出现的他们自家的房屋。这一切都只表明了一个共同的主题：飞翔的人。”[33]夏加尔的描述表达了他对于自己的街头艺术不被理解时的沮丧心情。他使用夸张的理想主义，请求民众信任艺术家，沉浸在“革命艺术之中”，他说，因为“我们有勇气，想象未来属于我们”[34]。

维捷布斯克的美术学院

维捷布斯克美术学院在1919年1月28日正式开放。夏加尔怀抱着兼容并包的想法，邀请了各种流派的艺术家加入，例如象征主义的姆斯蒂斯拉夫·多布金斯基（Mstislav Doboujinski）、未来主义的伊万·普尼（Ivan Pouni）又名让·伯尼（Jean Pougny）和埃尔·利西茨基，后者成为书法、印刷和建筑工作室的负责人。他们负责组织创作艺术作品，来满足遍布城市的海报、标语、广告以及革命标牌的订单。学校迎来了一百二十位学员，主要是来自工人家庭的犹太男孩。入学不需要经过任何选拔，晚间课程是免费的。为了抵消开支，所有院系都必须通过其工作室完成招牌、海报、剧院布景设计，甚至是为建筑物涂漆等工作。

正式的课程包括三部分："左派艺术" 现有方法理论介绍、实用艺术设计创作（墙纸、刺绣、图书装帧、木画）以及实践课程。但是课程没有明确的教育方向，每个院系都取决于系主任的意愿。夏加尔这样写道："我们可以奢侈地玩火，在我们的学院内，有着自由的方向和各种流派的工作室，左派或是'右派'都包含其中。"[35]亚历山大·利索夫（Aleksandr Lisov）发现，夏加尔并没有在现代和当代的各种流派中进行筛选，而是把它们放在同等位置。对他来说，革命属于私人范畴，并对布尔什维克的实践充满疑问，这一点在《我的生涯》中可以看出[36]。夏加尔最大的希望，是帮助那些跟他一样来自贫苦犹太阶层并在文化和物质方面有困难的人。

他希望那些来自贫穷社区，只能用乱涂乱画来

图142
维捷布斯克人民艺术学院委员会成员
1919年夏
摄影
巴黎，马克和伊达·夏加尔档案馆藏

图143
维捷布斯克Ounovis小组（一）
1920年2月
摄影
11.2×16.5厘米
巴黎，马克和伊达·夏加尔档案馆藏

图144
维捷布斯克的Ounovis小组（二）
1920年6月4日
摄影
私人收藏

做梦的孩子，从此有机会接触艺术。他的奢望并非进行世界范围的革命或是改变社会秩序，而仅仅是拯救故乡蒙昧的年轻人。他是真诚的，然而在多年以后，他不得不承认自己在那个时代是"彻头彻尾的浪漫主义[37]"了。

夏加尔成功地创造了一种活力，一个简洁而多产的时代，但是他经常跟地方管理者在物质上产生冲突，例如借贷、供给、支付等方面。所以在他领导学院的时期，他自身的作品创作反而放缓了。但是，真正的冲突发生在学校内部。通过利西茨基的介绍，一个重量级的新成员加入了他们的团队，他就是至上主义之父——卡西米尔·马列维奇。1919年11月，他从莫斯科来到维捷布斯克。在这一时期，他的几何抽象的绘画形式发展得一帆风顺，而他选择维捷布斯克的首要原因是经济上的。他知道自己的名气，开始对自己的"过户"讨价还价，并要求特殊待遇。"完全意料之外的，维捷布斯克的人让我从莫斯科的冷漠和黑暗中走了出来[38]"，他写道。很快，学院内部出现了紧张的氛围，马列维奇在维捷布斯克期间，与夏加尔在重新组织教育体系和艺术教学方面产生了分歧。马列维奇建议教授四个主流画派，即塞尚、未来主义、立体主义和至上主义。而夏加尔的看法则更加兼收并蓄，他接受各种现代流派，但是都没有真正列入教学中。竞争的氛围越来越浓，夏加尔很快就在马列维奇的魅

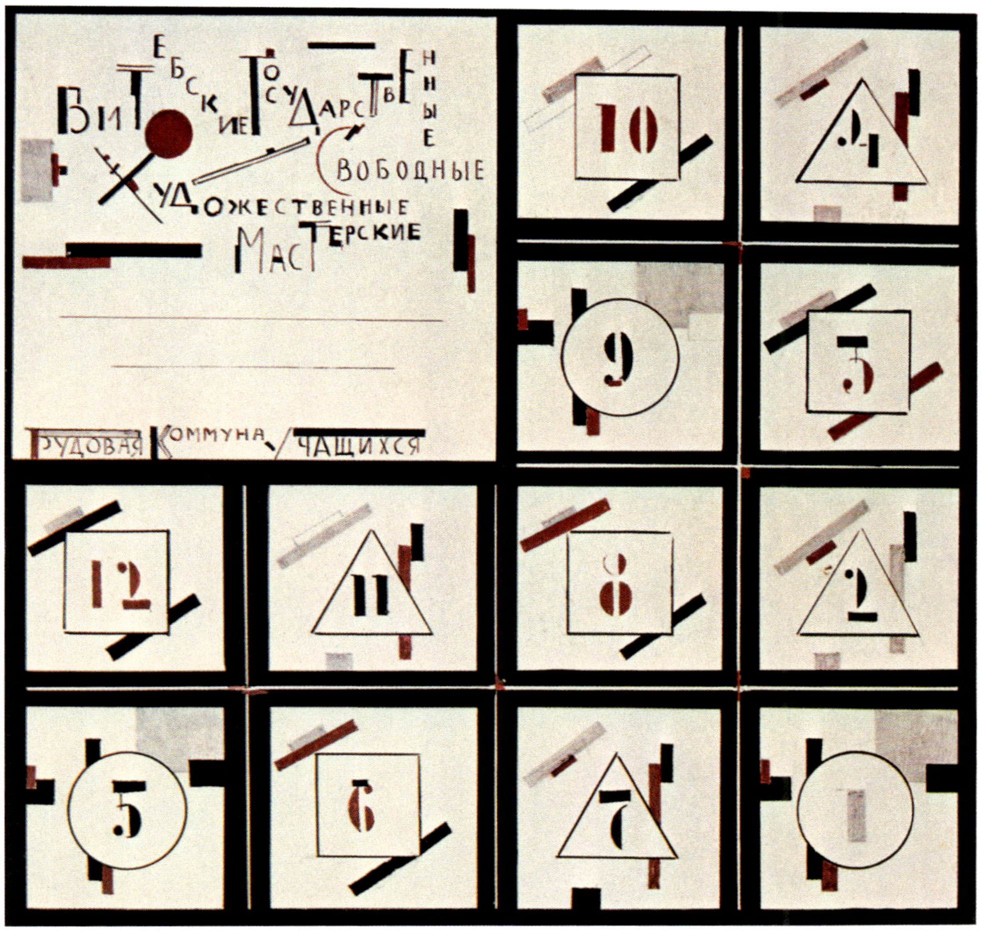

力、充满戏剧性甚至是救世主般的个性中一败涂地。这一失败也是因为后者采用了一种近乎军事化的方式来管理其“追随者队伍”。慢慢地，学生们放弃了夏加尔的工作室，加入了对手的行列。这种背离很可能是受到马列维奇个性的吸引，但主要还是因为其新颖的美学理论和艺术实践方式。正如克莱尔·勒福尔所强调的，两个人是完全相反的，无论是他们的工作方式还是他们的理念。夏加尔主要是在孤独中创作，并坚持这一自由，寻求在艺术流派之外的道路；马列维奇虽然个性鲜明，但其观念更偏向集体艺术，这更加符合时代的教条[39]。在这两种艺术和艺术家的特征面前，一切都是绝对无法兼容的，他们一个夸大了集体，另一个则完全自我。

在读马列维奇的文章的时候，我们发现，对于他来说，实践任何至上主义抽象流派以外的流派都是对革命的背离。更有甚者，在他看来，布尔什维克们希望建立新世界的过程正是在践行至上主义。赞同他的同事和学生慢慢占据学校里的绝大多数，1920年2月14日，他更是建立了Ounovis小组，字面意思是“那些肯定新艺术的人”①。Ounovis的成员非常团结，他们在作品上不署自己的名字，而是署团体名。他们重视实用艺术，成功将自己的作品引入日常生活中，运用在餐具、珠宝、纺织品、衣裙、海报等方面，甚至出现在维捷布斯克居民的食物卡片插画上（图145）。这种做法非常接近包豪斯（Bauhaus）学院的理念，包括其意识形态方面。

至上主义之父的最大成功是建立了一种真正的集体艺术，让所有学生和老师一起工作。利西茨基也是其中一员，他完美描述了这种精神状态：“这是我们最具创造力的时代。学院里充满了热情，年轻的学子兴奋地抓住每一次机会，并将其向前推进。我们积极给这座小城增添色彩。工厂、电车、讲台都在我们的作品中焕发光彩。”[40]看到那些赞同其理论的艺术家们的

①Ounovis，网上大部分写作Unovis，首字母缩写，或可翻译为新艺术奠基人。译注。

图145
亚历山大·赛特琳娜（Alexandr Tsetline）
《画于维捷布斯克自由艺术工作室的食物卡片》（*Carte d'alimentation dessinée dans les ateliers d'art libre de Vitebsk*）
1920年
墨水和铅笔画，画纸
17.6厘米×18.8厘米
莫斯科，特列季亚科夫美术馆藏

图146
埃尔·利西茨基和卡西米尔·马列维奇
《新艺术体系》(*Des nouveaux systèmes en art*),封面
1919年
铅版画,画纸
22.9厘米×17.5厘米
纽约,现代艺术博物馆藏

反应之后,就不难理解吸引他们围绕在马列维奇身边的那种狂热。“马列维奇喜欢展示、讨论和制定新规则。在他周围,追随者和学生人数众多,他也很擅长向他们传递一种无止境的自我信任。他的学生们会像拿破仑的士兵那样与他一起对抗。”[41]很显然,马列维奇的实践和理论对于他们来说比夏加尔更具吸引力。

看起来,夏加尔支持学校内部可以有各种风格共存,他对各类当代艺术运动一视同仁。然而,学生们却更被“客座教授们的人格魅力所吸引,在他们眼中,客座教授们更加坚定,也更有说服力”,与此同时,夏加尔的课则被认为“太具有个人特色”[42]。利西茨基也很快转而支持至上主义的理论,面对这一“背叛”,夏加尔尤为失望。夏加尔所聘任的这位朋友,放弃了为犹太传统故事书画插画,转而积极投身于出版马列维奇的著作。

利西茨基在至上主义发展史中起到至关重要的作用。他在德国接受过培训,又是印刷工作室的负责人,非常了解排版知识,因此出版了马列维奇的主要理论著作。这些著作的出版标志着至上主义的决裂以及新标准的出现。这些著作,在一定意义上,有助于让人理解艺术史制定的等级制度。那些被认为是先锋艺术“支柱”的艺术家们都是既会画画也会拿笔杆子的。正如马列维奇所说,笔杆子将成为最根本的武器,因为它比画笔更加尖锐。夏加尔没有留下任何理论著作,这可能也是他在艺术殿堂中难以被归类的原因。

冲突以马列维奇的“胜利”告终。艺术史对这一插曲有两种不同的解释。第一种将夏加尔当作马列维奇的牺牲者;另一种则将后者看作是先锋艺术的传道者,而夏加尔则在艺术和政治上成为一个“反动派”。夏加尔在1920年从莫斯科返回后,发现学校已经成为了“至上主义学院”。学院的“政变”、马列维奇“碾压式”的个性以及他对于学生的吸引力,这些因素都使夏加尔痛苦不堪。但是,他拒绝至上主义并决定离开维捷布斯克的原因则要复杂得多。夏加尔在马列维奇到来之前的一个半月就已经试图辞去职务,可能是因为跟其他老师之间的关系紧张,但更因为繁重的

行政事务，以及他需要耗费大量的创作时间去寻找经费。在信中，夏加尔抱怨过作为院长的薪水以及其他老师的收入。在“政变”之前那次前往莫斯科的著名旅行正是为了给学校寻找资金。这样说并非是为了弱化马列维奇在学院的重要性，而是因为这些责任的重负以及由此带来的艺术创作时间的减少都沉重地压在夏加尔身上，并最终促使他做出了离开的决定。

虽然学院改由马列维奇带领，当然这并非他自己的选择，但是我们也不能忽视夏加尔所扮演的重要角色。毫无疑问，在他的努力下，维捷布斯克在1918—1922年这一短暂的时期成为俄罗斯先锋艺术的中心，甚至可以比肩包豪斯。而且，夏加尔还为这个城市做出了另一个重要贡献，即建立了一座当代艺术博物馆。因为他在人民教育委员会方面的运作，他挑选的二十六幅作品来到了维捷布斯克。1919年，夏加尔组织“全国第一届地方和莫斯科画家作品展”，这些作品成为了博物馆藏品的基础。在20世纪20年代期间，在夏加尔离开之前，维捷布斯克基金会已经拥有许多当代作品了，包括“原始主义、塞尚主义、立体主义、立体-未来主义、至上主义、抒情抽象主义和几何抽象主义”[43]。在那里，人们可以看到，康定斯基的《莫斯科，红场》(*Moscou. La place Rouge*，图147)，旁边是罗伯特·福克(Robert Falk)的形象派作品以及大卫·斯泰林伯格的立体派作品(图148)。这一收藏反映了夏加尔开放的思想以及他所采取的艺术教授方法。Ounovis接管学院的权力后，非常专断地打断了这股自由的风气，这个时期对于个人的发展来说是不利的。

图147
瓦西里·康定斯基
《莫斯科，红场》
1916年
油画，画布
51.5厘米×49.5厘米
莫斯科，特列季亚科夫美术馆藏

图148
大卫·斯泰林伯格
《工作台》(*La Table de travail*)
1910年
油画，胶合板
28.5厘米×35.7厘米
维捷布斯克，地方博物馆藏

至上主义绘画？

夏加尔在学院任职期间的艺术创作应该是他思想开放的最好见证，同时也证明了他对至上主义的矛盾感受。尽管他事务繁杂，不能随心所欲地画画，但是他从没有停止过创作。他曾写道："对于艺术家来说，最好的地方（或者至少对我来说）就是在画架前，我梦想着完全投入到我的绘画作品中。"[44]除了上述已经提及的为纪念革命胜利一周年进行的创作，他这段时期的作品显现出他对马列维奇新美学观点模棱两可的态度。几年之后，他非常严肃地评判道："我是维捷布斯克省的美术委员、学院院长以及老师，我跟他们说画布上的方块仅仅是椅子或是衣柜。他们认为，成功夺取了我的学院以及所有的学生后，白色画布上的黑色方块就成为了胜利的象征……。是对什么的胜利呢？从这块画布上可悲的黑色方块中，我看不到色彩的魅力。"[45]

我们能够从中感受到夏加尔苦涩的心情。甚至在五十年之后，他依然没有原谅马列维奇和利西茨基。黑色方块和"攫取学院权力"之间的联系也并非空穴来风：Ounovis小组成员在袖口绣上黑色方块，将其作为马列维奇绘画的象征，也作为先锋"教派"的标志。夏加尔并非完全抵制至上主义，但是他从中看到一种禁欲主义的抽象意味，这与他自己画中丰富的色彩是对立的。对他这一时期作品的研究发现，画家对于这种将世界几何化的方式并非毫无所感，但是却有一个前提条件，那就是将其与形象构成结合起来。在

图149
《立体主义景色》
1918年
油画，画布
100厘米×59厘米
巴黎，蓬皮杜中心国家现代艺术博物馆藏
1984年付与

图150
《查加的立体主义景色（向前迈进）》
1918年
铅笔、墨水、水粉画，画纸
47.6厘米×34厘米
巴黎，蓬皮杜中心国家现代艺术博物馆藏
1988年付与

其他方面，面对至上主义时，夏加尔采用了同十多年前面对立体主义时同样的策略。在这两种情况下，他都没有放弃对于先锋派知识的获取，但同时也保持了距离，不过他将这些知识融入了自己的艺术需求中。就如在巴黎时期一样，夏加尔对新方法非常感兴趣，但是保持着相当的距离。他当时没有利用至上主义，以后也不会利用超现实主义，实际上，这都是为了成为“一位真正的时代艺术家，一位先锋派艺术家，他们加入艺术运动中，就像是进入一个可以自我保护的蚕茧中”[46]。然而，夏加尔过去是通过尖锐的语言表达对于立体主义的看法，比如，“他们吃掉方块的梨子”，现在，他则是在作品中融入对至上主义的微妙

影射。对这种种迹象的解释并不是想当然，因为夏加尔的态度从来都不是割裂的。

在他的画中，以《立体主义景色》（*Paysage cubiste*，图149）为例，首先，标题就是彻头彻尾的讽刺，更不要提画的是城市景色。人们能从中品味他的巴黎时代，同时也能想到在马列维奇所建立的教育计划中至上主义的重要地位。这幅作品是由三角形、方形、圆形等彩色几何图形构成，它们自由旋转，占据了整幅画面。观众的目光被引向画面的焦点——一个站在建筑物前的微型人物。人物（可能是夏加尔）拿着一把伞（保护自己不受从天而降或是心血来潮的批评？）。而这个建筑物实际是个模型，把“艺术学院”这几个字跟背景的建筑物联系起来，让人想到维捷布斯克艺术学院。这让人想起雷尼·马格利特（René Magritte）的超现实主义[47]。但是最尖刻的批评也可能隐藏在非绘画元素中，即拉丁字母、西里尔字母和希伯来字母书写的“夏加尔”反复出现在画的左侧。实际上，当至上主义呼唤集体作品而抛弃艺术家个人身份的时候，就已经放弃了创作者的特性，而反复出现的签名是一种有别于至上主义的标志。

靠近观察《查加的立体主义景色（向前迈进）》[*Paysage cubiste de Chaga (Pas en avant)*，图150]，会发现这在某种意义上是一个双重自画像。在三条垂直于底面的色带中，突兀地出现了一个二维的脸，一个侧影，上面横贯一个长方形。这个模型化的脸孔让人想起夏加尔，并非因为某种外表上的相像，而是因为巨大的彩色西里尔字母构成的CHAGA这个单词，在俄语里代表着“向前迈进”。为了补全Chagall这一名字，这个奇怪的人物形成了拉丁字母的“L”，他长长的腿直接连在脸上，并向下延伸出一个手臂。字母“以一种有机的方式融入到画面构图中，在某种意义上，画中人物变成了步伐本身”[48]。按照塔马拉·卡朗达谢娃（Tamara Karandasheva）的说法，对于跨过位于画布中央的黑色带到达画面左侧的建筑物，从而让人联想起维捷布斯克学院。我们还想到了诗人马雅科夫斯基的致辞，他用俄语动词“行走”玩了一个文字游戏：“上帝喜欢每个chagalle②成为Chagall[49]”。与至上主义的对话也出现在《画架前的自画像》（*Autoportrait au chevalet*，图151）中。夏加尔画了一条绷直甚至僵直的右臂，为了画出精确的几何形状，包括金字塔形和圆形。画家用左手托着调色盘，但是没什么用处，因为画面几乎没有色调变化的均匀色块，这些形状就像是按标准制作的美术模型。与1916—1917年的水彩画《月之画家》（*Le Peintre de la lune*，图152）进行

②chagalle应该是动词chaga（行走）的变位。Chagall指夏加尔。译注。

图151
《画架前的自画像》
1919年
水粉和铅笔画，画纸
18.5厘米×32.5厘米
私人收藏

图152
《月之画家》
1916—1917年
水粉、水彩、墨水和铅笔画，画纸
32厘米×30厘米
私人收藏

图153
《山羊构图》
1917年
油画，墨水、铅笔和阿拉伯树胶画，硬纸板
16.5厘米×24厘米
私人收藏

比较，可以看出鲜明的对比，后者动作轻盈，画家呈现出杂技般的体态，对夜晚的大自然充满诗意的赞叹；而《画架前的自画像》里，各种平滑标准的形状则呈现一种机械感，与现实毫无关系。所有这些都让人想到艺术工匠的工作，这种新的创作观点是利西茨基和塔特林所欣赏的。

《山羊构图》(*Composition à la chèvre*，图153)，尤其是后来的《圆圈和山羊构图》(*Composition aux cercles et à la chèvre*，图154)，就是实实在在通过模仿挑衅至上主义，甚至是用至上主义手法来报仇。首先是题目，“构图”这种命名方法在抽象派画中广泛运用，引起观众对作品结构的关注及其以作品本身为审美的基准。画面构成包括巨大的彩色长方形，让人想起马列维奇的画。随后，我们发现，画面表面非常微妙地充斥着一些几乎难以察觉的形象因素，比如右侧有棵树，左侧有只脚，山羊正在经过一扇窗户，这种动物是夏加尔作品的一部分。总的来说，人们能从中找出这位画家绘画世界的一切元素，这些使得他的画跟几何抽象主义严肃、设定好的模式化世界格格不入。无论如何，画家难以想象摈弃所有活跃空间的绘画。虽然他相信作品中需要纯粹的构图，但是他不认为仅有这个结构就足够了，就不需要添加任何修饰了，这一点跟至上主义恰恰是相反的。我们可以看一看经常会写先锋艺术方面的评论文章的梅耶·夏皮罗对于他的作品的分析：“画家们对于各种现代艺术革命的可能性充满热情，他们希望创作个人作品，却往往会在作品中抛弃生命这一宽广的领域。相反，夏加尔在职业生涯之初，他除了会画爱情和忧伤，还会画节日和想象，以及生命的高峰和低谷，即出生、结婚以及死亡。”[50]

二十年后，夏加尔给他的革命跃进画上了句

号。《革命》（*la Révolution*，1937年，巴黎，蓬皮杜中心）是一幅大型画作，后来，他将这幅作品一分为三（1943年），其他两幅分别命名为《自由》（*Libération*）和《反抗》（*Résistance*）。在画面中央，一个人物单手保持平衡，头朝下，脚在空中，就像是马戏团里的杂技演员一样，表现出欢腾雀跃的场景。另外一个人物是一位正在祈祷的犹太老人，他的手肘撑在桌子上。近景处，还有一具尸体横躺在雪地里，让人想起1908—1909年的《死亡》（图60）这幅画，这些形象又构成了画中的沉重氛围。这表明夏加尔的希望落空了，因为他本以为会有一个更好的未来。正如莫妮卡·波姆-杜辰所写："红旗上写着希伯来的首个字母aleph，说明对于夏加尔来说，革命不是政治领域的，而是文化领域的。"[51]

图154
《圆圈和山羊构图》，犹太艺术剧院
1920年
油画，压合硬纸板
37厘米×49.6厘米
私人收藏

夏加尔和戏剧

夏加尔从1920年开始为卡梅尼（Théâtre de Kamerny）剧院［也叫夏布剧院（Théâtre de Chambre）］工作，最重要的原因是为了生活，当时他的家人已经在莫斯科定居，他需要养家糊口。因为国家没有购买他的作品，他唯一的收入就是剧院支付给艺术家的微薄薪水。不过，夏加尔对于戏剧的兴趣由来已久。“能够为剧院工作一直是我的梦想”，他写道。他在整个职业生涯中完成的众多舞台布景设计证明了这一点。1910年，他的老师莱昂·巴克斯特在佳吉列夫（Diaghilev）俄罗斯芭蕾舞团工作，那也是夏加尔第一次参与布景准备。1916年，画家独自为在圣彼得堡小酒馆演出的《幸福喜剧》（*La Comédie du bonheur*）设计布景。从一开始，他就认为自己拥有导演之魂，他用艺术设想装扮演员的身体，他把他们的脸涂成绿色，手涂成蓝色。在剧院时的夏加尔就像在画布前的画家一样，处于绝对支配地位。很自然的，他的画有时候也会变成舞台，例如在《七指自画像》（图18）中，画中人物的脸就让人想起戏剧面具。

夏加尔不是唯一一个将油画跟舞台联系起来的人。“戏剧和美术的趋同是莫斯科的俄罗斯现代美术运动的重要特点……亚历山德拉·埃克斯特（Alexandra Exter）为亚历山德拉·塔伊洛夫（Alexandra Taïrov）在卡梅尼剧院的一个实验剧设计了布景和服装……。他想要创造一种综合戏剧体系，里面的布景、服装、演员和形体动作都属于一种独一无二的动态概念。”[52] 戏剧舞台布景因此成为一种新艺术形式。在这种视觉效果中，夏加尔在20世纪第一个十年期间探索艺术和现实之间的界限，并成功完成一个全领域艺术作品，是他的杰作，同时也是他离开故国之前完成的最后一幅作品。

夏加尔的戏剧计划不仅局限于美学领域。很奇怪的是，对于一位很少介入政治的艺术家来说，他这次遇到了充满后革命意识形态的环境，但是这次不像他离开维捷布斯克学院那样充满悲剧色彩。在国家意第绪剧院事件中，存在一个俄罗斯犹太复兴的问题，以及面对引发犹太机构分裂的新制度的取舍问题。艺术家们计划给犹太人民一个新的命运，或是在具有世界观念的俄罗斯国家范畴内、作为少数民族来发展自己独特的民间艺术，或是追随犹太复国主义理想。换句话说，从犹太古董物件中汲取灵感后，艺术家们也可以发展出新的世俗空间。

图155
《木偶傀儡师》（*Le Montreur de marionnettes*）
1916年
墨水画，包装纸
25.7厘米×21.4厘米
巴黎，蓬皮杜中心国家现代艺术博物馆藏
1988年付与

为了更好地理解当时的状况，还需要强调国家意第绪剧院这一名称的二重性："意第绪"这个词既表明一种语言，也指代犹太人。因此，国家意第绪剧院有时候被叫作国家犹太剧院［戈赛特（Goset）］。这件事很重要，因为在莫斯科，有两个互相竞争的剧院公司，一个是哈比马（Habima）犹太工作室，团长是演员诺姆·泽马赫（Naum Tsemah）。另一个是国家意第绪剧院，团长是亚历克西斯·格拉诺夫斯基（Alexis Granovski）。哈比马工作室所上演的剧目是用希伯来语写的，这是一大创新，因为使用这种"《旧约》的神圣语言，这一仅存于宗教研究和信仰中的语言……对于1917年在莫斯科创建希伯来语剧院来说……是重新恢复希伯来语作为世俗和现代的交流方式，是一次深思熟虑的尝试，但也充满了争议"[53]。哈比马工作室拥护犹太复国主义，虽然这一意识形态在当时的犹太人中只占据少数，且为当时的当权者所不喜。很自然的，该剧团于1926年离开了莫斯科，在欧洲发展了几年之后，最终安置在未来的以色列国，并自1931年起成为了国家剧院。

图156
萨罗姆-阿列赫姆的《职员》（*Les Agents*）服装设计
1919年
水彩和铅笔画，画纸
27.2厘米×20.5厘米
私人收藏

图157
《长鼻子男人》（*L'Homme au long nez*），萨罗姆-阿列赫姆的《谎言》（*le Mensonge*）服装设计
1920年
铅笔和水粉画，画纸
26.3厘米×18厘米
私人收藏

从左到右，从上到下

图158
《彼得·伊万诺维奇·多布钦斯基》(*Piotr Ivanovitch Dobtchinski*)或《小市民》(*bourgeois de la ville*)，迪米特里·斯莫林(de Dimitri Smoline)的《克莱斯塔科夫同志》(*Le Camarade Khlestakov*)中的人物服装设计
1920年
石墨、墨水和水粉画，画纸
32.3厘米×22.2厘米
巴黎，蓬皮杜中心国家现代艺术博物馆藏

图159
《迪尔吉戈尔达》(*Dierjimorda*)或《警察》(*agent de police*)，迪米特里·斯莫林的《克莱斯塔科夫同志》中的人物服装设计
1920年
水粉和石墨画，画纸
32厘米×22.2厘米
巴黎，蓬皮杜中心国家现代艺术博物馆藏

图160
《工人》(*L'Ouvrier*)，迪米特里·斯莫林的《克莱斯塔科夫同志》中的人物服装设计
1920年
石墨、墨水和水粉画，画纸
35.8厘米×26.6厘米
巴黎，蓬皮杜中心国家现代艺术博物馆藏

图161
《奥西普》(*Ossip*)或《仆人》(*Domestique*)，迪米特里·斯莫林的《克莱斯塔科夫同志》中的人物服装设计
1920年
铅笔、水粉和水彩画，画纸
22.2厘米×16.3厘米
巴黎，蓬皮杜中心国家现代艺术博物馆藏，1988年付与

图162
《卢卡·卢基什·克罗普夫》(*Louka Loukitch Khlopov*)或《学监》(*Inspecteur des Écoles*),迪米特里·斯莫林的《克莱斯塔科夫同志》中的人物服装设计
1920年
铅笔和水粉画,画纸
32.2厘米×22.2厘米
巴黎,蓬皮杜中心国家现代艺术博物馆藏

实际上,十月革命之后,意第绪文化获得了国家的后勤支持,获得了真正意义上的繁荣前景。这一被所有人理解的语言,带来了一种文学和一种诗学的发展,获得了全国范围的推广。国家犹太剧院的剧目都是意第绪语的,这也起到了在全国范围内教化犹太人民的作用,同时也承认犹太人的特殊性。亚历克西斯·格拉诺夫斯基是国家犹太剧院的团长及导演。共产党犹太支部委托他建立一个培训犹太演员的工作室。从一开始,他们的目的就是建立一个完全不同的剧院,因为革命前的意第绪文化与宗教、分裂主义以及资本主义融为一体,而这些思想体系都是被新意识形态所摒弃的[54]。我们还能在其节目清单上找到许多著名的年轻作家的文章，例如门德尔·默彻·斯福瑞姆（Mendele Moïcher Sforim）、伊茨霍克·莱布什·佩雷茨（Yitskhok Leybush Peretz）、萨罗姆-阿列赫姆这些人谈论的犹太聚集区的生活。国家犹太剧院诞生于两个时期。1919年，它首先在彼得格勒以犹太工人工作室的形式成立，为首的是亚历克西斯·格拉诺夫斯基，副手是演员萨洛蒙·米克霍伊斯（Salomon Mikhoëls）。一年以后，这个年轻的队伍与意第绪戏剧学校合并，后者是艺术评论家、夏加尔的朋友亚伯拉罕·埃弗罗斯在莫斯科设立的。

在维捷布斯克时期，夏加尔可能是从TeRevSat[3]（革命讽刺剧）开始了自己的戏剧生涯，最开始是为尼古拉·果戈理（Nicolas Gogol）的《钦差大臣》（*Révizor*）设计布景和服饰。革命讽刺剧从民间即兴演出、集市表演和马戏表演中获得了许多灵感，它没有固定的舞台，演员们会在医院、社团或是广场上演出。按照导演尼古拉·叶夫雷诺夫（Nikolaï Evreïnov）的

③Theatre of Revolutionary Satire的缩写。译注。

图163
《果戈理礼赞》（*Hommage à Gogol*），尼古拉·果戈理纪念活动的帷幕
1917年
水粉、水彩和铅笔画，画纸
39.4厘米×50.2厘米
纽约，现代艺术博物馆藏

图164
《西方世界的杂技演员》
1921年
石墨、墨水、水粉和金银粉油画，画纸
40.7厘米×51.1厘米
巴黎，蓬皮杜中心国家现代艺术博物馆藏，1988年付与

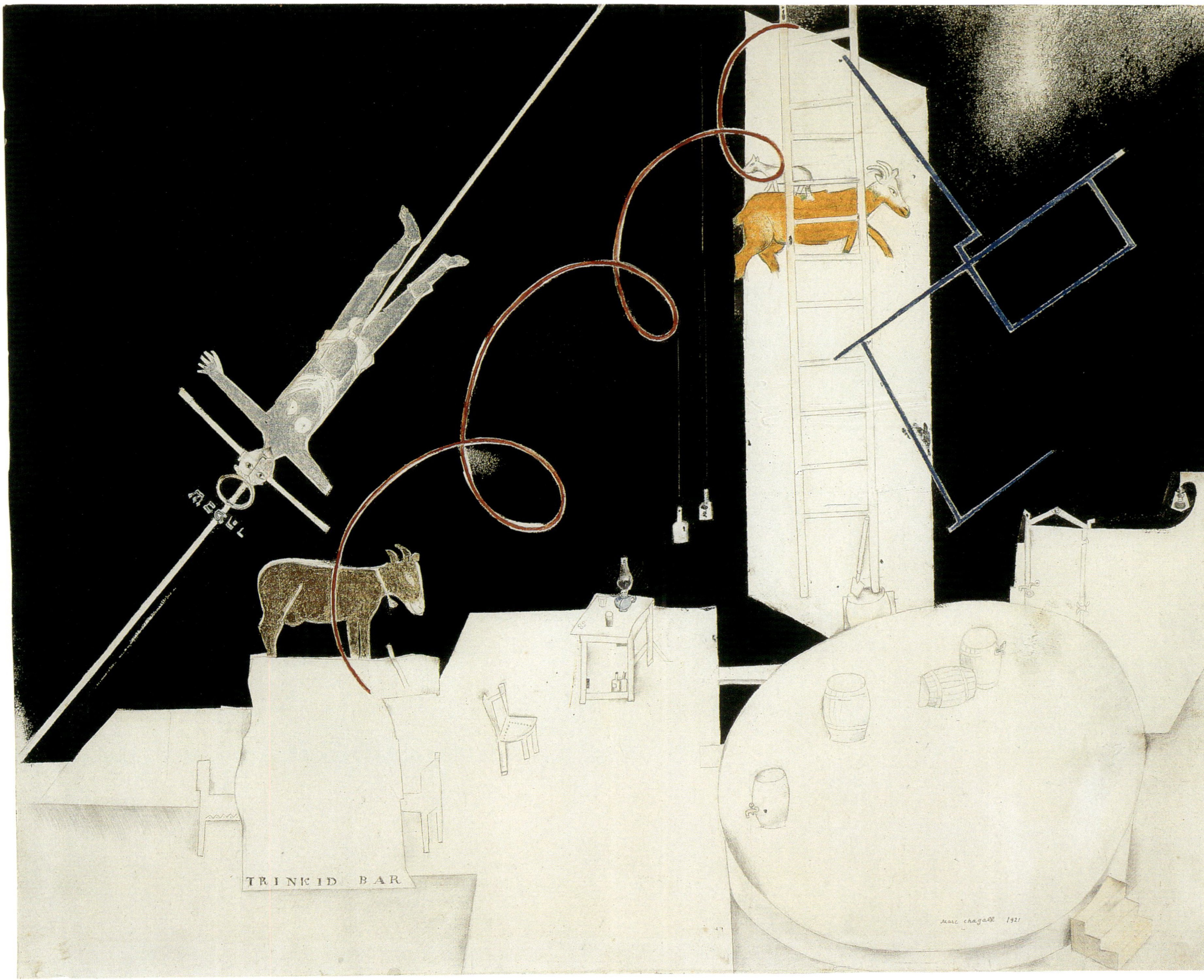
TRINKID BAR
marc chagall 1921

图165
《小火车》(*Le Petit Train*),
迪米特里·斯莫林的《克莱斯塔科夫同志》布景
1920—1921年
水彩、墨水和水粉画,画纸
25.5厘米×34.4厘米
巴黎,蓬皮杜中心国家现代艺术博物馆藏,1988年付与

要求,夏加尔随后为果戈理的《赌徒》(*Les Joueur*)和《婚事》(*Le Mariage*)设计了布景(1917年签约,但很可能1919年才实施),这两出戏剧计划在彼得格勒的艾尔米塔什小品剧院演出。舞台幕布的设计图上写着“夏加尔致果戈理”这句话。图中,作家的体态很像一个杂技演员,而夏加尔画中经常出现的表演平衡技巧的杂技演员与之非常接近(图163)。再看看一幅为约翰·米林顿·辛格(John Millington Synge)的《西方世界的杂技演员》(*Le Baladin du monde occidental*,图164)画的设计图,这幅画是为斯坦尼斯拉夫斯基(Stanislavski)艺术剧院创作的(1920—1921年),画面充满了动态感,但不幸被拒绝了。

当然任何一幅设计图在尺幅上都不能与他为国家犹太剧院所作的相比肩。我们不了解夏加尔的政治立场，只能想象他并不反对犹太复国主义，因为他曾经多次前往以色列和巴勒斯坦地区。他童年时期接受的教育、生活环境以及语言，都在他的绘画主题中反映出来，这也让我们意识到，只有在意第绪戏剧中他才真正找到了自然的快乐。当时，犹太文化正以现代形式复兴，并且面向普通民众，夏加尔不是唯一一个从中汲取灵感的人。“我们突然发现了意第绪的魔力，被卷入了思想解放运动、国家意识的复兴和犹太工人阶级为社会公正而进行的斗争中，同化褪去了美丽的外衣，幻想失去了所有的光彩。”[55]

图166
《小山羊》（*La Petite Chèvre*），迪米特里·斯莫林的《克莱斯塔科夫同志》布景
1920—1921年
水彩、墨水、水粉、石墨画，画纸
29.2厘米×35.6厘米
巴黎，蓬皮杜中心国家现代艺术博物馆藏，1988年付与

“夏加尔的盒子”，俄罗斯的尾声

亚伯拉罕·埃弗罗斯将夏加尔推荐给了亚历克西斯·格拉诺夫斯基，为他的国家犹太剧院做设计，当时剧院位于莫斯科的博尔乔·切尔尼切夫斯基（Bolchoï Tchernychevski）大街：“犹太舞台需要更多的犹太因素、更多的现代感、更不同寻常以及对所有艺术家的更多苛求。”[56]格拉诺夫斯基将这块不是很宽敞的地方（刚好可以容纳九十名观众）整个交给了夏加尔，由着他自由发挥。此外，这个老旧公寓的业主已经流亡国外，楼已被完全被废弃，因而整栋楼都需要重新翻修。

工程量相当之大：除了萨罗姆-阿列赫姆的《职员》《祝好运》（*Mazel Tov*）和《谎言》（*Le Mensonge*）这三出剧目的剧景和服装，夏加尔还需要布置演出厅

下图

图167
《犹太剧院序幕》（*Introduction au théâtre juif*）
1920年
蛋彩、水粉和高岭土画，画布
284厘米×787厘米
莫斯科，特列季亚科夫美术馆藏

的墙壁，整栋建筑的内部完全是由夏加尔绘制的，成为一个真正的舞台，甚至可以称为“夏加尔的盒子”。在现存的七幅剧景图中，分别采用了不同的艺术形式，其中戏剧很自然地占据首要位置。主剧景图是《犹太艺术剧院序幕》（图167），上面充满了明亮的色块，舞者、用手撑地的杂技演员、乐师和其他表演人物，画面左侧，“导演”夏加尔把自己画在了评论家亚伯拉罕·埃弗罗斯的手臂上，而后者正抱着他走向这一项目的资助者格拉诺夫斯基。作品没有特别指向任何一个剧目，仅

图168
《犹太艺术剧院序幕》习作
1919—1920年
水彩、铅笔、石墨和墨水画，画纸
17.3厘米×49厘米
巴黎，蓬皮杜中心国家现代艺术博物馆藏，1988年付与

图169
《犹太艺术剧院序幕》方格草图
1919—1920年
铅笔、墨水、水粉，贴在硬纸上的方格画纸
17.3厘米×49厘米
巴黎，蓬皮杜中心国家现代艺术博物馆藏，1988年付与

仅是对戏剧界的一个隐喻，或者更明确地说，隐喻了艺术界。

其他四个布景图则意喻了音乐、舞蹈、戏剧和文学（图170、图172～图174）。一个狭长的沿幕展现的是《婚宴》（*Repas de noce*），这是一场客人缺席的宴会场景。最后一个剧景图上，《舞台爱情》（*L'Amour sur scène*，图175）用半抽象的方式诠释了舞者的动作，人脸用动态曲线代替，从某种意义上来说，就像一种视觉化的乐曲。

在整个布景中，画家试图将在巴黎时期获得的知识和犹太民间图案结合起来。他“用激烈乃至由对立而割裂的方式，重新拾起……在这十年间臻于完美的大部分技巧。支离破碎的图案和脸……，从上到下可逆又共存，领域、时间和空间纠缠在一起。作品同时运用和强调了各种比例：将银河隐藏在环状物中，将城市塞进腰带，在大衣口袋里暗藏着无穷小的画面以及秘密讯息”[57]。有个人物重复出现在象征着犹太戏剧的环中，一个负有盛名的喜剧演员、一个丑角，那就是巴德侃（badchan）。巴德侃身边经常跟着小提琴手，在犹太节日时为客人提供消遣。正如阿夫拉姆·坎普夫所说的，他更像是犹太戏剧传统的先驱。这种地方游吟诗人式的人物经常出现在普珥节游戏（Purimspieler）上，其历史要追溯到中世纪时期。在这一“狂欢节”上，巴德侃变身为多重身份的演员，负责表演、跳舞、模仿、讲笑话，活跃整个节日气氛，在节日期间，他不仅被允许喝酒，甚至还被鼓励这样

图170
《音乐》（*La Musique*），犹太艺术剧院剧景
1920年
蛋彩、水粉和高岭土画，画布
213厘米×104厘米
莫斯科，特列季亚科夫美术馆藏

做。他们参与宴席，乔装打扮，最好是达到一种醉酒的状态，这样就会让人难以区分“犹太人和外族人”。作为不受拘束的戏剧想象的象征，巴德侃成为画家自身的影子，他将生活变成了一个真正的绘画狂欢。

《犹太艺术剧院序幕》是一个充满了犹太文化象

图171
《舞蹈》习作（*La Danse*），犹太艺术剧院剧景
1920年
水彩和铅笔画，乐谱背面
24.4厘米×16厘米
巴黎，蓬皮杜中心国家现代艺术博物馆藏，1988年付与

图172
《舞蹈》，犹太艺术剧院剧景
1920年
蛋彩、水粉和高岭土画，画布
214厘米×108.5厘米
莫斯科，特列季亚科夫美术馆藏

图173
《戏剧》(*Le Théâtre*)，犹太艺术剧院剧景
1920年
蛋彩、水粉和高岭土画，画布
212.6厘米×107.2厘米
莫斯科，特列季亚科夫美术馆藏

图174
《文学》(*La Littérature*)，犹太艺术剧院剧景
1920年
蛋彩、水粉和高岭土画，画布
216厘米×81.3厘米
莫斯科，特列季亚科夫美术馆藏

图175
《舞台爱情》
1920年
蛋彩、水粉和白粉笔画，画布
283厘米×248厘米
莫斯科，特列季亚科夫美术馆藏

征的世界，有的地方明示，有的则是暗示的。人们还发现其中有个杂技演员带着一个祈祷专用的祷告巾，头上顶着一个经匣，这个黄铜小盒子里装着记录在羊皮纸上的《圣经》片段。然而，尽管有这些文化象征和明确的宗教元素，比如字谜或是象形符号，这一作品依然非常难以破译。与1964年创作的另一巨幅“壁画”《我的生涯》(图5)一样，这一布景也没有任何说明文字。最好是给它一个普遍的意义，“将犹太艺术剧院的布景画板当作哈西德的庆祝，将戏剧和庆典以及世俗和宗教融为一体。节日通过舞蹈这种世俗活动进入神圣，也构成一种哲学宣言：通过艺术、戏剧、绘画等。……人，作为观众，不仅可以获得个人的超验，而且因为身处剧院之中，还可以获得集体的超验”[58]。毫无争议的，这幅作品是夏加尔的顶峰之作。

Шагал
Марк 1920 Москва

图176
马克·夏加尔在完成《犹太艺术剧院序幕》习作
1919—1920年
摄影
巴黎，马克和伊达·夏加尔档案馆藏

据当时的人说，夏加尔在画这些布景时就像疯子一样，精彩的节奏让人回味无穷。他用四十天画完了用床单覆盖的所有墙面。在维捷布斯克学院相对缺乏创造力的时期之后，这是他展现能力的机会。《犹太艺术剧院序幕》似乎凝练了他所有的风格以及他常用的作品主题。许多艺术史学家在其中看到了他对马列维奇的回应，并反复运用单簧管吹奏者长裤上的几何图案装饰。夏加尔对先锋运动从来都并非是无动于衷的，在我们看来，他对至上主义也并非毫无所知。在他跟立体派和野兽派相遇时，他尚在寻找自己的艺术出路，在1920年，他已成为一位成熟的艺术家，找到了自己长期以来一直寻求的道路。在这幅作品中，人物形象更具有几何学特征，人物动作也较为生涩，我们能够从中看出梅耶荷德（Meyerhold）式的反自然主义戏剧的影响，这也是夏加尔非常欣赏的流派。或者我们还可以说："他将犹太民族的戴着喜剧、习俗和节日面具的剧种与马列维奇的至上主义严肃剧对立起来。"[59]

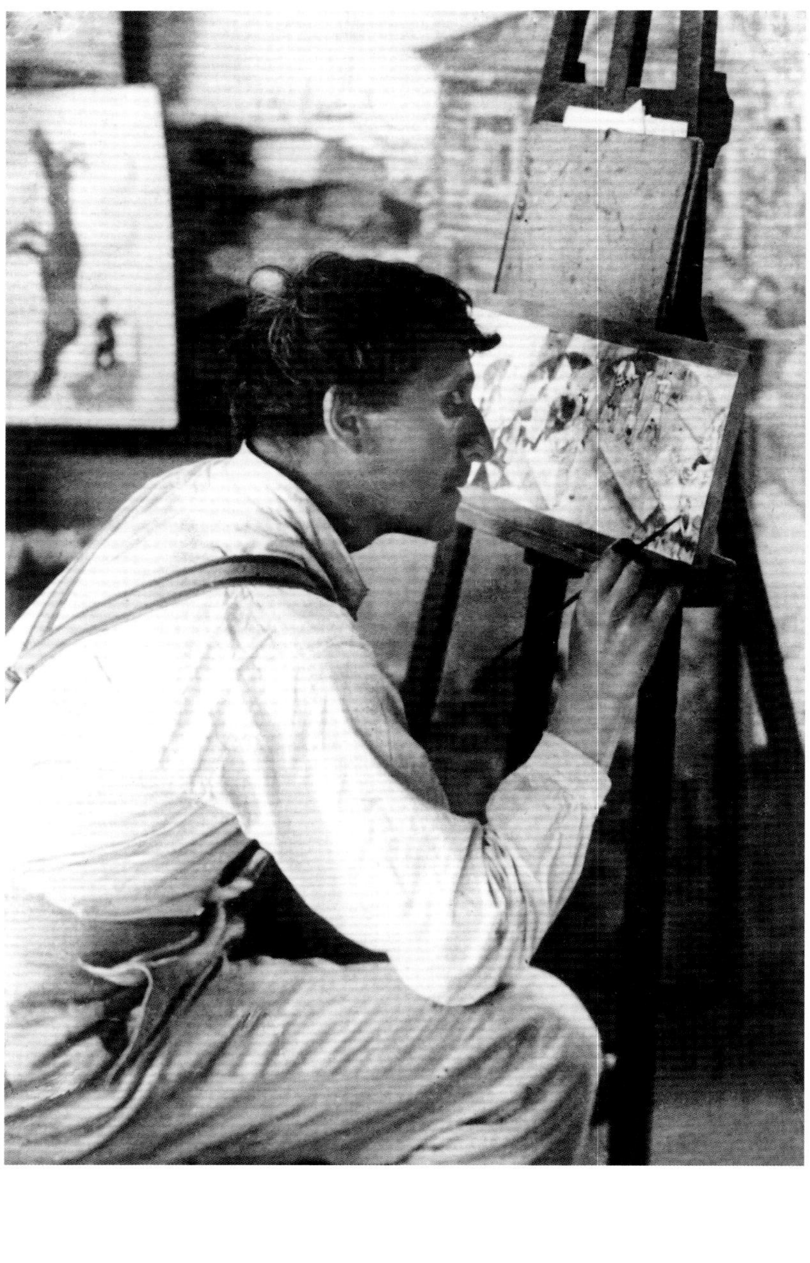

因此，夏加尔建造了这个地方，在这里，糅合了他的艺术的所有成分，在这里，人物在时空中自由伸展，在这里，身体是想象中的造型。观众身处作品之中，用一个新兴词来说的话，那就是，成为了一个"观众演员"。我们很容易就会认为，正如他回归了建筑（教堂或宫殿）装饰传统，他在绘画中运用的原则在未来也将应用于室内装饰中。戏剧布景和他在故乡完成的布景之间有明显的联系。但两次经历看起来又像是完全对立的，一次是给予戏剧以生活的幻想，另一个则是给现实披上幻想的盛装。但是作为导演的夏加尔却似乎从没有予以区别。

"夏加尔的盒子"的成功仅持续了很短暂的时间。国家犹太剧院不再联系他，他的布景师身份也被指为欺世盗名。当时的团长顾问亚伯拉罕·埃弗罗斯，更是宣称夏加尔完全不懂透视法以及舞台景深的安排，这实际是二维艺术和三维艺术视觉之间的对立。导演因为他的介入感到被剥夺了部分权力[60]。夏加尔像是画画那样建造布景，在与舞台的对抗中获得了胜利，戏剧屈从于了绘画的法则。但这恰恰是问题所在。实际上，罕有艺术家在负责一出剧的布景时会将整个剧场变成舞台的延展，这已经大大超出资助者的预期[61]。所以，这一指控反而在无意间成为对夏加尔工作的最高赞誉。

在近五十年的时间里，这些布景都只能被偷偷保存起来，直到画家保留的草稿和一些黑白照片的面世才为人所知。不过，伊萨克·拉宾诺维奇（Isaac

Rabinovitch）的《女巫》（*La Sorcière*，1922年）实际就从国家犹太剧院的环形布景中借鉴了很多。吉安纳达基金会（la Fondation Gianadda）修复了这些布景，并在1991年进行了展出，随后还有多次其他展出，例如1995年在巴黎现代艺术博物馆的展出。最终，这些布景在莫斯科的特列季亚科夫美术馆找到了其应有的位置。

因为再也没有获得剧院的雇佣，迫于养家糊口，夏加尔在等待离开家乡的机会时接受了国民教育委员会（Narkompros）提供的职位，为"第三国际"教养院的孩子们教授艺术。教养院位于莫斯科三十多千米外的马拉霍夫卡（Malakhovka），是新政府启动的教育实践中心之一。负责收容在乌克兰内战大屠杀中幸免于难的孤儿，以及其他犹太知识分子。尽管条件很糟糕，夏加尔还是接受了这份工作，并用心给孩子们上画画课。虽然没有维捷布斯克学院提供的财力支持，但他还是通过教授艺术继续进行社会救助活动。

最终，由于对国家几近于无的关注过于失望，也因为艺术家薪酬委员会对他的故意贬低，夏加尔在1922年离开了祖国，直到1973年，为重新找回犹太剧院的剧景画才再次回归。幸运的是，在他离开时，一位俄罗斯的收藏家埃利亚凯夫（Eliacheff）医生在立陶宛的考纳斯（Kaunas）举办了一场他的作品展，因此，在艺术史学家兼立陶宛驻莫斯科大使朱吉思·巴尔特鲁萨伊提斯（Jurgis Baltrušaïtis）的介入下，他成功从俄罗斯带走了六十五幅作品。

虽说夏加尔总是强调他离开故乡是为了艺术，但是，反犹太主义的复兴、大屠杀以及1918—1921年经历的刁难都促使越来越多的犹太人像夏加尔一样，移民到美洲或是西欧。其他人则加入了改良主义、革命主义或是犹太复国主义运动的队伍。"犹太民族和文化自治的梦想烟消云散。1922年进行了……犹太艺术家的最后一次展出……自1920年起，犹太艺术家放弃了国家艺术计划，那些前往西方的人中，很少有人继续坚守犹太艺术复兴的梦想。"[62]这是《船票》（*Billet de bateau*）的结局，也是利西茨基为伊利亚·爱伦堡的《六个结局简单的故事》（*Six Récits sur des fins faciles*，1922年）画的插画的内容。在这一拼贴作品中，在不对称的大卫王之星上，叠放着一张汉堡到纽约的船票以及画家的黑手印，手里清晰地写着两个希伯来字母peh和nun，是"长眠于此"的首字母缩写，这按照犹太传统会铭刻在墓碑上。作品就像是一个讣告，宣告着这一俄罗斯群体辉煌的历史时期的终结。

图177
马克·夏加尔跟孩子们在画架前，于马拉霍夫卡
1920—1922年
摄影
私人收藏

乡愁的魅力

我们是否改变了某些历史？夏加尔在俄罗斯期间，始终贯穿着战争和革命，受害者不计其数。巴黎的朋友在整个期间都没有得到过他的任何消息，因而都认为他没能挺过灾难。当他再次出现在法国时，他们都倍感惊讶。此时不妨设想画家完全消失的时刻。很可能，即使在这种情况下，他的作品依然能够留下艺术家的多重痕迹：一位在先锋艺术领域找出自己道路的艺术家，一位记录了东欧犹太人生活编年史的艺术家，一位打造了这一失落社会的乡愁意向的画家。

这一逐渐消失的犹太世界被夏加尔打扮成乡愁，成为一个传说。他回归维捷布斯克之后的现实主义作品与在巴黎创作的乡愁光环下的理想主义作品之间对比鲜明。艺术评论家亚历山大·伯努瓦（Alexandre Benois）用粗鲁的语言评价了夏加尔表现故乡的方式："这个犹太人的偏远村落，肮脏、恶臭，房屋暗不透光，道路弯弯曲曲，居民身形佝偻，在画家眼中，它为何能够充满魅力、诗意和美感？"[63]

在巴黎，美化过的维捷布斯克完美融入一种异域色彩，带着一种"野蛮""东方"的芬芳气息，这也是俄罗斯有别于西欧的地方。通常来说，夏加尔从艺术的边缘来到中央，但又保留着边缘的印记。他成功地将充满强大魅力的乡愁灌输给大都市里汇集了世界各地先锋艺术家的圈子。矛盾的是，边缘化的位置却带他来到中心。"1911年来到巴黎后，我尽力带来一种来自俄罗斯的别致感受。"[64]他写道。夏加尔作品的"异域风情"如"海关官员"卢梭（Douanier Rousseau）作品的"天真"一样，立刻吸引了当代的艺术家们。这些带有魔力的视觉印象还吸引了超现实主义画家，甚至安德烈·布勒东。

夏加尔笔下这个梦想的世界，讲述跟犹太村落的日常生活相关的特别故事。这种描述还传递了西方犹太人对于生活在犹太聚集地的兄弟们态度的变化。他们看到，俄罗斯犹太的复兴，使这些偏僻乡下人的生活变得有意义。当然，这一变化也发生在其他欧洲国家，在这些地方，犹太人的社会地位各不相同。无论是启蒙运动的影响［犹太社会使用"哈斯卡拉"（Haskala）这个词］还是政治方面的变化，这些犹太人都已经感到自己跟其他人一样是平等的公民。他们的习惯被同化思想解放，无论是在社交活动中还是在私下里，他们的行为都与他们的东方同宗们已经大相径庭。因此，后者的到来被他们看作一种危机。阿尔弗雷德·博登海默（Alfred Bodenheimer）解释说，19世纪末期的大屠杀带来了东欧犹太人向欧洲大城市的移民浪潮，由此产生了新到来者与早期到来的犹太人之间的对立，新到来者带着所有那些"当地人"已经摒弃了数十年的东西。对于德国、法国和英国的犹太人来说，他们已经属于资产阶级阶层，而这些贫穷的新来者，穿着传统服饰，用意第绪语交流，与所有同化或解放的想法格格不入。更糟糕的是，他们的到来很容易激起反犹太主义的遗臭。换句话说，对于早已定居当地的犹太人来说，移民们带来的是对于犹太民族的刻板印象，而这些都是他们试图远离的。从语言来说，意第绪语"被轻视、诽谤，几个世纪以来一直被看作是退化的语言……是贱民的语言，被资产阶级所轻视，而那些接受了第二故乡语言的犹太人认为意第绪语是行话。"[65]

博登海默公正地评判了"20世纪初东欧犹太人的审美[66]"，并认为其状况得到了彻底的改变。后德雷福斯时期的犹太社会不再那么相信所谓成功的同化。一个属于社会主义意识形态范畴的重要犹太工人运动"崩得"（Le Bund），深深地改变了犹太社会的面貌。对传统和宗教的兴趣也有可见的改变，产生了诸如马丁·布伯（Martin Buber）等描写哈西德主义的

图178
《农民生活》（*La Vie paysanne*）
1925年
油画，画布
100厘米×81厘米
布法罗（Buffalo），诺克斯美术馆（Albright-Kno）藏

M. Chagall 1925

图179
赫尔曼·斯特克的《鞋匠》（*Cordonnier*），出自阿诺德·茨威格的《东欧犹太人面孔》
1919年
石墨画，画纸
私人收藏

图180
《回忆》（*Souvenir*）
1914年
水粉、墨水和石墨画，画纸
31.7厘米×22.3厘米
纽约，所罗门·R. 古根海姆博物馆藏

作家和作品，如《纳曼拉比的故事》（*Les Contes de Rabbi Nachman*，1906年）、《神明大师传奇》（*Les Légendes de Baal-Shem*，1908年）。“东欧犹太人身上保留着的一种根深蒂固的犹太狂热，一种完全的非理性形式，在布伯作品中通过对哈西德文章和价值观勉强忠实地转化实现。他给了一个长期被抛弃的文化新的尊严……，西方文化的吸引力应考虑至今被轻视的犹太世界的贡献。”[67]

上述那些故事或者说格言集带来一种感受，认为东欧犹太人保留了一种真实、“纯粹”的犹太主义。另外，莫妮卡·波姆-杜辰写道：“从一种充满乡愁甚至是多愁善感的角度看，随着西欧犹太资产阶级的慢慢崛起，产生了对自然派画作的需求，这种作品正是代表了其正在抛弃的传统生活方式。”[68]然而，对这一社会的理想主义作品和表现东欧犹太人真实生存现状的作品之间存在明显差异。阿诺德·茨威格（Arnold Zweig）的书就是这一差异的最好说明。他的《东欧犹太人面孔》（*Le Visage des Juifs de l'Europe de l'Est*，柏林，1920年）描述了犹太人民身上沉重的经济负担和反犹太主义压力，他正确看待沉浸在传统和宗教中的犹太人的理想化形象，提到了日常生活中暗藏的危险以及对移民的迫切愿望。然而，作家也没有逃脱对这一现实的美化，描绘了一些沉浸在研究犹太教法典塔木德的犹太人。根据博登海默的说法，茨威格生活在德国，他希望展现东欧犹太人的现状以及他们“停滞”的生活状态，并由此形成与自身犹太特色的对照。有趣的是，茨威格的书是由赫尔曼·斯特克（Hermann Struck）画的插画。这位德国犹太艺术家参与了第一次世界大战，还画了五十多幅肖像画，画的都是在服役期间见到的俄罗斯犹太人。这些肖像大部分都是男性（图179），显现出跟夏加尔的犹太人系列极大的相似之处，可以说是当时时代背景的浓缩。夏加尔的肖像画很少表现明确的环境信息，但是他们完全身处其中，也透露出时代的信息。

图181
《在路上或游荡的犹太人》
(*En route, sur le chemin ou Le Juif errant*)
1925年
油画，画布
72厘米×57厘米
私人收藏

这些形象也经过了对东欧犹太人的“美化”。在夏加尔的作品中，这是一种同时来自于内部和外部的视觉意象。他的童年和青少年时期在维捷布斯克度过，拥有对犹太人生活的最直观认知。但是，远离故乡后，乡愁让他的作品仅保留了美化过的回忆。阿尔弗雷德·博登海默曾写道：“夏加尔作品中的犹太世界，达到了犹太社会的诗意化意象和现实的痛苦意象之间的某种平衡。”在他的作品中，空气人因为极端的轻盈而飞了起来，但同时也是因为他被剥夺了脚下的土地。总之，夏加尔成功为后世之人抓住了犹太聚集区在革命来临前的最后时光。与其他犹太艺术家相比，他成为这个仅存的零星画面的守护者。

第四章

重生（1922—1937年）

夏加尔的画无意于唤起道德或是想象的奇思妙想，而是蕴含了一种更高的现实，其中的凝聚力和一致性自然成为其感性的基石。

克劳德·埃斯特万（Claude Esteban），《失重法则》（*Les lois de l'apesanteur*），《马克·夏加尔，画纸作品》（*Marc Chagall, Œuvres sur papier*），1984年版。

柏林：插画家夏加尔

1922年，夏加尔做出了最终决定："受够了维捷布斯克，……可能欧洲会爱我，欧洲会有我的俄罗斯[1]"。这一宣言明确表明他渴望得到现代艺术中心的认可。将俄罗斯打包进行李箱，或者说画进画里，他去了柏林。1922年7月—1923年8月，夏加尔第二次旅居柏林，这次的时间比第一次要长，也是非常特殊的一段时间。在1914年的展览获得的成功，那时留给赫尔瓦特·瓦尔登的画也顺利出售，当地的画商和收藏家因此认识了他的作品。然而，因为德国通货膨胀严重，他从中赚到的钱严重贬值。由于与瓦尔登有经济纠纷，并且后者拒绝归还未售出的作品，导致他们进行了长期的诉讼，最后夏加尔只得到了微薄的赔偿金。经济上的困难，没能收回作品的失望，使他在这一时期的创作急剧减少，尤其与在俄罗斯的那些年相比。但是，他的名气已经打响，另外，弗里达·鲁比内（Frida Rubiner）将亚伯拉罕·埃弗罗斯和雅各布·图仁霍德写的关于夏加尔的专著翻译成德语，夏加尔的第一部传记也由卡尔·维特（Karl With）直接以德语撰写，并于1923年出版。这些都提高了夏加尔的知名度，他的画开始卖出更高的价钱。

前一跨页

图182
《牲口贩子》（*Le Marchand de bestiaux*）
1922—1923年
插画195局部，第183页

图183
《我的生涯》封面
1922—1946年
水彩和墨水画，画纸
44厘米×34厘米
纽约，现代艺术博物馆藏

在柏林，夏加尔还熟悉了版画这项他尚未尝试的技艺。这很自然，因为在德国，这项传统艺术保持着比在欧洲其他任何地方都要蓬勃的生命力，并在印象派画家的作品中重现同样的主题。当然，夏加尔一直在画画。我们甚至可以说绘画以及文字书法，在他的作品中占据特殊位置。安布鲁瓦兹·沃拉尔（Ambroise Vollard）在巴黎委托给夏加尔的工作中，版画占据了重要位置。根据弗朗茨·梅耶的说法，版画在夏加尔眼中是一种进步："画出的线条和版刻的线条是完全不同的。在木板上雕刻需要克服阻力，还要在材料上融入创作者的意愿。表达的冲动在其中有了一种新维度……。1922年，我的这项技艺成熟了，每样东西都会进入自己的时代。"[2]

同时，夏加尔完成了一次惊人的冒险——写了一部自传。人们可能会疑惑，一位年仅35岁的人对于自传这类作品怎么会有急迫性。根据本雅明·哈沙夫的说法，夏加尔作品中的各种因素随意叠放，看上去毫无表面的关联，文化和地点不匹配，动物和生活片段乱七八糟地杂糅在一起。在夏加尔的自传中，这一说法得到了证明。他说在画面中放上了“个人回忆中折射的所有面孔……，他的梦，他的诗”，这些来成就他称之为万花筒式的“内省主义”[3]。劳伦斯·西格尔-克拉斯巴尔德（Laurence Sigal-Klagsbald）准确地称之为“话语绘画”[4]。可能对于夏加尔来说，这部写得如此之早的自传等同于他的再次起航的标志。

1923年春，保罗·卡西尔（Paul Cassirer）及其画廊经理沃尔特·费尔琴费尔特（Walter Feilchenfeldt）建议夏加尔出版德语版自传，并配上插画。夏加尔开始跟在著名的版画大师赫尔曼·斯特克身边学习版画，后者是1908年出版的《蚀刻艺术》（*Kunst des Radierens*）的作者。他很快掌握了这一技艺，学会了干刻法、蚀刻法和针刻法。后来，翻译上的困难让卡西尔放弃出版这本书，但是他出版了一本夏加尔画册，里面收录了二十幅版画，并按照预先商定的名字，叫作《我的生涯》（*Mein Leben*）。随后他还出版了六幅夏加尔的木版画。和其油画创作主题一样，夏加尔的版画中也充满了回忆、同情和幽默。就像讽刺画一样，这些笔触简洁的作品抛弃了一切冗余的细节，直指本质。跟执着于犹太社群的现实和固有印象的斯特克和耶胡达·潘不同，夏加尔用完全的自由作画，将想象和幻想融入日常场景。

画册的第一幅版画是一位父亲（图184），面孔比例失调，身体庞大，几乎占据整个画面。他的脚边是一个鲱鱼桶，胳膊下夹着茶炊。背景中，一个农民正

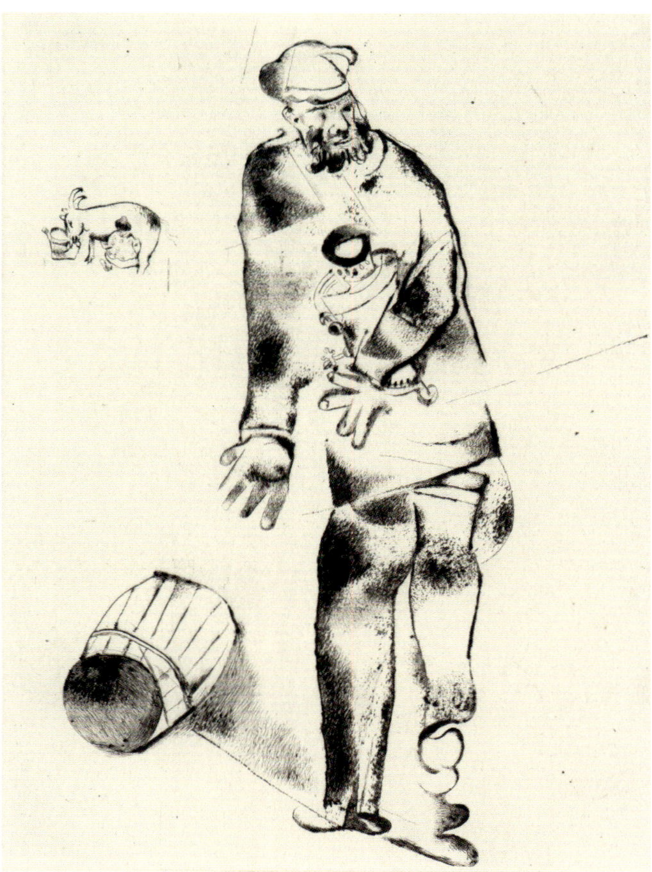

图184
《父亲》（*Le Père*），《我的生涯》版画插画1
1922—1923年
蚀刻版画，画纸
27.5厘米×21.5厘米
汉诺威，施普伦格尔博物馆藏

图185
《餐桌旁的父亲》（*Le Père à table*）
1925年
水粉画，贴在硬纸板上的画纸
64.1厘米×48.5厘米
巴黎，蓬皮杜中心国家现代艺术博物馆藏
1988年付与

图186
《母与子》(*Mère et fils*),《我的生涯》版画插画2
1922年
蚀刻和针刻版画，画纸
27.7厘米×21.6厘米
柏林，国立美术馆，印刷和绘画馆（Kupferstichkabinett）藏

图187
《母亲》(*La Mère*)
1914年
油画，贴在画布上的纸板
34.5厘米×29.5厘米
私人收藏

在挤羊奶，让人想起犹太聚集地里人和动物之间居住得很近，甚至是杂居的状况，有时候动物会离开窝棚进入居民家中。将父亲和母亲的画面做对比是非常有趣的。夏加尔非常崇拜父亲，但是跟他很少交流，母亲对于他来说则是守护者的象征[5]。多亏了母亲，他才得以从事艺术行业。画面中母亲脸上带着温柔的笑意，将手臂放在孩子身上，孩子似乎被她巨大的裙摆包裹住（图186)。另外一幅画的是家里的餐厅（图188)，夏加尔在许多地方都画过这个场景。在其他场景中，现实让位于想象。在《自画像》(*Avec Autoportrait*，图189）中，夏加尔的身体缩小成一颗头颅，戴着一栋房子当作帽子，这个形状让人想起犹太人祈祷用的经匣。我们可以将这幅自画像跟1928年的版本（图192）进行比较，后者中的经匣清晰可见，放在扎起来的浓密头发上。在版画的版本中，夏加尔脸孔的下方有许多微小的人物形象，是他的父母和兄弟姐妹。很明显这是一个想象或梦境，画家颠倒了儿童画的比例，在儿童的画中，父母的形象是巨大的，而在夏加尔的画里，人物变小了，就好像时间的流逝通过身材的缩小表现了出来。我们也可以在夏加尔生活的圈子里找到许多画家笔下的典型形象，例如《祖父的房子》(*La Maison du grand-père*，图191）中躲在屋顶上的人，《维捷布斯克的房屋》(*Maison à Vitebsk*）中，在城市上空飞翔的马车夫，以及《音乐家》(*Le Musicien*，图190）中一个混合体的人，他的身体与大提琴融合在一起，乐师变成了乐器。这幅画让人想起克莱兹莫林(kleizmorim)，这群到处巡回的犹太音乐家，这个词是意为“唱歌的乐器”这一希伯来单词①。

有时候，夏加尔会重画过去的作品。在1919—1920年，他重新画了1917—1918年的一幅作品《散步》(图115，重画作品现藏于蓬皮杜中心)，1922年，又重新创作了《我的生涯》中的一幅版画（重画作品现收藏于法国国家图书馆)。我们注意到，版画

①由希伯来语中的kley（乐器）和zemer（歌）所组成，意思是“犹太音乐家”。译注。

上的图形与之前的版本相比是颠倒的，飞翔的女人在男人的右侧，在最初的版本里，女人在男人的左侧。我们可以假设，这种援引旧作的方式揭示了他回到柏林的时候总希望能再次见到那些作品，并希望重新找回（或至少在象征意义上重新找回）售出和散逸作品的愿望。对过去作品频繁地再诠释虽然经常让他遭到批评，但这也是他艺术创作的一大方式。我们可以在其中看到一种回归或重现，对过去记忆、感受、梦想、向往、恐惧和经历的重现。《我的生涯》书中的插画是这一假说更具说服力的例证，因为这就是一部沉湎于过去的代表作。

在风格方面，画家降低了立体主义的影响，发展出一种建立在圆润线条上的笔触，与早期采用的碎片化方式相比，这种形式给作品带来一种柔和、统一的特点。与油画一样，他的版画作品也放弃了时代背景，而加强了线条的动态感。而且，画纸的留白成为作品不可分割的一部分，使人物形象更加鲜活[6]。与油画作品不同的是，版画作品中使用的“针刻法……带来的厚重感……给笔触添加了色彩，使人想到色彩的明暗变化”[7]。正如米歇尔·玛卡修斯（Michel Makarius）所说：“矛盾的是一个艺术家的天赋竟然可以在如此小众的领域爆发出来，夏加尔的版画天赋就是极好的例

图188
《餐厅》（*La Salle à manger*），
《我的生涯》版画插画10
1922年
蚀刻版画，画纸
21.4厘米×27.9厘米
汉诺威，施普伦格尔博物馆藏

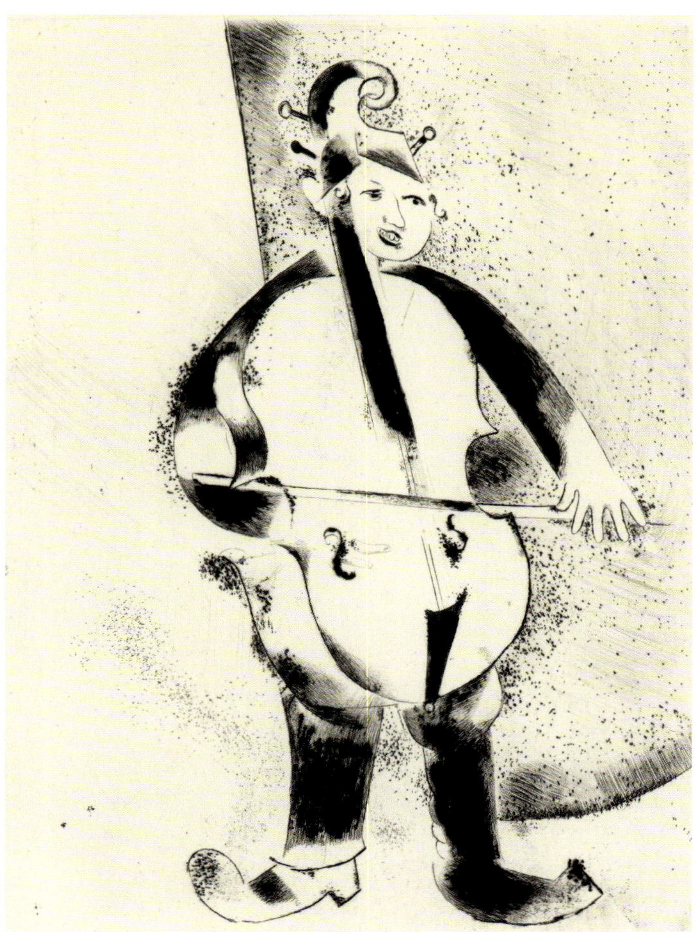

图189
《自画像》,《我的生涯》版画插画17
1922—1923年
蚀刻和针刻版画，画纸
27.5厘米×21.5厘米
私人收藏

图190
《音乐家》,《我的生涯》增补版画插画
1922—1923年
蚀刻和针刻版画，画纸
27.5厘米×21.6厘米
汉诺威，施普伦格尔博物馆藏

图191
《祖父的房子》,《我的生涯》版画插画12
1922—1923年
蚀刻和针刻版画，画纸
20.7厘米×16厘米
私人收藏

图192
《我，马克·夏加尔》(*Moi, Marc Chagall*)
1928年
水彩、彩色铅笔和水粉画，贴在纸板上的画纸
62.9厘米×47.7厘米
布鲁塞尔，比利时皇家美术馆藏

图193
《在画架前》,《我的生涯》
版画插画18
1922年
蚀刻和针刻版画，画纸
24.7厘米×19厘米
私人收藏

子，同时他也是伟大的色彩运用大师。”[8]

无论是油画、素描还是版画，夏加尔对这个世界的看法总是特别的。他的一幅版画作品虽然有一个非常传统的题名:《在画架前》(*Au chevalet*，图193)。但在这幅画中，画家的头在画的底部，眼睛注视着观众。画家的身体飘浮着，穿着一只白色的鞋和一只黑色的鞋，整个身体颠倒着，这杂技般的体态却并不影响他左手拿着画笔在画布上涂抹。他甚至不需要正面看着世界，也不需要支撑。对于他来说，作品沉浸在幻想中而非视觉中。简单地说，他似乎只用一颗头就能画画。我们似乎在其中听到了画家后来一句名言的回声:“如果你是画家，你可以把头放在下面，而你依然是画家。”1923—1925年间，他在为果戈理的《死魂灵》(*Âmes mortes*)画的插画中(图197～图200)也运用了同样的方法。《我的生涯》中的插画更是架起了连接过去和应许之地巴黎之间的桥梁。

建立连续性:《死魂灵》

在经历过战争和革命的困难年代之后，夏加尔在柏林又遇到了各种问题以及与瓦尔登之间的官司纠纷，因而，在1923年9月1日抵达巴黎后，他如释重负。我们记得，他在1911年初次来到巴黎时，已经把这里当作了第二个维捷布斯克。彼时，当他在布莱斯·桑德拉尔的邀约下，再次踏上这片土地时，法国对于他来说已经成为一个和平的避风港。如果说第一次居住巴黎期间是一次艺术发现之旅，第二次则使他萌生出终生定居在此的念头。从此，画家开始将流亡国变为祖国。他在法国定居表明了他与俄罗斯犹太世界的决裂以及创作的彻底转变，这种转变不仅体现在风格上，还涉及主题的选择。

但这一切并不容易。根据娜塔莉·哈赞-布鲁内的说法，他需要在最初的巴黎作品、从俄罗斯带来的作品以及未来的创作之间找出一条线，将三者联系起来[9]。这个任务非常艰难，更何况画家还要面临第二次失去：除了1914年委托给瓦尔登的大部分作品，他还发现蜂巢的老画室中丢失了一百五十多幅作品。他没有其他选择，“他重新开始绘制旧作。临摹、修改或是创作新版本，重新确定未来将要用到作品中的形象。这就像是一次艺术品盘点，让他得以思考时间的流逝，整理过去，以便继续前行。夏加尔知道，他需要在回忆的透镜中重建维捷布斯克，以此为根基将其与巴黎学到的国际语言结合起来[10]。”自1922年起，为了找到适合创作的熟悉环境，他开始对自己散落在外的作

图194
《牲口贩子》
1912年
油画，画布
87厘米×200.5厘米
巴塞尔，市立美术馆藏

图195
《牲口贩子》
1922—1923年
油画，画布
99.5厘米×180厘米
格勒诺布尔(Grenoble),
格勒诺布尔博物馆,
蓬皮杜中心国家现代艺术博物馆寄存
画家于1988年付与

图196
马克·夏加尔和安布鲁瓦兹·沃拉尔在巴黎（局部）
1925年
摄影
巴黎，马克和伊达·夏加尔档案馆藏

品进行复制和修改，例如《维捷布斯克犹太教士或黑白的犹太教士》（图127）、《生日》（图112）、《牲口贩子》（图194）及《持红酒杯的双人肖像》（图116）。

另一种延续性是沃拉尔带给他的。在柏林，他认识了两位重要人物，一是赫尔瓦特·瓦尔登，他为夏加尔作品的扬名做出了重要贡献，另一位是保罗·卡西尔，夏加尔开始创作版画多归功于他。在巴黎，夏加尔能够继续进行版画创作，依靠的是沃拉尔。沃拉尔在古斯塔夫·科奎奥那里发现了夏加尔的作品，他是法国唯一一位收藏夏加尔作品的评论家。1923年，他邀请夏加尔为塞居尔伯爵夫人（comtesse de Ségur）的《杜拉金将军》（*Le Général Dourakine*）画插画，这很可能是因为书中的主角是俄罗斯人。但是，夏加尔童年时期没有读过这本书，所以他谢绝了这一委托。不过，他却接受了为果戈理的《死魂灵》画插画。在某种意义上来说，这一阶段是画家与自身一直背负的俄罗斯世界的道别。弗朗茨·梅耶写道，《死魂灵》是一个“行囊，是夏加尔的巨大行囊，是整

图197
《果戈理和夏加尔》，尼古拉·果戈理《死魂灵》版画插画48和扉页
1923—1927年（1948年出版）
蚀刻和针刻版画，画纸
27.5厘米×21.2厘米
私人收藏

个俄罗斯，包括它的悲剧和辉煌，以及它灵魂的奔放和绝望”[11]。这是个怎样的行囊啊！这是每位侨居者都会要背负的重担。

小说的主角帕维尔·伊万诺维奇·乞乞科夫（Pavel Ivanovitch Tchitchikov）是一个无赖和骗子，犯下了很多荒唐的诈骗案。这个前公务员在俄罗斯各地跑来跑去，从主人手中收买“死去的魂灵”。在沙俄时期，魂灵指的就是农奴。魂灵的数量决定了两次人口普查之间一块领地应付的税金，及其领主能够从中获取的抵押金额。乞乞科夫希望通过私下买卖“死去的魂灵”来致富。夏加尔带着可见的愉悦轻松，自如地为这部讽刺农奴制度和沙皇政体的作品画了插画。他似乎从过去在俄罗斯看到的画面汲取了灵感，人物、雪景、原野、村庄以及枞木屋，都是他丰富情感的一部分。与果戈理比起来，他的画少了讽刺挖苦，多了同理心，他用轻快的手法画出了那个他用温柔的乡愁目光注视着的世界。弗朗茨·梅耶指出："这个愚昧、恶毒和自私的世界，在幽默中变得透明……。这个喜剧并非充满敌意讽刺，其中不乏对那些有着弱点和卑劣灵魂的人物的同情。它带有解救的力量，在这些小说人物背后，浮现出一股洋溢着生命力量的洪流。这部戏剧中随处可见一种内在的欢乐，因此在现实中显露出俄罗斯式的幻想、多彩和无限的生活，这也是果戈理及夏加尔通过他们的作品所要表现的。"[12] 夏加尔的插画随着故事展开，忠于果戈理的文字和思想。读一读下面这段话就可以明白画家和作家的世界："坐在门前的长椅上，几个穿着羔羊皮的庄稼汉像往常一样打着哈欠。几个脸孔浮肿的女人，穿着胸部紧绷的长裙，在二楼的窗户旁欠身坐着。一层的窗户边出现一头小牛犊或是一个猪嘴巴。这是多么经典的画面。"[13]

几年前，夏加尔为果戈理的《钦差大臣》设计过布景，这是另一个通过诈骗来发财的人物的故事。同样的，《果戈理礼赞》（1917年）是夏加尔人物图谱的"肖像画"之一。果戈理笔下这些粗俗的人物形象，使现实的界限不断向后退却，甚至试图绕开现实，可以说，这实际上是空气人的文字版本，只不过后者的志向比较卑微。与果戈理的主角同样都处于社会边缘，不同的是夏加尔的这些人物靠"打杂"谋生，总是处于不稳定的平衡状态，有时狡猾，有时天真，有时精明市侩，有时可悲可叹，但总的来说，都是人性化的。

图198
《小城》（*La Petite Ville*），尼古拉·果戈理《死魂灵》版画插画3
1923—1927年（1948年出版）
蚀刻和针刻版画，画纸
22厘米×28.7厘米
私人收藏

夏加尔在果戈理身上找到了自己的文学知己，在他身上，悲剧一直伴随着一种拐弯抹角的喜剧色彩。雅各布·图仁霍德甚至发现，夏加尔画动物的方法与果戈理对它们的描述方式极其相似[14]。

从象征意义上来说，夏加尔在一幅插画中（图197）手持调色盘，出现在作家身旁。作家则似乎在寻找灵感，把右手放在额前，左手拿笔，准备好了开始写作。在他们上方是一个担着桶的庄稼汉，这是夏加尔作品中几乎随处可见的形象。背景处有一座特别的教堂，屋顶似乎长出三个驴脑袋。画家就这样将果戈理和书中人物放在一个充满荒谬的世界里。评论家米克哈伊·巴赫金（Mikhaïl Bakhtine）进一步将果戈理的作品说成是一场狂欢，“既是表演也是生活，既是游戏也是梦想”[15]，其中的角色经常翻转。这似乎也是对夏加尔世界最好的比喻。

从风格方面，这个阶段夏加尔表现出与立体主义和构成主义的分裂。在《我的生涯》中更是如此，我们能感受到其中印象派的脉络，尤其是乔治·格罗兹（George Grosz）尖刻的笔法。《死魂灵》的一百一十八幅水粉画都是在1923—1925年完成的，而版画则是在1923—1927年完成的，但是直到1948年10月28日这些作品才最终出版，也就是在沃拉尔去世之后，由特里亚德（Tériade）出版。这是一部唤起传统俄罗斯记忆的宏伟巨著。夏加尔倾情投入，用以排解因无力留守而不得不离开动荡中的俄罗斯的痛苦[16]。与故乡的告别看起来是必须的，这样，他才能够全身心投入“另一作品”之中，这次是法国文化的象征。沃拉尔请他为《拉封丹寓言》（*Les Fables de La Fontaine*）画插画。

图199
《画家们》（*Les Peintres*），尼古拉·果戈理《死魂灵》版画插画23
1923—1927年（1948年出版）
蚀刻和针刻版画，画纸
29厘米×23厘米
私人收藏

图200
《警察出面》（*Apparition des policiers*），尼古拉·果戈理《死魂灵》版画插画25
1923—1927年（1948年出版）
蚀刻和针刻版画，画纸
28.8厘米×22.1厘米
私人收藏

《拉封丹寓言》

《拉封丹寓言》对于夏加尔来说是一次绝佳的机会，他可以将现实的和想象的动物寓言统统搬上舞台。动物和杂交体是寓言世界最主要的角色。但是对于他来说，这里的挑战远超肖像学或美学领域。通过这部法国文学的重要著作，他被带着走遍、观察和重现了法国的景色，这是他第一次在巴黎期间没能做到的[17]。他所离开的俄罗斯世界并没有像是魔杖一挥一般烟消云散，然而，在《磨坊主和他的儿子及驴子》（*Le Meunier son fils et l'âne*，图202）的插画背景中，女人的动作总会让人想起《死亡》（图60）中那位女性的姿态。同样，《爱说笑话的人和鱼》（*Rieur et les poissons*）离维捷布斯克的家庭场景也并不遥远。此外，《泥罐和铁罐》（*Le Pot de terre et le pot de fer*，图206）中的茅草屋还会让人想起在俄罗斯风景中见到过的枞木屋。

图201
《狐狸和葡萄》（*Le Renard et les raisins*），《拉封丹寓言》插画
1927年
水粉和水彩画，画纸
50厘米×40厘米
巴黎，拉霍克-葛哈诺芙（Larock-Granoff）收藏

图202
《磨坊主和他的儿子及驴子》（*Le Meunier, son fils et l'ane*），《拉封丹寓言》插画
1926年
水粉和水彩画，画纸
50.5厘米×41.4厘米
私人收藏

Chagall 26

图203
《狼和鹳》（*Le Loup et la Cigogne*），《拉封丹寓言》插画
1927年
水粉、彩色墨水和黑色铅笔画，灰色画纸
51.1厘米×41.2厘米
巴黎，拉霍克-葛哈诺芙收藏

藉由拉封丹，皮埃尔·施耐德写道："《圣经》里的动物来到了凡间的养殖场。当然，它们会说话，但说的是一口带着斯拉夫口音的法语。"[18]他接着写道，"夏加尔将动物引入了寓言故事中。"[19]这些对过去的回顾从来都不是明确的，更有点像是一种失误动作。

夏加尔在1926—1927年迅速完成了这些水粉插画，并陆续在巴黎、布鲁塞尔和柏林进行了展出，随后将其出售，分散到多个收藏家手里。这一成功毫不令人惊讶，因为水粉画在夏加尔的创作中占据首要地位，它"完美符合一种诗意以及充满想象和梦幻的创意"。通过小尺幅和色彩覆盖等多种特性，这一技术提供了即兴发挥的自由[20]。维纳·哈弗特曼提到，夏加尔完成了数以千计的水粉画，远超其油画及素描作品数量。他认为"夏加尔几乎所有的油画都参考了水粉画的创作灵感，甚至《拉封丹寓言》以及《圣经》的黑白版画插画也是如此"[21]。实际上，在1929—1930年，夏加尔从这些水粉画中选取了一百一十八幅刻成版画，但直到1952年才得以由特里亚德出版。

沃拉尔非常大胆，甚至可以说是刻意挑衅，他敢将一部法国传统作品的插画交给一个外国人创作，更确切地说是斯拉夫和犹太人。他抢在评论界之前，于水粉画展出时在一份颇具影响力的日报上发表了一篇引发轰动的文章。他说拉封丹是一位世界的作家，还特别提到其创作灵感源泉中的东方故事，"伊索寓言，印度、波斯、阿拉伯、甚至是中国的说书人"。这些都让他认为，没人能比这位"因其出身而熟知东方魅力的艺术家"更适合"给这部作品配上合适的插画"[22]。

沃拉尔预料中的反应并没有迟到，大量评论家奋起反对这一选择。这些水粉画引发了一场笔战，远远超出美学领域，并映射出20世纪20年代欧洲的政治氛围。在安特卫普的一份日报《大都会》（*La Métropole*）中，胡贝尔·科利（Hubert Colley）写道："我在夏加尔的插画中看不到拉封丹……夏加尔在一百幅水粉画中展现给我们的，是夏加尔的寓言。拉封丹……只是个借口，因为这个俄罗斯人既没有改编也没有注释法语，而是将其改成了俄语。……这一奇思妙想，似乎并非从任何人身上借鉴而来，而是遗传自烙印在其祖辈身上的东方背景。这些特别的水粉画产生了绚丽多彩的效果……。我承认在这些作品前度过了美好的时光，在我看来，这些作品非常纯粹，洗涤了双目，但是它们不该过界。"然而，在另一语境下，"这是纯粹的画作"[23]这一总结性评判完全是恭维之语。而且，正面的评论使用了相似的论据。马塞尔·施密茨（Marcel Schmitz）这样写道："他对《拉封丹寓言》的诠释是俄罗斯式的，大家都这么说。毫无疑问，正因为夏加尔是俄罗斯人，并带有东方韵味，所以他才会用这样一种华丽的笔调……，这带来一种狂热，让人想起《雅歌》章节的感官刺激。"[24]

毫无疑问，俄罗斯和东方传统的结合依然保持其效力。在20世纪20年代末，根据时事评论员的论说，这些作品或是强调了野蛮，或是华丽的和充满幻想的。如果说，在20世纪最初十年夏加尔第一次来到法国期间，这种斯拉夫的东方形式通常被认作是充满异域风情和魅力的源泉，那么，之后的风向发生了转变，东方形式意味着奇怪。这一观念渐渐与拒绝一切非法国价值观的观点结合起来，带上了一种排斥外国人和反犹太的倾向。1941年，艺术创作观察员罗伯特·雷伊（Robert Rey）提到了沃拉尔的这次选择："为了给最具卡笛尔主义和最睿智的诗集画插画，他选择了一个斯拉夫犹太人。夏加尔的艺术，实际是通过来自东方民间图像的杂乱色彩，带来丰富的意念提升。这些体验，在当代人种志博物馆里可能会比较有趣，但却只能使大众审美偏离。"[25]这里，我们看到的是一种法国版的种族主义论调，它后来被引用在了1937

图204
《狮子和老鼠》(*Le Lion et le Rat*),《拉封丹寓言》插画
1926年
水粉画,画纸
49.5厘米×40厘米
墨尔本,维多利亚国家美术馆(National Gallery of Victoria)藏

图205
《孔雀向王后朱诺抱怨》(*Le Paon se plaignant à Junon*),《拉封丹寓言》插画
1927年左右
水粉画,黑色画纸
51厘米×41.3厘米
私人收藏

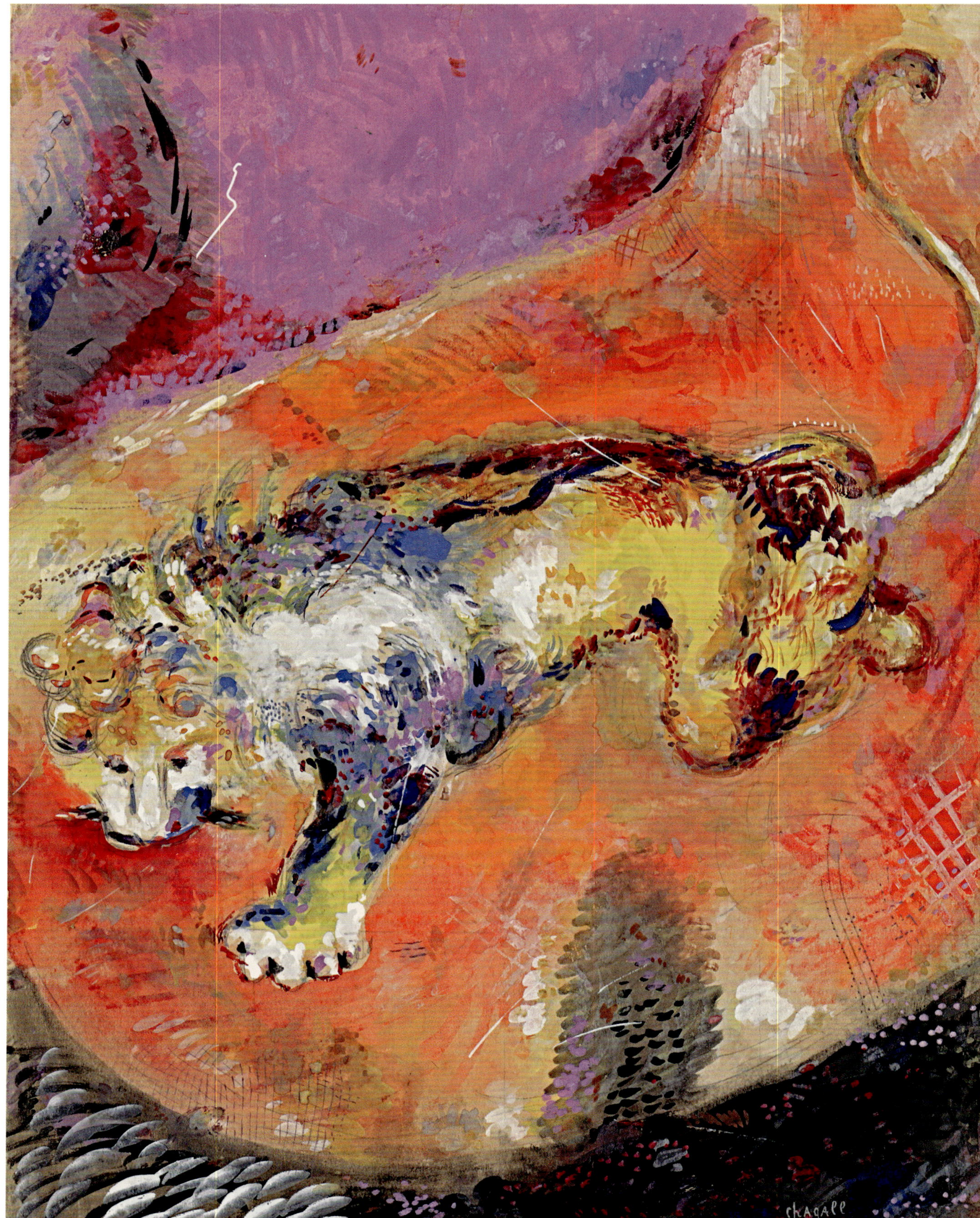

Chagall

图206
《泥罐和铁罐》,《拉封丹寓言》插画
1950—1952年
蚀刻和彩色蚀刻版画，画纸
38.5厘米×29.5厘米
巴黎，蓬皮杜中心国家现代艺术博物馆藏

年著名的慕尼黑“堕落艺术”展上。

然而，夏加尔的这些插画是忠于原著的。那些看似天然的杂交物种并没有借机出现在作品中，除了在《变成太太的母猫》(*La Chatte métamorphosée en femme*，图207）这篇寓言中是不可避免的。因此，尽管我们接触的“唯一一幅提出了拟人化问题的插画”，这里需要援引迪迪埃·舒尔曼（Didier Schulmann）的原话，“与拉封丹的许多插画家不同，夏加尔在创造一种联动的群体时（这也是拉封丹世界的基础)，既没有试图将人类动物化，也没有将动物拟人化。在他的创作中，每个人物都是自己本来的样子，只不过以互相之间的紧密共生关系存在，构成他要表达的一个观点，即人类与动物的共存，这也是他自最初的俄罗斯作品开始就形成的观点。”[26]夏加尔很少创作这类作品，但这些作品却恰好借助拉封丹的想象世界而生。另一些插画如《老鼠和大象》(*Le Rat et l'Éléphant*)、《孔雀向王后朱诺抱怨》(图205）和《两只鹦鹉》(*Les Deux Perroquets*)，都是画家色彩运用的巅峰之作。他运用了水粉画的所有高超技巧，以及他绘画中惯有的明快色调和通透感。这些作品以一种轻盈的姿态画出了拉

图207
《变成太太的母猫》,《拉封丹寓言》插画
1950—1952年
蚀刻和彩色蚀刻版画，犊皮纸
38.5厘米×29.5厘米
巴黎，蓬皮杜中心国家现代艺术博物馆藏

封丹的伦理世界，而没有陷入过分遵从传统的陷阱。套用雅克·盖纳（Jacques Guenne）的漂亮句子，毫不客气地说，夏加尔实现了“画家想象的世界，对于他来说，色彩是唯一的美德”[27]。夏加尔创作的速度说明了他创作方面的才华，要知道，他在不到两年的时间里完成了近一百二十幅水粉画。他游刃有余首先源自他对于伊万·克雷洛夫（Ivan Krylov）寓言故事的熟悉。这部俄罗斯寓言故事集可以追溯到19世纪，相当于俄罗斯版的拉封丹寓言。

这些水粉画是插画的基础，还需要由娴熟的技术工人刻制成彩色版画。但是在这种复杂的操作失败之后，夏加尔开始亲自刻制黑白版画。1929年股市的崩盘不幸打断了他与小伯伦汉（Bernheim-Jeune）画廊的合同，当时该画廊正在负责将他的版画投入商业买卖。直至多年以后，面对特里亚德的坚持，夏加尔亲手为大部分样稿完成了上色。

环法之旅

在沉浸于法国文学的同时，夏加尔还画了不少法国风景画，以此在脑中植入第二故乡的文化。大自然丰富的色彩构成和微妙的光影变化成为他作品的中心。在这些象征性的图画中，夏加尔的风格发生了变化。对于他来说，风景画给他带来了前所未有的稳定和安心感，这是他多年来一直在各个国家漂泊时从未曾体验过的感受。第一次，夏加尔获得了经济和情感的安宁，这在他画的众多贝拉肖像中可以感受到。终于，飘浮的空气人的肖像时代结束了。在远离维捷布斯克的参照景物之后，夏加尔的双脚终于落到了地面。这是一片坚实稳定的土地，在这里，他坚定地拒绝了超现实主义运动的邀约，不只因为他追求作品的个性化，也因为这一时期他奉行的是自然主义风格。

他的蜕变同时还伴随着新的自由，因为他从此可以尽情地探索法国的原野了。1924年，巴尔巴赞斯-霍德伯特（Barbazanges-Hodebert）画廊举办了一场夏加尔作品的大型展出，并获得了成功。夏加尔及其家人的生活不再拮据。最开始，他们仅限于在巴黎近郊旅行，主要是在与奥兹省（l'Oise）接壤的利尔-阿达姆（L'Isle-Adam），也就是德劳内的家。1925年创作的《利尔-阿达姆附近的景色》（*Paysage près de L'Isle-Adam*，图208）就是一幅完全印象派画风的油画。对于夏加尔来说，对法国的发现之旅与他所欣赏的艺术家眼中“透露”出来的样子变得密不可分。“大自然是如此的法国……。毕莎罗（Pissarro）的优雅和淳朴的景色抓人眼球，完全没有德国那令人惋惜的人工雕琢的痕迹。这里，塞尚也变得可以理解。”[28]对于法国自然的爱的宣言中有一个词是最重要的，即优雅。实际上，虽然夏加尔的作品具有谷克多（Cocteau）所说的“秩序恢复”的特征，并且他不再试图创造先锋艺术的新形式，但这并没有减少其“在大自然、河流以及乡村风景表现上的魅力，它们被分割成彩色的震颤的笔触，溶解在水汽中。”[29]换言之，夏加尔避开了贫瘠僵化的效果，保持了他轻盈的笔触。

这种动态的绘画与风景中地势的高低起伏相得益彰。自1924年起，夏加尔一家来到索姆省的一处海湾阿尔特（Ault），随后登上布列塔尼的布雷阿岛（l'île de Bréhat）。1925年，他们频繁拜访住在利尔-阿达姆的德劳内一家，并在伊夫林省（Yvelines）的蒙特绍韦（Montchauvet）租了房子。1926年，夏加尔在土伦（Toulon）附近的穆里翁（Mourillon）住了下来，并开始探索尼斯和蔚蓝海岸。我们可以帮他列出一张长长的旅行目的地清单。画家按照自己的方式环法旅行，或者正如他在提及老朋友罗伯特·德劳内的时候

图208
《利尔-阿达姆附近的景色》
1925年
油画，画布
100厘米×73厘米
私人收藏

图209
《道路》（*La Route*）
1926年左右
水粉、水彩和铅笔画，画纸
65.2厘米×50.2厘米
私人收藏

Marc Chagall

提到的："我们一起在法国进行了一次环球旅行。"[30]

这些都让人感受到，他逐渐适应了法国的生活。通过《拉封丹寓言》的插画，他吸收了法国文化，而通过这些景色，他融入了这片土地。与过去所画的城市景色不同，此时，夏加尔更爱表现的是原野和乡村。他努力学习并理解法国这片土地，正如他自己所说："我来到法国时，鞋底还沾着泥土，还需要漫长的时光，这些泥土才会干涸、脱落。而这一刻的来临，完全不以我的意志为转移，所以我需要重新找到另一个现实。我在法国的景色中找到了，在南部的花、培拉卡瓦（Peïra-Cava）的地平线、戈尔德（Gordes）和鲁西永（Roussillon）的土壤中找到了。"[31]新世界丰富多彩的快乐被更加隐秘的内部世界代替，并充满了泛灵论的色彩。夏加尔的想象在更传统的画中以细小的笔触表现出来，来自立体主义的对比和分割减少了，色调也更加柔和，"就好像要回归到半睡半醒或是冥想状态下的真实"[32]。

这不是夏加尔第一次画风景。我们知道他过去画过这类作品，如1911年的《诗人与鸟》（图53），画的是一个躺在树下的人。还有1915年创作的《平躺的诗人》（*Poète allongé*，图213），画中的人物有着悲伤的小丑脸孔，他伸展着躯体，极其消瘦，躺在近处的草地上，背景是红色的天空。同年还有《扎尔基窗外的景色，维捷布斯克附近》（*Vue de la fenêtre à Zaolchie, près de Vitebsk*，图214），关闭的窗户旁是夏加尔和贝拉的侧脸，两个人似乎紧紧地拥抱在一起，不知这对

图210
《拉克湖畔尚邦教堂》（*L'Église de Chambon-sur-Lac*）
1926年左右
水粉，贴在纸板上的画纸
65厘米×51厘米
鹿特丹（Rotterdam），博伊曼斯·范伯宁恩博物馆（musée Boijmans Van Beuningen）藏

图211
《培拉卡瓦的景色，鹰》（*Paysage de Peïra-Cava, L'aigle*）
1930年
油画，画布
72厘米×59厘米
私人收藏

图212
《贝拉和伊达在培拉卡瓦》（*Bella et Ida à Peïra-Cava*）
1931年
油画，画布
45厘米×60厘米
私人收藏

M. Chagall
1915

图213
《平躺的诗人》
1915年
油画，纸板
77.2厘米×71.5厘米
伦敦，泰特美术馆藏
（Tate Collection）藏

图214
《扎尔基窗外的景色，维捷布斯克附近》
1915年
油画，纸板
100厘米×80厘米
莫斯科，特列季亚科夫美术馆藏

图215
《维捷布斯克窗外的景色》
1908年
油画，贴在纸板上的画布
67厘米×58厘米
私人收藏

夫妇是真的在看着桦木林还是在做梦。我们认为应该是后者，因为在这里，正如1924年之前经常出现的那样，景色首先是幻想的模型，是一个想象的空间。实际上，以上这些画都是象征性的，而非描述性的，经常包含非现实元素，与现实主义视觉完全对立："有时是回忆中的地方，有时是时间性和同时性事件的形而上世界的投射，这些风景……探索了艺术家与给予他灵感启迪的现实元素之间的关系，并因为记忆的持续性、想象的自由、人物共鸣的和谐而变得特别。"[33]

同样，大部分的旧日风景都出现在窗户后。伴随着这一传统主题，画家成为观众，展现出一个没有他参与的世界。《维捷布斯克窗外的景色》（*Vue de la fenêtre à Vitebsk*，1908年，图215）和《看见庭院的窗》（*Fenêtre avec vue sur le jardin*，1917年，图216）中，物质元素和把视线"圈起来"的大量树木更加剧了分离感。在另一幅象征性作品《窗前的画家》（*Peintre devant la fenêtre*，1914年）中，画家手里拿着调色盘，站在一扇巨大的窗户后面，透过窗户，还能看到几栋影影绰绰的房屋和云层。

虽然在他第二次来到法国期间的作品中也有窗户，但是窗户较少出现在观察者的位置，而是为了让光线射入房子。这种明亮度带来了由外部到内部毫无

图216
《看见庭院的窗》
1917年
油画，贴在纸板上的画纸
46.5厘米×61厘米
圣彼得堡，I. 布罗德斯基公寓博物馆（appartement-musée I. Brodski）藏

图217
《看向布雷阿岛的窗》（*La Fenêtre sur l'Île de Bréhat*）
1924年
油画，画布
100.5厘米×73.5厘米
苏黎世，市立美术馆藏

冲突的自然过渡，构成一种引导观众直接投射到画面上的连续性。我们不可避免地会想到马蒂斯和勃纳尔，对于他们来说，窗户起到“交流者”的作用，实现了私密到公开的过渡。德劳内对他的影响，色彩构筑的虚拟城市空间，本是夏加尔来到巴黎期间的决定性因素，在这里却失去了其重要性。维纳·哈弗特曼指出:“夏加尔的画抛弃了彩色海报的特点，削弱了对比，有棱角的轮廓线变得柔和，打破了其在维捷布斯克风景中橱窗一样的近景效果，通过将其具体化而接近了自然的风景。”[34]这些景色通常不包含人类的存在，给人一种对大自然的直观视觉。这些画，呼吸着战前原野的宁静和淳朴[35]。大部分的田野风光呈现的是一种印象派或后印象派画风。然而，夏加尔会运用意外元素的僭入、比例的突变或是构成荒唐场景的并置来打破田园牧歌的特征，并因此逐步将幻想元素或是颠覆性元素引入自己的绘画创作中[36]。

善之花

通过表现花这一景色的浓缩，夏加尔实践了他在空间处理方面“松散结构”的风格。花是绘画的传统主题，奥古斯特·雷诺阿（Auguste Renoir）、克劳德·莫奈（Claude Monet）以及皮埃尔·勃纳尔都是法国喜爱表现花卉的大师。维纳·哈弗特曼写道：“有一次，我自己藏在国家现代艺术博物馆的隔板后，观察到夏加尔的研究方式，我看到他长久专注地研究勃纳尔的静物画，他经过维亚尔（Vuillard）的一幅肖像画，然后回到勃纳尔的画前。”[37]从夏加尔在俄罗斯时期的画中就已经可以看出勃纳尔对他的影响，这一影响以及夏加尔在空间处理上的割裂对他表现新主题的方式上起了重要作用。

除了普通的花束，在其他类似的拼贴画中，背景中的花和风景常融合在一起。在一幅题目充满意喻的名为《田园牧歌》（*Idylle*，图218）的画前，我们会犹豫：到底真正的主题是什么？是维捷布斯克的花还是风景？在《椅子上的花，穆里翁》[*Fleurs sur une chaise, Mourillon*，1926年，伦敦，里查德·内桑森（Richard Nathanson）收藏]这幅画中，巨大的椅子脚下摆放着一大束花，一个小小的女人手里拿着扇子，躺在椅子上，身前是海边的风景。在《桌下的裸女》（*Nu sous la table*，图219）中，一张巨大的桌子上摆着一大束花，桌子下面，夏加尔画了一个非常小的裸体女人。但是在《窗边的花或是鸡肉静物》（*Fleurs à la fenêtre* ou *Nature morte au poulet*，图220）中，他在一个约定俗成的主题中悄悄塞入了一个真正荒谬的构成元素。一只放在花束下的家禽和磕磕绊绊飞入屋子的天马之间形成对比，带来一种超现实主义的独特风格。绘于1934年的《新娘的椅子》（*La Chaise de la mariée*，图221）是一个特例。这一年，画家的女儿伊达结婚了。但是他并不高兴，对女

图218
《田园牧歌》
1925年
油画，画布
81厘米×65厘米
阿姆斯特丹，市立博物馆藏

图219
《桌下的裸女》
1927—1928年
油画，画布
85厘米×58厘米
私人收藏

图220
《窗边的花或是鸡肉静物》
1929年
油画，画布
100厘米×81厘米
哥德堡，哥德堡艺术博物馆（Göteborgs Konstmuseum）藏

图221
《新娘的椅子》
1934年
油画，画布
100厘米×95厘米
私人收藏

婚缺乏热情。这一次，花具有反效果。画面正中大量的白玫瑰加重了主角新娘的缺席感，使整间屋子处于一种病态的氛围中。《生日》（1915年）这幅画出现在画面中左边的墙上，构成一种自我引述，也加强了夏加尔回忆中的夫妻幸福与现实痛苦之间的距离。

然而，除了风景，花也是一个冒险的主题。如田园风景一样，这种类型的画会很容易显得老一套，尤其是与爱情场景相关时，如《恋人》（*Les Amoureux*，图222）。在一篇题为《夏加尔的正确地位》（*Chagall à sa juste place*）的文章中，乔治·拉亚尔（Georges Raillard）已经提到了这个问题，他写道："梦之花不一定是从花束上剪掉的。在1922—1925年创作的《百合花恋人》（*Amoureux aux lys*）中，恋人头上的花是后续同主题系列画作的开端，但生长在不同的土壤中。"[38]面对这些作品，专家们的意见产生了分歧。根据让·雷马利（Jean Leymarie）的看法，夏加尔的这些画首先是爱情的传统象征和色彩的化身。直到1926年春天夏加尔来到法国南部，以及 1952年和1954年

图222
《恋人》
1928年
油画，画布
117.3厘米×90.5厘米
私人收藏

图223
《紫色背景上的花束或覆盆子》
（*Bouquet sur fond pourpre ou Les Framboises*）
1925年
油画，画布
60厘米×46厘米
私人收藏

两次前往希腊接触地中海之后，他才真正抓住了花的精髓。花放在窗前，因而与风景建立了联系，与飞翔的人或是恋人并行放置，最终代表了风景本身[39]。对于其他艺术史学家来说，夏加尔作品的这部分内容标志着他在风格创作方面的放缓，甚至有些枯燥乏味。皮埃尔·施耐德尽管非常欣赏夏加尔，但也不得不承认：“当然存在某些时候，年迈的画家会少量挥霍自己天赋的零头。”[40]莫妮卡·波姆-杜辰发现：“夏加尔的新画充其量是对生活纯洁的感官乐趣的愉快映射，不太成功的画则趋向于强调矫揉造作的美丽，同时期的插画则起反射作用。”[41]在这些年里，除了沃拉尔的委托，夏加尔还与巴黎的意第绪语先锋杂志进行了合作，例如《斯托姆》（*Shtrom*，1920年）和《帮派》

图224
《丁香丛中的恋人》（*Amoureux dans les lilas*）
1930年
油画，木板
128厘米×87厘米
纽约，大都会艺术博物馆藏

图225
《斯托姆》杂志封面
1920年
墨水画，犊皮纸
11.7厘米×25.5厘米
巴黎，蓬皮杜中心国家现代艺术博物馆藏
1988年付与

图226
《帮派》杂志封面
1924年
红墨水和石墨画，画纸
26.7厘米×19.5厘米
巴黎，蓬皮杜中心国家现代艺术博物馆藏
1988年付与

（*Khalyastre*，1924年），他发表的插画是黑白的，充满了幻想，结合了字母和人物，带着一种切分节奏（图225、226）。此外，《自由的叶子》（*Les Feuilles libres*）杂志主编马塞尔·拉瓦尔（Marcel Raval）在1922年和1924年两次求助于他。那一年，菲利普·苏波（Philippe Soupault）写道："他的画带着一种紧张不安的情绪，像火焰蔓延在纸上，所向披靡，并随着思想的色彩自我调整。"[42]

多产的夏加尔不停地创作，因而不可避免会在某些时候有些粗制滥造。与花卉相关的作品主要被一些私人收藏家收藏[43]。我们总能从中认出他的标签，也就是他对于梦幻和诗意的强调以及绚丽的色彩。但是最初的粗野和自然纯真消失了，情绪经常变成意料之中的场景，肤浅、带着某种谄媚。这是否与他回到法国后绘画技巧改变带来的结果有关？"耀眼而扭动的色彩肌理慢慢代替了最初的绝对自由的线型笔触？"[44]但这一主题释放出一种吸引力，一种无可争辩的优雅。然而，追寻抽象美并不总能避免落入俗套。画家在建立了自己的方式后，总是执拗地使用它，以致险些陷入矫饰主义的窠臼。无论是完美、优雅或媚俗，无论是现代或古典，花卉主题本就总是处于娇弱和微妙的两可之间。

皮埃尔·施耐德进一步发展了这一假设，用来解释画家的选择。他认为，夏加尔融入新环境，是通过"法国绘画，来掩饰夏加尔表现的世界"[45]。换句话说，画家放弃或至少部分放弃了自己的风格，而通过在法国实践的艺术重新展现自我。这是一种让第二故乡接受他的手段。但是，必须要承认，说一位画家的作品水平参差不齐，无论指夏加尔还是别人，都并不是一种诽谤，尤其对一位生命持续了近一个世纪的画家。莫里斯·福莱肖莱在提起20世纪30年代的时候，认为"还是能够听到现代派的共鸣……，但是以一种被我们称之为折中主义的方式"[46]。我们不应将夏加尔的作品看成一个整体，而应该将其看作一个经历高潮和低谷的艺术创作旅程。

即使在最缺乏创造力的时段，他还是不时会有惊世之作问世，例如1933年的《乳品厂》（*Laiterie*，图227），我们甚至能在画中找到夏加尔的所有绘画手法。这个被设计成广告画的作品，隐藏着一股乡愁的芬芳，只不过在这里，这种在画家身上司空见惯的气息较为淡薄。在画面正中，"乳品厂"这个词写在红色背景中。右侧的背景是同样红色的埃菲尔铁塔，周围环绕着白色的光晕，光晕中写满了该乳品厂的各种产品名称（鲜奶油、鲜鸡蛋等）。右侧近景有一只母鸡，旁边是它刚产的蛋。很显然这是一种城乡主题的结合，但令人惊讶的是在画的左侧，能看到一个女性农民正在给奶牛挤奶，而整个场景就发生在另一头牛的头里。在1911年创作的《我和村庄》（图69）是夏加尔对第一次来到巴黎期间的引述，是一种对维捷布斯克及其农民的回归。这种时空交错表明，即使是一处“打着法国印记”的风景也可能隐藏着或深埋着夏加尔对俄罗斯的回忆。

在将这种绘画融入法国土地的同时，我们还看到，因为作品的名气以及远离蒙帕纳斯艺术圈的资产阶级的崛起，夏加尔得到了社会的认可。夏加尔一家的屡次搬迁是他融入法国社会的晴雨表。1929年，他们离开了布洛涅（Boulogne），在蒙莫朗西（Montmorency）别墅定居，这里是欧特伊（Auteuil）的门户。画家经常在德劳内家碰到文学界人士，并与他们来往频繁，包括著名的安德烈·布勒东、菲利普·苏波等，更是与雷纳·施沃布（René Schwob）和雅克·马利坦（Jacques Maritain）成为朋友。也正是由于认识了这些人，他作为插画家的事业才能够迅速发展。苏波的《自由的叶子》（1924年）、伊凡（Yvan）和克莱尔·戈尔（Claire Goll）的《爱情诗》（*Poèmes d'amour*，1925年）、皮埃尔·勒韦迪（Pierre Reverdy）的《白石》（*Pierres blanches*，1930年）等都有他画的插画。本雅明·哈沙夫用了“社会旅行”这个词，完美定义了画家这些年生活中的变动[47]。

在巴黎的这些年使夏加尔经济宽裕，也让他认识了很多同伴。他与小伯伦汉的画廊签订了一份合同，还成为许多评论文章的话题人物，也有了安德烈·萨尔蒙署名的第一部法语专著。他的那些以恋人和花束为主题的色彩缤纷的画，也显现出一种愉快的基调。他还接到了沃拉尔的新委托，即为《圣经》（1930年）画插画（图339、340、341）。他的大量版画无疑是他大受欢迎的原因之一。1937年，夏加尔终于获得了法国国籍，他的作品也得以在人民阵线同年组织的国际展览上展出。然而好景不长，四年后，德国人占领了法国，迫使他不得不离开法国前往美国。

图227
《乳品厂》
水粉和石墨画，犊皮纸
40厘米×64.1厘米
巴黎，蓬皮杜中心国家现代艺术博物馆藏
1988年付与

第五章

黑暗的年代（1937—1947年）

前跨页图

图228
《艺术家的家庭幻象》
(*L'Apparition de la famille de l'artiste*)
1935—1947年
插画246局部，第230页

图229
《维尔纳的犹太教堂》(*La Synagogue de Vilna*)
1935年
油画，贴在画布上的硬纸板
81.5厘米×65.5厘米
私人收藏

“夏加尔的时钟/单脚踯躅，但/走得笔直/尽管时光/美好的时光难以撼动。表盘/巨大/如疲惫的眼睛/佝偻的犹太人，有着如明月般的大眼睛/敏锐地注视着/这世界。”

亚伦·库尔兹（Aaron Kurtz），《马克·夏加尔》，1947年版。

面对历史

我们惊讶于夏加尔在20世纪30年代末离开法国的拖延。尽管当时欧洲政局动荡，早已出现危机的端倪，但是，面对离开法国的决定，他却退缩了。是因为缺乏政治嗅觉、过于乐观乃至天真，亦或是相信他所钟爱的法国不会出现同样的灾难？他们一家躲在戈尔德小镇的家中，远离席卷全国的事件，以为已经躲开了危险。面对蔓延整个欧洲的法西斯主义和纳粹主义的威胁，他们也没有过多的焦虑。其实，在1935年维尔纳（波兰时期被称作维尔纽斯）犹太文化中心开幕时，他们已经发现反犹太主义的信号，所以上述的无知无觉才尤为令人感到惊讶。夏加尔被当时周围的氛围所触动，画下了这座城市犹太教堂的内景（图229）。

与历史时代的距离感可能与他自1923年再次回到法国后选择的主要绘画主题有关。他一直从事着田园派般的绘画创作，“这一仙境”与“逐渐抬头的恐惧之间存在巨大的鸿沟。而且，夏加尔的梦在历史觉醒后继续。他……表现出与当时被糟糕的现实所折磨的时代同等的高度”[1]。我们不能说夏加尔的画在历史面前保持了缄默，因为不可能对1933年德国纳粹攫取权力这一事件无动于衷。1938年的作品《白色磔刑》（*Crucifixion blanche*，图240）成为纳粹对犹太人大屠杀期间犹太殉道者的象征。同样，1933年的作品《孤独》（*Solitude*，图230）则概括了第三帝国①时期犹太教友们的境况。一个老年犹太人手里拿着经匣，坐在一头小牛犊旁边祈祷。流浪的犹太人尚存精力到处游走，而这里的主角已经处于一种悲切的等待姿态，似乎已经完全屈从于命运。这幅画跟1940年亚伦·赛特林（Aaron Zeitlin）为纽约的音乐剧《艾斯特

①又称纳粹德国。译注。

图230
《孤独》
1933年
油画和色粉画，画布
102厘米×169厘米
特拉维夫（Tel Aviv），
特拉维夫艺术博物馆藏

图231
《天使之坠》
1923—1933—1947年
油画，画布
147.5厘米×188.5厘米
巴塞尔，市立美术馆
私人收藏家长期寄藏

克》（*Esterke*）用意第绪语写的歌《小牛犊》（*Le Veau*）非常相似。一头走向屠宰场的动物正在哀叹，屠夫对它说，如果它有翅膀，就可以飞走，从而逃脱被宰杀的命运。

在《天使之坠》（*La Chute de l'Ange*，图231）中，巨大的天使从空中落下，就像是落到地面的空气人。这幅画绘于1933年，是1923年的一幅水粉画的重现，后来，在1947年大屠杀的时代背景下形成了另一版本，几乎没做任何修改。我们不知道夏加尔是否知道保罗·克利（Paul Klee）著名的《新天使》（*Angelus Novus*，1920年），以及沃尔特·本杰明（Walter Benjamin）同样著名的分析。这位哲学家认为："这就是历史的天使所必备的一面。它应该面朝过去，在我们面前发生的一系列事件前，它唯一看到的是一场灾难，不停地堆积成废墟，然后将其扔到脚下……。但是突然，从天堂中吹来一阵风暴，如此强烈，吹入它的双翼，让双翼再也难以合拢。"[2]在夏加尔的画中，堕天使是血红色的，头朝下，脸上带着震惊和焦灼，占据了大部分画面。这位天使与克利的天使相比，具有同样的不安，一座钟陪伴着他的坠落，象征着时间的终结。天使代表了20世纪30年代席卷整个欧洲的战火。这里，颠倒的世界失去了所有的乐趣，处于末日的边缘。这幅画让人想到维克多·雨果（Victor Hugo）的一首诗：

> "四千年前，他堕入深渊……
> 他坠落了，带着无声的沮丧，
> 悲伤的嘴巴张开，双脚朝向天空，
> 深渊里的恐惧刻印上苍白的脸。
> 他大喊着：死亡！——紧握的拳头朝向空虚的阴影。
> 这个词随后成为人，被称作该隐。"[3]

观众们在《天使之坠》中看到的这座钟隐喻着过去的时光，钟也是夏加尔画中经常出现的形象。这是画家在维捷布斯克的家中的装饰性元素之一。自1914年出现在《钟》（*Horloge*，莫斯科，特列季亚科夫美术馆）这幅画之后，钟就开始经常出现在他的画中。钟很快成为一个完整的主题，有时候会连着一只鸟翅膀或是一条鱼，让人想起超现实主义。在《时间无垠》（*Le Temps n'a point de rive*，图233）中，一条飞鱼背着钟飞过天空。题名借自阿尔封斯·拉马丁（Alphonse Lamartine）的《沉思集》（*Méditations poétiques*）："岁月无垠，人无安处，我们是时间过客。"钟这一形象在战后这些年里尤其敏感，像是一段不可追溯的过去，是岁月的乡愁，是无可奈何逝去的起源。维捷布斯克被纳粹摧毁了，对于夏加尔来说，剩下的仅有童年的回忆。1949年的作品《蓝翅膀的摆钟》（*La Pendule à l'aile bleue*，图232）让人感受到灾难的范围之广。巨大的钟给人一种沉重感，它用仅剩的翅膀坚守在被积雪覆盖的犹太人聚集地上空。背景是漆黑的天幕，预示着即将来临的灾难。我们想到兰波（Rimbaud）的诗："有一座从不鸣响的钟……，有一群盛装的小演员，穿过丛林边的马路"。[4]钟从未敲响，而我们知道，演员们已经永远离开了。

图232
《蓝翅膀的摆钟》
1949年
油画，画布
92厘米×79厘米
私人收藏

Marc Chagall 1930 - 1939

图233
《时间无垠》
1930—1939年
油画，画布
100厘米×81.2厘米
私人收藏

图234
《时钟上的自画像或是摆钟上的自画像》（*Autoportrait à l'horloge ou Autoportrait à la pendule*）
1947年
油画和蛋彩画，画布
86厘米×70.5厘米
私人收藏

图235
《估价》的习作
1912年左右
水粉和水彩画，画纸
28.9厘米×20.3厘米
纽约，大都会艺术博物馆藏

1933年，纳粹在曼海姆（Mannheim）举办了“布尔什维克文化作品”展，夏加尔的作品经历了不堪的命运。画家成为了“完美的靶子，因为他身上汇集了三大被纳粹诅咒的特征：他是犹太人、是现代主要流派的画家以及苏联政体下的前文化委员”[5]。《估价》（有时被称作《黄色犹太教士》）成为被装进卡车运送到城市各个“罪行室”的展品之一（图236）。另外，夏加尔的五十九幅作品被从博物馆和德国私人收藏家手里取回，卖往国外。这是历史的逆行，因为在1914年，德国是第一个承认夏加尔天赋的国家。不过更糟糕的是，先锋派历史上最耻辱的一次展出——“堕落艺术”展——即将到来，希特勒于1937年7月18日在慕尼黑为其揭幕。展出的作品包括夏加尔的部分代表作，如《估价》（*La Prisée*，1923—1926年，图237）或是《做鬼脸的自画像》（*l'Autoportrait à la grimace*，1917年，图377）。在德国其他城市巡回展出时，还陆续加入了他的其他作品，如《马槽》（*L'Auge*，1923年，费城美术馆）和《蓝色房屋》（图107）。另有一些作品也被从各个博物馆里撤出，然后被卖掉或毁掉。命运对他似乎更加的不公了，是否还记得，1914年，夏加尔留在蜂巢画室里的作品曾经失窃；同一时期，他在柏林委托给赫尔瓦特·瓦尔登的作品也遗失了。

《估价》中有一个象征性的细节非常重要。在坐着的犹太教拉比身后，一颗六芒星挂在背景的墙壁上。按照传统，这一图案应包含两个希伯来字母，构成单词Hai（生命）。这个铭文在1912年的同主题水彩画中已经出现。在后来的版本中，这两个字母却被其他字母代替了，似乎形成了另一个单词Met（死亡）。热拉尔·哈达德（Gérard Haddad）认为，这一置换表明，不同于“认为在夏加尔的作品中可以看到画家从被称作犹太聚集地的东欧小镇的生活方式中汲取民间艺术这一看法，……如果我们考虑Met这个词……，那么，这些色彩缤纷、充满想象力的画，实际上却是一曲曲哀歌。在画家眼中，这个带着悲惨和乡愁魅力的世界，这个意第绪的世界，已濒于灭亡。不久后，可怕的大屠杀更是擦去了它存在的最后痕迹。”[6]

图236
《估价》（《黄色犹太教士》），于1938年柏林堕落艺术展上展出
摄影
柏林，柏林出版社档案馆（Sammlung Berliner Verlag Archiv）

图237
《估价》
1923—1926年
油画，画布
116.7厘米×89.2厘米
巴塞尔，市立美术馆藏

Chagall

犹太基督

夏加尔深受意大利艺术的吸引，他在20世纪30年代曾多次前往亚平宁半岛。提香（Titien）和委罗内塞（Véronèse）这些威尼斯大师的色彩，都让他着迷。1937年第三帝国成立后以及“堕落艺术”展之后，他的作品透露出日渐沉重的政治和艺术背景，他的主要作品越来越频繁地触及宗教主题，尤其是基督受难这一主题。之前他曾画过一次这一主题，即《各各他或基督受难地》（1912年，图89），并于1914年以《各各他，献给基督》（*Golgotha. Dédié au Christ*）的题名出现在柏林。夏加尔在这幅作品中创造了一种自相矛盾的风格，可以被称之为宗教立体主义。他需要离开维切布斯克，并与故乡保持相当的距离之后，才被允许探讨这一主题，因为这在犹太文化中是完全被禁止的。1914—1922年，他回到了俄罗斯，这类画就不再出现在他的作品中。《各各他或基督受难地》对于基督的处理方式与基督教传统相去甚远，基督的身体看起来似乎在挣扎，嘴里发出一声喊叫，这些对于画家来说是“一种在心理层面摆脱圣像表现方式和俄罗斯艺术方式的方法”[7]。一方面，他对于东正教传统来说是外行；另一方面，他又对圣像艺术表现出欣赏之情：“在这种艺术中存在一种魔力或是非现实的东西，其中的色彩就像是迸发的光线，穿透黑暗”[8]。

夏加尔还画过其他的基督受难像。其中有一个1940年的版本（图239），是他在前往美国不久前完成的，这次，他在受难的基督身旁放了一只公鸡。在犹太宗教中，公鸡这种动物在自己身上集中了所有社群的错误，并在赎罪日（Le Grand Pardon）的卡帕罗特（kapparot，又称赎罪祭礼）仪式上被献祭。这幅画阴沉的氛围让人回想起乔治·鲁奥（Georges Rouault）的某些作品，他也是20世纪少数几个对宗教主题感兴趣的画家之一。还有一幅是夏加尔在1942年创作的《黄色磔刑》（*Crucifixion en jaune*，图241），在这幅画中，巨大的经匣在基督身旁展开。1945年的《墨西哥磔刑》（*Crucifixion mexicaine*）也极具表现力，而最著名的《白色磔刑》（*Crucifixion blanche*，图240）绘于1938年。在最后这幅作品中，基督的头上围着头巾，腰部系着祷告巾。闪着光晕的七扦大烛台被放在十字架脚下，正好在基督的脚下延伸，“INRI”[②]被用阿拉米文进行了注释。金娃·阿米沙-梅瑟认为，如此

图238
《复活》（*Résurrection*）
1937—1948年
油画，画布
168.3厘米×107.7厘米
尼斯，马克·夏加尔博物馆，蓬皮杜中心国家现代艺术博物馆寄存，1988年付与

图239
《磔刑》（*Crucifixion*）
1940年
油画，画布
34厘米×29.4厘米
费城，费城美术馆藏

②INRI，Iesus Nazarenus Rex Iudaeorum，意为拿撒勒人耶稣，耶稣受难后钉在十字架上的拉丁文铭文。译注。

图240
《白色磔刑》
1938年
油画，画布
155厘米×139.7厘米
芝加哥，艺术协会藏

图241
《黄色磔刑》
1942年
油画，画布
140厘米×101厘米
巴黎，蓬皮杜中心国家现代艺术博物馆藏，1988年付与

图242页
《受磔刑的画家》(*Le Peintre crucifié*)
1941—1942年
水粉、水彩和彩色粉笔画，画纸
38.1厘米×56.5厘米
私人收藏

多的细节都在强调基督的犹太性[9]。十字架浮在白色的光柱中，与周围簇拥的人类分属不同的空间。整个灾难的场景按照离心运动规则构图，给人一种分散的感受。右侧，一座着火的犹太教堂被一名纳粹占领，他袖章上的纳粹符号可以说明他的身份。左侧，难民们正准备逃上一艘装满人的小船。在近景处，一个面露惊恐的男人将一卷经匣紧紧按在胸前。天空中，其他人（可能是祖先以及拉结?）在这一末日场景前恸哭。《白色磔刑》无疑是夏加尔这一阶段创作中最杰出的作品。在完全的自由中，画家将犹太文本和基督教文本编织在一起，创造了一个犹太基督的形象。这一全人类的苦难图与德国当时的社会变化紧密相关，因为正是在1938年，有了第一批集中营，而且慕尼黑和纽伦堡（Nuremberg）的犹太教堂通通被摧毁了。同年还发生了惨绝人寰的水晶之夜事件（11月9日），全国各地发生了对犹太人的集体袭击。夏加尔在《白色磔刑》中放入了一句铭文，明确提到了这件事。位于画面左下角的男人，向观众伸出双手，表现出一种无力和惶恐，他的上衣围着一块浅色的织物，这实际上是一块祷告巾，四角打结，画家曾在上面写着“我是犹太人”[10]，不过后来被擦去了。

在表现基督时，除了保留了那些大家非常熟悉的圣像画元素外，都与基督教传统相去甚远。“夏加尔画的并非上帝之子，而是犹太人的国王。他笔下的基督不是所有人的救世主，而是所有人苦难的象征。与当代大部分的画不同，夏加尔的画并非表达一种神圣的希望，而是恰恰相反，是一种世俗的绝望，一种令人心碎的历史悲剧”[11]。对于夏加尔来说，磔刑是一种民间象征，其涵义早已超越宗教范畴。对于20世纪的其他艺术家来说，十字架上的基督也早已成为“殉道者的统称”。

另外，正统教派的表现方式和夏加尔的画之间存在一个明显不同，在前者中，基督的苦难通常只会由围绕在十字架脚下的圣母、抹大拉的马利亚（Marie-Madeleine）和圣约翰（saint Jean）分担，而在这里，画面上的所有人都在为其分担。弗朗茨·梅耶认为这里缺少基督教的救世观。“困难依然是人类的命运，基督的死亡并没有使之消除……，基督通过苦难维持

图243
《在画前》(*Devant le tableau*)
1968—1971年
油画，蛋彩和锯末画，画布
116厘米89厘米
圣保罗·德旺斯，梅格基金会美术馆藏

的，并非其神性，而是其纯粹人性的部分”[12]。之后在夏加尔流亡美国及随后的这段时间里，他系统地重拾了这一主题。

我们非常惊讶地发现，尽管欧洲的政局日益恶化，夏加尔和妻子却一再推迟离开法国的时间。而直到1940年7月贝当（Pétain）政府开始否认1927年以来入法国国籍的外国人的合法性，以及1940年10月3日反犹太法的出台，两人才意识到可能遭遇的危机。在这里就不必详述他们逃亡美国的细节了，当时，多亏一位美国年轻人瓦里安·弗莱（Varian Fry），他们才得以横渡大西洋来到美国。除此之外，这位年轻人还拯救了数千位法国犹太人。他们的行程途经马赛和里斯本，这也是最后一次逃亡的机会。这里还需要提起，有件事极大帮助了夏加尔最终获得美国绿卡，他在纽约现代艺术博物馆馆长阿尔弗雷德·巴尔（Alfred Barr）编制的受纳粹威胁的艺术家名录当中。这件事是他名望的证明，也是历史的讽刺。

Marc Chagall 938-39

图244
《埃菲尔铁塔下的夫妇》（*Les Mariés de la tour Eiffel*）
1936—1939年
油画，画布
148厘米×145厘米
巴黎，蓬皮杜中心国家现代艺术博物馆藏，1988年付与

图245
《在犬和狼之间》（*Entre chien et loup*）
1938—1943年
油画，画布
100厘米×73厘米
私人收藏

美国

1941年6月23日，德国军队入侵苏联前夕，夏加尔终于到达美国，但他万万没料到会在那里度过七年之久。下船之后，他受到了皮埃尔·马蒂斯（Pierre Matisse）的欢迎，这位亨利·马蒂斯（Henri Matisse）的儿子之前就是夏加尔在美国的代理商，他的画廊也是这个城市最大的画廊之一。他负责安顿画家，并于同年举办了第一场夏加尔个人画展。随后，他每年都会举办一次这类展出，为画家在美国的成功做出了持续的巨大贡献。夏加尔又一次丢失的大部分绘画作品是被西班牙海关滞留。后来，他的女儿费尽全力才最终使得这些作品跨过了大西洋。

与在法国的经历不同，画家并没有真正融入美国。在焦急地等待着来自欧洲的消息时，他拒绝再次学习一种新语言，他"在熟悉流放之地的过程中产生诸多不解"[13]。梅来特·梅耶（Meret Meyer）认为，这种不适应尤其体现在他在新环境下的创作急剧减少。只有一个奇怪的夜景成为例外，那就是《克兰伯里湖滨路》（*La Route de Cranberry Lake*，图247），夏加尔和贝拉在纽约北部的一角住了数月之久。然而，在这幅画中，路旁低矮成行的房屋还是让人想起

图246
《艺术家的家庭幻象》
1935—1947年
油画，画布
123.3厘米×112厘米
里尔（Lille），里尔美术馆，蓬皮杜中心国家现代艺术博物馆寄存

图247
《克兰伯里湖滨路》
1944—1952年
油画，画布
46厘米×41厘米
尼斯，国立马克·夏加尔博物馆藏

图248
《公鸡上的恋人》(*Coq aux amoureux*)
1947—1950年
油画，画布
70.7厘米×87厘米
私人收藏

图249
《绿色眼睛》
1944年
油画，画布
58厘米×51厘米
私人收藏

维捷布斯克。1944年创作的《风景》(*Paysage*，私人收藏)也是在同一地点完成的，这幅画中的乡愁更加明显。画家将画架放置在可以俯览整座城市的小山丘上。他注视着天空，空中飞舞着两个呈杂技体态的天使。画面下方，有一个灰色的屋顶，一头母牛躺在树旁。在这里，时间和空间都失去了逻辑。这是存在于想象中的别处，是可以隐居的地方。无疑，这是一种“拉近战争年代与故乡在地理上的距离，与内在景色交融、净化心理痛楚”[14]的方法。

但是大自然本身却逃脱不了历史的车轮。因此，1944年另一幅作品《绿色眼睛》(*L'Œil vert*，图249)的氛围就不再那么平静。我们可以在其中看到正在给蓝色母牛挤奶的女农民，没错，一头蓝色的母牛。我们可以接受挤奶发生在深夜，但还有一个与现实相反的“细节”——背景木头房屋的正面是一只巨大的眼睛，黑色的瞳仁紧盯着观众。夏加尔画中的动物都有异常大的眼睛，但是这种赋予物品阴沉目光的“泛灵论”方法使画面意向并不太明确。在田园场景中，却散发出一种古怪的焦虑感，这很可能映射了画家在流亡时期的精神状态。

其实，夏加尔在纽约的时候并非与世隔绝。他不仅在下东区找到了犹太人集中的环境，而且还经常拜访其他的法国流亡艺术家，如斐尔南·莱歇，尚·赫里昂(Jean Hélion)、奥西普·扎德金以及他的诗人朋友克莱尔和伊凡·戈尔。此外，他还结识了一个重要人物，即著名的艺术史学家梅耶·夏皮罗，其署名的一

Chagall
1944 Mars

篇重要文章中介绍了夏加尔1956年的《圣经》插画。然而，尽管他在这个被他称作巴比伦的城市待了许多年，却没有任何有关这座城市的作品问世，除了1942年的一幅水粉画《茶饮》（*Samovar*）。

观众可以在这一时期的夏加尔作品中感受到战争的紧张氛围，会让人猜测周围的环境状况，也就是犹太聚集地的状况。1943年的作品《战争》（*La Guerre*，图253）描绘的是一个沉痛的场景：一个男人背着包袱在逃亡，地上躺着另一个人，双臂绑在十字架上；一架雪橇正试图逃离火场，上面坐着一个抱小孩的女人；近景处，一匹马前蹄直立，一只献祭的公鸡呈侧面站立状，在流淌着血液的地面上走来走去。这离兰波在《地狱一季》（*Une saison en enfer*）中描述的“天空为轮的马车”这一诗意幻象并不遥远。[15]主街道如快进般的景色，朝向相反方向的对角线带来压力，与背景中预示着风雨欲来的云层，构成一幅世界末日的景象，与过去维捷布斯克田园诗般的景色形成鲜明对比。一些作品的题名反射出夏加尔在这些年的悲观主义，如《雪中火焰》（*Feu dans la neige*，1942年）或《着火的村庄》（*Le Village en feu*，1940—1943年）。还有一些画则通过磔刑表现这一灾难，对于夏加尔及现代众多的艺术家来说，这是全人类苦难的象征。1943年的《萦绕》（*Obsession*，图251）这一题名也并不单纯，其中那不同寻常的场景尤其震撼人心。十字架被打翻在地，加重了基督身体的脆弱感。而基督的部分身体隐藏在着火的房子中，他一手触碰着七扦大烛台（宗教仪式上所用的枝状大烛台），烛光摇曳，烛台被一位犹太人拿在手中。基督炫目的绿色与焚烧房屋的红色火焰形成强烈对比。天空中飘浮着一个女人，将孩子紧紧抱在怀里，套着

图250
乔治·普拉特·莱茵斯（George Platt Lynes）
1942年纽约皮埃尔·马蒂斯画廊的流亡艺术家作品展的参展作者
第一排从左到右：罗伯托·玛塔·埃乔伦（Roberto Matta Echaurren），奥西普·扎德金，伊夫·唐吉（Yves Tanguy），马克斯·恩斯特，马克·夏加尔，斐尔南·莱歇；第二排：安德烈·布勒东；皮特·蒙德里安（Piet Mondrian），安德烈·马松（André Masson），阿梅德·奥占芳（Amédée Ozenfant），雅克·利普希茨（Jacques Lipchitz），帕维尔·切利乔夫（Pavel Tchelitchev），库尔特·塞利格曼（Kurt Seligmann），尤金·伯曼（Eugene Berman）
摄影
纽约，现代美术馆藏

图251
《萦绕》
1943年
油画，画布
76厘米×107.5厘米
南特（Nantes，法国），南特艺术博物馆，蓬皮杜中心国家现代艺术博物馆寄存，1988年付与

图252
《战争》草图（*Esquisse pour La Guerre*）
1964年
水粉、铅笔、墨汁和油画，画纸
38.4厘米×57.8厘米
私人收藏

图253
《战争》
1943年
油画，画布
106厘米×176厘米
塞雷（Cére，法国），塞雷现代艺术博物馆，
蓬皮杜中心国家现代艺术博物馆寄存，画家
于1953年捐赠

marc Chagall 1943

图254
《燃烧的房子或飞翔的马车》
1913年
油画，画布
106.7厘米×120.1厘米
纽约，所罗门·R. 古根海姆博物馆藏

图255
《雪橇上的圣母》（*La Madone au traîneau*）
1947年
油画，画布
97厘米×79.5厘米
阿姆斯特丹，市立博物馆藏

马的四轮马车正在逃离，小山上矗立一座教堂，上方盘踞着一团乌云。所有这些元素都使用了分裂式构图，但完美表现出夏加尔希望呈现的灾难场景。以上场景让人想到纳粹军队占领期间，俄罗斯犹太民众遭受的苦难。在1913年的作品《燃烧的房子或飞翔的马车》（*La maison brûle ou La Calèche volante*，图254）中，我们就能看到一辆马车正在拼命逃离火焰的焚烧，这已经是一幅触及犹太历史中大屠杀事件的画作。夏加尔终其一生都在反复回归这一主题。针对这段令人忧虑的黑暗时期，纽约现代艺术博物馆馆长詹姆斯·约翰逊·斯维尼说道："在充满力量和抵抗的外表下，作品透露出一种不可否认的不安和倦怠……。形状不再表现出之前作品中的那种快乐和安心，色彩也失去了明亮感。"[16]

正是在美国，那句著名的"巴黎，你是我的第二个维捷布斯克"才真正有了力量。重返法国的希望对于夏加尔来说非常重要。"在美国，巴黎是他用尽全力也要返回的灯塔……在他的整个流亡时期，从未忘却"[17]。对于法国的回忆代替了对于俄罗斯的思念。对于画家来说，"思念故乡和归国乡愁是他艺术的敏感中心"[18]，甚至可以说是他创作的原动力之一。不论是偶然、天赋还是名望的效应，在流亡美国的漫长历程中，正如在其他艰难时刻一样，夏加尔的命运因为一次偶然的会面改变了方向，并因此诞生了至少两件重要作品：芭蕾舞剧《阿列科》（*Aleko*，1942年）以及《火鸟》（*L'Oiseau de feu*，1945年）的剧景和服装设计。对于夏加尔来说，这些经历是一次跨越绘画领域的艺术实践机遇，也是重新回到他一直为之迷醉的戏剧界的机会。

芭蕾舞团

1942年，莱奥尼德·马赛因（Léonide Massine）委托夏加尔为《阿列科》设计布景和服装。画家对音乐很感兴趣，非常高兴能够在柴可夫斯基（Tchaïkovski）的钢琴三重奏芭蕾舞剧中做点什么。舞剧的灵感来自普希金（Pouchkine）的《茨冈人》（*Tziganes*），这部浪漫而伤感的故事可以概述为一段不被允许的爱情悲剧：一位年轻的王子阿列科，深爱着茨冈女孩齐姆菲拉，但是最终却杀死了她，从此感到自己的心灵被判处永恒的流放。故事对于夏加尔来说非常感人，让他回想起俄罗斯。然而，工会的一项规定禁止他在纽约接受这个合约，于是创作工作被转移到墨西哥。夏加尔与编舞莱奥尼德·马赛因密切合作，开始负责这部舞台布景的创作。

还记得他在为莫斯科犹太艺术剧院工作的经历

图256
《月光下的阿列科和齐姆菲拉》（*Aleko et Zemfira au clair de lune*），柴可夫斯基芭蕾舞剧《阿列科》剧景（场景1）
1942年
水粉和铅笔画，画纸
38.4厘米×57.2厘米
纽约，现代艺术博物馆藏

图257
《夏季午后的麦田》（*Champ de blé par un après-midi d'été*），柴可夫斯基芭蕾舞剧《阿列科》剧景（场景2）
1942年
水粉、水彩渲染和铅笔画，画纸
38.7厘米×57.2厘米
纽约，现代艺术博物馆藏

吧，与那次一样，夏加尔给编舞者提出建议，用绘画的动态线条呼应舞者的动作。他按照自己的习惯，完全投入到演出设计的方方面面，贝拉则负责监管服装的制作。服装制作的工作委托给了墨西哥的艺术家们。弗朗茨·梅耶写道："从一开始，编舞和画家就像是一体的，马赛因从夏加尔对于舞剧最细微的看法中获得灵感。"[19]与1920年在莫斯科时跟格拉诺夫斯基的合作相比，这次合作明显要更愉快。比平常更"狂野"和密集的色彩是这次项目的根本所在，因为夏加尔被墨西哥城的华丽色彩所吸引。画家完成了舞台的四个布景，"宏伟巨作，给芭蕾舞剧和故事的每一幕赋予了诗意的色彩和决定性的色调[20]"。布鲁诺·戈迪雄（Bruno Gaudichon）发现当地艺术不仅影响了剧景的色彩，《阿列科》的服装设计是将西班牙占领前的艺术与俄罗斯艺术相糅合，并因此诞生了在举着枝状大烛台的人的裤子上微笑着的死亡头像，这也是墨西哥民间经常出现的图案[21]。夏加尔在墨西哥的经历是完全新奇的。"这一造型艺术和新象征主义规范之间的冲突让夏加尔更加贴近高更，他将高更认作是流亡艺术家的绝对代表，并认为高更会从各种流派和进修中获得艺术灵感[22]"。

《阿列科》于1942年9月在墨西哥国家美术宫（Palacio de Bellas Artes de Mexico）首演，一个月后进入纽约大都会歌剧院，并取得了巨大成功，评论界对于剧景的重要性进行了点评，称"夏加尔将芭蕾舞剧变成了巨大的油画……，这超越了他迄今为止的所有油画作品，是非常惊人的经历……人们绝不会想到能在一个剧院里感受到这一切[23]"。还记得画家为犹太艺术剧院设计剧景时遭受的各种指责，有人质疑他跨界创作的方式，并指控他意图掌控整个舞台剧作品。在《阿列科》中，同样方式的创作却给他带来了无尽的赞誉。这项工作证明夏加尔对于大尺幅画游刃有余，他可以

图258
《圣彼得堡狂想或印象圣彼得堡》（*Une fantaisie de Saint-Pétersbourg ou Vision de Saint-Pétersbourg*），柴可夫斯基作曲芭蕾舞剧《阿列科》剧景（场景4）
1942年
水粉、水彩渲染和铅笔画，画纸
38.1厘米×56.8厘米
纽约，现代艺术博物馆藏

图259
《狐狸》(*Un renard*)
柴可夫斯基芭蕾舞剧《阿列科》
服装设计图(场景4)
1942年
水彩、水粉渲染和铅笔画,画纸
44.5厘米×28.6厘米
纽约,现代艺术博物馆藏

图260
《蝙蝠》(*Chauve-souris*)
柴可夫斯基芭蕾舞剧《阿列科》
服装设计图(场景4)
1942年
水彩、水粉渲染和铅笔画,画纸
40.6厘米×30.2厘米
纽约,现代艺术博物馆藏

图261
《齐姆菲拉》(*Zemfira*),
柴可夫斯基芭蕾舞剧《阿列科》
服装设计图
1942年
水彩、水粉渲染和铅笔画,画纸
45.7厘米×33厘米
纽约,现代艺术博物馆藏

同时掌控戏剧、音乐空间和舞台空间。几年后，他为《火鸟》的创作再次证明了这一点。

这次项目在1944年9月贝拉突然离世之后一年完成。那段时期对于画家来说是非常痛苦的，要知道，贝拉是画家身边重要的保护者，代表着生活的稳定，平衡了动荡的命运。夏加尔在其肖像画中给予她的位置可以证明，如《白脖子的贝拉》(图121)。作为妻子和母亲形象，她在画中的比例非常巨大，保护着在画的底部勉强可见的两个微型"孩子"，即丈夫和女儿。此外，贝拉接受过高等教育，会说多国语言，对于戏剧和艺术颇具见解。因此，她总能成为丈夫绘画作品的首个评论家。毫不惊讶，在她去世后的几个月期间，夏加尔沉浸在深深的悲痛与绝望中，开始深居简出，完全不能作画。这里要着重提起他的女儿伊达，因为她，夏加尔在1945年春天才得以重新恢复创作。画家将1933年的大尺幅画《丑角》(*Arlequin*)一分为二，左侧成为了《在她的身旁》(*Autour d'elle*，图264)。沐浴在月色中的维捷布斯

图262
《公鸡》(*Coq*)，
柴可夫斯基作曲的芭蕾舞剧《阿列科》服装(场景4)
1942年
彩绘尼龙面料
私人收藏

图263
班杜拉琴演奏者，柴可夫斯基作曲的芭蕾舞剧《阿列科》服装(场景3)
1942年
精心彩绘的华达呢棉罩衣，华达呢棉彩绘长裤
私人收藏

CHAGALL
Marc 1945

图264
《在她的身旁》
1945年
油画，画布
131厘米×109.5厘米
巴黎，蓬皮杜中心国家现代艺术博物馆藏，
画家于1953年捐赠

图265
《长翅膀的人》(*Un personnage ailé*)，伊戈尔·斯特拉文斯基的芭蕾舞剧《火鸟》的服装设计图
1945年
水粉、黑色铅笔画，画纸
43厘米×34厘米
私人收藏

图266
《绿色怪物》(*Le Monstre vert*)伊戈尔·斯特拉文斯基的芭蕾舞剧《火鸟》的服装设计图
水粉、水彩和墨水画，画纸
43.2厘米×35.6厘米
私人收藏

图267
《带紫色面具的怪物》(*Le Monstre masqué violet*)伊戈尔·斯特拉文斯基的芭蕾舞剧《火鸟》的服装设计图
水粉、墨水和铅笔画，画纸
43厘米×35.7厘米
私人收藏

克上空，贝拉成为保护女神缪斯的象征性形象，她穿着婚纱飘浮在云层上。夏加尔还开始为妻子写的回忆录画插画，当时贝拉刚刚完成手稿。《点亮的灯火》(*Lumières allumées*)和《第一次相遇》(*Première Rencontre*)这两卷分别于1945年和1947年在纽约出版了意第绪语版本，不久后被翻译成法语。无疑，夏加尔就是回忆起这段时光才写下了下面这句话："不知为何，我会不时整理画架，会即兴画一些芭蕾剧景和服饰的草图。我自己的人生又何尝不是一出无声的芭蕾剧呢？我灵魂的双目是否会在布景和编舞前热泪盈眶？我是否会赤裸着在画布背面画上几个舞蹈动作，就像看不见也听不到的舞者在超凡脱俗的淡紫色中翩翩起舞？"[24]

为《火鸟》的布景和服饰做设计非常吸引夏加尔，这出芭蕾舞剧对于他来说是非常丰富的灵感源

图268
鲍里斯·利普尼茨基（Boris Lipnitzki）
马克·夏加尔为伊戈尔·斯特拉文斯基的芭蕾舞剧《火鸟》的布景设计图进行修改
1944—1945年
摄影
私人收藏

图269
伊戈尔·斯特拉文斯基的芭蕾舞剧《火鸟》场景布景设计
1945年
水粉、墨汁、粉彩和彩色铅笔画，贴在纸板上的烫金画纸
37.7厘米×62厘米
私人收藏

泉。米哈伊尔·福金（Michel Fokine）认为，这个故事来源于《伊凡王子》（*Ivan Tsarévitch*）和《智慧鸟和狼》（*L'Oiseau de lumière et le Loup-gris*）这两个俄罗斯民间传说故事。如果说《阿列科》中吸引夏加尔的是异域风情和吉卜赛的“野性”，那么《火鸟》中吸引他的则是充满幻想的故事。这一次，画家再次在制作中扮演了重要角色，他设计了巨大的帷幕，三个芭蕾剧布景以及八十种服饰。媒体认为，夏加尔的剧景对于演出效果起到决定性作用。按照弗朗茨·梅耶的说法，自佳吉列夫以来，形象和舞蹈从未如此浑

然一体，舞台空间的每个元素都是“色彩世界的一部分”[25]。夏加尔解释说，并没有试图给芭蕾舞剧情画插画，与其表现一切，他更想“让色彩取得唯一的话语权。在我们生活的真实世界与以色彩的方式进入的世界之间，完全没有相同之处”[26]。

布鲁诺·戈迪雄指出，画家再次用印第安式的想象来创造一个神话世界。《长着黑色条纹的绿怪物》（*Monstre vert a rayures noires*）就是直接从卡奇纳——生活在亚利桑那和新墨西哥州偏远地带的印第安人制造的杨木人偶——里汲取的灵感。[27]作者还提到，西班牙占领前动物形状的容器与夏加尔对于混合形态的兴趣之间存在联系，《火鸟》的主要人物就是个半人半鸟的混合体女人。在画家设计的舞台帷幕上，展开翅膀的迷人火鸟也融合了半人半鱼的塞壬这一形象（图269）。

1966年，夏加尔对美国的探索随着两个巨幅壁画的面世达到顶峰，《音乐的源泉》（*Les Sources de la musique*）和《音乐的胜利》（*Le Triomphe de la musique*，图270）是他为纽约大都会歌剧院的北墙和南墙设计的壁画。每幅画有11米高、9米宽，在色彩上呈现出层层叠叠的旋涡状。通过巨大的窗户从外面看，这些画被五个拱形分开，似乎就像是彩绘玻璃窗。在城市中心的林肯广场上的这两幅作品是为音乐而建的纪念碑。

图270
《音乐的胜利》设计图
1966年
蛋彩、水粉和拼贴画，画纸
109厘米×91.5厘米
私人收藏

音乐

音乐和意第绪语之间联系紧密。对于夏加尔来说，意第绪是他真正的精神土壤：“那些成语和俗语，本来就是众所周知的，像我一样，数千民众每天都在用它们来表达想法。车夫使用的时候，就不是在进行文学创作。”[28]俄罗斯的所有犹太人都使用意第绪语，任何社会阶层均是如此。这也是小提琴手的语言，他作为四处流浪的犹太人的象征，只不过将流浪者的包袱换成了小提琴。在屋顶演奏的小提琴手，头在云中，是夏加尔的画中经常出现的人物，也是他的标志。我们还可以说，音乐是夏加尔享誉世界的间接助力。约瑟夫·斯坦因（Joseph Stein）和杰瑞·鲍克（Jerry Bock）的音乐剧《屋顶上的小提琴手》（*Fiddler on the Roof*）是根据萨罗姆-阿列赫姆的一篇文章创作的。1964年在百老汇首次上演，随后多次进行全球巡回演出，其宣传海报就经常选用夏加尔的画。

对夏加尔和散居世界各地的犹太人来说，音乐跟意第绪语一样，就像一种统一的语言。不过这一现象仅出现在近期，因为在过去，犹太教堂中音乐的地位长期以来相当受限。直到18世纪，哈西德流派才开始使用音乐、舞蹈和摇晃来作为与神交感的工具。祈祷要求信徒们身体上的参与，身体的摇晃产生一种恍惚的状态，有助于靠近上帝。哈西德主义将音乐天赋看作是上帝赐予的，可以解放其化身的灵魂，根据多夫·贝尔·麦兹里奇（Dov Baer de Mezeritch）的说法，当一个人认为自己是上帝演奏的乐器时，永恒的主的灵就会降在他身上。这是一个戒律，即人的生活和行为规范，帮助信徒达成自我和解，是一种不放弃的方法。悲伤是一种自我流放，音乐是冥想的方式，可以超越语言和日常快乐的力量。19世纪初叶，哈西德思潮发展出一种新的宗教歌曲曲目，由备受追捧的唱诗

图271
《小提琴手》（*Le Violoniste*）
1912—1913年
油画，画布
188厘米×158厘米
阿姆斯特丹，市立博物馆藏

图272
《小提琴手》
1911—1914年
油画，画布
94.5厘米×69.5厘米
杜塞尔多夫，北莱因-威斯特法伦州立艺术收藏馆藏

图273
《音乐家们》(*Les Musiciens*)
1911年
水粉画，灰色画纸
18.5厘米×18.7厘米
莫斯科，特列季亚科夫美术馆藏

班（哈赞尼姆）带到欧洲，并很快风靡整个大陆[29]。所以，在某种意义上，多亏了哈西德主义，克莱兹梅尔（*klezmer*）音乐才得到了更有力的支持。在音乐和舞蹈中，"所有的肉体都服务于激动的灵魂，并在每一次高举圣体和躬身时创造可见的灵魂姊妹[30]"。

夏加尔被画中由日常生活的快乐而产生的魅力所吸引。小时候在犹太学校学习时，他就开始学习唱歌和拉小提琴，并加入了犹太教堂的唱诗班。"我们全家都属于哈西德社群。音乐和宗教在我的童年扮演了重要角色，并在我的作品中留下了深刻的印记，就像属于这个世界的所有元素一样[31]"。在《我的生涯》中，夏加尔还讲述了盛大的犹太节日："整个教堂和我自己都能清楚地听到我高亢的女高音。我看到信徒脸上的微笑和专注的神情，我梦想着我会成为歌手，成为唱诗班成员，进入音乐学院。"[32]

音乐也是萨罗姆-阿列赫姆作品的特点。《论小提琴》（*Oifn Fidl*），是1895—1916年所有文章的合集，主要讲述了一个有十八个孩子的家庭的生活，这个家里的所有孩子都会演奏一种乐器，并组成了一个乐队。作家1888年在《斯坦彭尤，一部犹太小说》（*Stempenyu, un roman juif*）中声明，每个心灵，尤其是一个犹太心灵，都是一把小提琴，会弹奏出各种乐曲，但大部分是悲伤和阴暗的。不过只要成为真正的音乐家，就可以成为"小提琴的主人"[33]。在日常和普世之间，在世俗和神圣之间，夏加尔一直寻求"在纯粹自然的音乐中，在一个纯粹音乐的空间中，在与神圣语言的和谐一致中，将一个孤独狭窄的音域与维捷布斯克的小提琴连接在一起。"[34]这把"小提琴"属于夏加尔的童年记忆，他的一位重要家庭成员纳希叔父（Neuch）是屠宰场的屠夫，他从事着一个看似完全远离精神世界的工作，但他最爱做的事情却恰恰是拉小提琴。夏加尔曾写道，他的演奏就像鞋匠在穿线，但是这种音乐却让祖父如痴如醉。另外，我们在画家的身体里也找到了这把小提琴。在1954年的作品《手持小提琴的自画像》（*Autoportrait au violon*，图276）中，一把水平放置的小提琴代替了他的嘴巴。

犹太聚集地里的生活充满了各种宗教节日、家庭聚会以及世俗活动。在这些庆典中，最重要的就是婚礼，音乐在其中又有着重要地位。有句意第绪俗语称，克莱兹莫林的水准直接关系到婚礼的水平。这群在德系犹太人社群演奏的人，因为其出身，他们演奏的克莱兹梅尔歌曲通常使用意第绪语。与意第绪语一样，克莱兹梅尔音乐也受到东欧多个国家的音乐影响。歌曲的主题多涉及社群生活，既包含宗教方面（安息日、犹太教拉比），也有古老的童谣（摇篮曲）。

图274
《小提琴手》
1926—1927年
水粉、墨汁和木炭画，画纸
49.5厘米×65厘米
私人收藏

与古典音乐的严格的乐理与和弦规范不同，这种音乐的特点是随着演唱者的即兴发挥，乐曲旋律多变，演唱者拥有很大的自由。演唱时的自由也与这群犹太音乐家的流动性有关。这些大多居无定所的音乐家，加入了欧洲犹太移民潮。他们生活贫困，在村落之间流浪，没有办法使用沉重或是昂贵的乐器。而小提琴很容易携带，也非常适合于音调转换和级进滑奏，于是慢慢成为他们最喜欢的乐器。除了音乐，这些流浪的音乐家在夏加尔的作品中也多次出现，他们“飘浮”在维捷布斯克的屋顶，是对画家世界中无处不在的乡愁最完美的诠释。克莱兹莫林是犹太民俗永不褪色的部分，他们的行为准则似乎永恒不变。夏加尔可能意识到童年时期所熟悉的维捷布斯克，在犹太社群生活中深深烙印着的宗教传统就早已产生了裂痕。他继续按照固定不变的样子把它画下来，尤其是在离乡之后。与众多犹太艺术家一样，他的作品表现的似乎是一个暂停了的世界，沐浴在以宗教为中心的乡愁当中[35]。

因此，定居巴黎后，夏加尔完成了一系列回忆维捷布斯克生活的作品。1911—1912年创作的《婚礼》（图82）就是最初作品中的一幅。画中，一位演奏克莱兹梅尔音乐的小提琴手走在新婚夫妇身前。与其他同

图275
《蓝色小提琴手》(*Le Violoniste bleu*)
1947年
水彩和墨汁画，画布
84厘米×64厘米
私人收藏

图276
《手持小提琴的自画像》
1954年
墨水画，画纸
38.3厘米×26.8厘米
私人收藏

图277
《舞蹈》(*La Danse*)
1950—1952年
油画，画布
238厘米×176厘米
尼斯，国立马克·夏加尔博物馆，蓬皮杜中心国家现代艺术博物馆寄存，1988年付与

类画一样，在这幅画中，故乡依然是俄罗斯广袤土地上一个偏僻村庄的样子，隔绝了当代世界的喧嚣。夏加尔作品的最大成功，就是成为了欧洲支系犹太艺术无可争议的象征，被认为表现了一个统一的社群。在这个画家的世界，部分是幻想的，没有考虑犹太民族精神世界近期的变化。夏加尔选择的音乐及其“犹太籍”、意第绪文学中那些不朽的夏加尔代言人，都起到了黏合剂的作用。这些拥有一个共同点，就是将这个所谓所有人同一价值观的社群推到世人面前。提起克莱兹梅尔音乐，无论是否刻意，都完全没有考虑社群中的社会差异。实际上，犹太社会中贯穿着各种政治和意识形态流派，这与其在俄罗斯处于少数派的境况有关。无论是否犹太复国主义、崩得主义或共产主义者，夏加尔对于音乐及其演奏者的表现都不存在反宗教、反犹太社群的倾向。我们也不应忘记，犹太资产阶级，经常是亲哈斯卡拉运动的，更希望给孩子古典音乐方面的教育。

在为莫斯科犹太艺术剧院所作的名为《音乐》(图170)的宣传画上，我们立刻就发现了位于城市上方(可能是维捷布斯克)的克莱兹梅尔音乐。是否永远如此？

然而，维捷布斯克上空反复吟唱的歌曲终究渐渐消散了。尽管在第二次世界大战期间，法国令人痛苦的环境使他被迫离开法国，但这个国家从此成为夏加尔创作的灵感源泉，从某种意义上来说，成为他的艺术故乡。一旦和平再次到来，他将重回这片土地，不再离开。

第六章

面朝地中海（1948—1985年）

“马蒂斯离世后，夏加尔成为唯一能够真正理解色彩的画家……。在旺斯的最新一批画表明，自雷诺阿起，再没有任何人能够像夏加尔那样感受光线。”

毕加索，弗朗索瓦丝·吉洛（Françoise Gilot）的《与毕加索生活在一起》（*Vivre avec Picasso*），2006年。

前一跨页

图278
《第七天.创世》（*Le Septième Jour. La Création du monde*）
1971—1972年
插画232局部，第300页

图279
《旺斯的恋人》（*Les Amoureux de Vence*）
1957年
油画，画布
73厘米×99厘米
私人收藏

旺斯：声名斐然

俗话说，幸福的故事千篇一律。1948年，夏加尔最终从美国返回法国。他在巴黎的奥热瓦勒（Orgeval）待了一段时间后，于1949年来到蔚蓝海岸，并在旺斯定居了下来，离后来成为他画商的艾蒙·梅格（Aimé Maeght）不远。不同于前半生的颠沛流离，夏加尔随后数十年的生活（他于1985年去世）非常稳定。历经两次世界大战和俄罗斯的革命，承受过大屠杀和失去

图280
《昂蒂布岬角七月的花束》(*Bouquet au cap d'Antibes en juillet*)
1965年
水粉、墨汁和铅笔画，画纸
私人收藏

图281
吉泽尔·弗伦德(Gisèle Freund)
旺斯的夏加尔
1954年
摄影
圣日尔曼拉-布朗克埃尔布(Saint-Germain-la-Blanche-Herbe)，当代出版回忆档案馆(IMEC)藏

亲人的痛苦，夏加尔终于迎来了“向阳的时节，地面在阳光下缓缓下降，通向法国南部的缓坡如世界奇迹，抑制不住的灵感滋生”[1]。法国南部的风光蕴含着由内而生的和平与宁静。追寻皮埃尔·勃纳尔以及奥古斯特·雷诺阿的传统，众多著名艺术家，包括亨利·马蒂斯和巴勃罗·毕加索，都在战后移居蔚蓝海岸。是年龄的影响吗？最可能的还是因为这里的光线和地中海的风光。可以看到，这时的夏加尔的调色盘变得明朗，色彩变得充满活力。自1950年起，法国南部标志性的棕榈树、花和水手等相关主题开始经常出现在他的画中。除了《圣经》和书本插画相关工作，自然风光成为他绘画生涯最后几十年的主要主题之一。

1952年春，夏加尔结识了瓦伦蒂娜·布罗德斯基(Valentina Brodsky)，昵称其为“瓦瓦”。他们的第一次旅行选择了希腊作为目的地，参观了雅典(Athènes)、德尔斐(Delphes)、波罗斯岛(Poros)。

图282
《昂蒂布岬角的红月》（Lune rousse au cap d'Antibes）
1969年
油画、色粉和水粉画，画纸
61.4厘米×49.3厘米
私人收藏

图283
《圣保罗上空的恋人》（Couple au-dessus de Saint-Paul）
1970—1971年
油画、蛋彩和锯末画，画布
145厘米×130厘米
私人收藏

Chagall Marc

图284
达里奥·德·比亚斯（Dario de Biasi）
瓦瓦·布罗德斯基和马克·夏加尔在圣保罗德旺斯
1967年9月
摄影
私人收藏

图285
《瓦瓦肖像画》（*Portrait de Vava*）
1953—1956年
油画，画布
95厘米×74.7厘米
私人收藏

夏加尔眼中的法国南部，有点像亨利·马蒂斯对于突尼斯的印象，充满了阿卡迪亚式（arcadienne）①的乡愁，在他的世界中或明显或隐晦地无处不在，在希腊短暂停留期间，他创作的《达芙妮与克罗埃》（*Daphnis et Chloé*，图286、287）石版插画也是如此。在维纳·哈弗特曼看来，他的风景画有着“哀歌”的印记。“夏加尔现在坚定决心远离巴黎，逃到地中海的自然风光中，这是因为他顺从了内心的向往，指引他前往一种纯粹的安宁[2]”。

夏加尔确是一个特例，虽然生活在法国南部，但他却完成了许多表现巴黎风光的作品，例如巴黎圣母院、协和广场或是卡尔赛门，均见于1953—1956年的系列作品。城市风光代替了乡村风景，是夏加尔对于巴黎这座开启了他新的艺术生涯的城市的乡愁。与印象派传统中对于大自然的表现和对于光影的重视不同，这些画采用了最暗沉的色彩，尤其在表现夜景的时候。在这些回忆中的景色里，有些是明确的描绘，有些仅仅是简单的框架，是对那些已经属于过去的遥远景色的追忆。

即使年事已高，他在全球范围内开疆拓土的脚步依然没有停歇。他在世界各地的展出越来越多，订单也接踵而至。艺术家不仅没有放缓创作的步伐，恰恰相反，他从此再不愿错过任何新技术和新材料。大家惊讶于他的好奇心，尽管在绘画领域已经取得了惊人的成绩，他却从不犹豫去探索其他领域。夏加尔不

①阿卡迪亚，希腊二级行政区，也称乌托邦，是传说中世界的中心位置。译注。

Marc
Chagall 1953-6

图286
《拉蒙发现了达芙妮》(*Découverte de Daphnis par Lamon*)
为朗格斯(Longus)的《达芙妮与克罗埃》创作的插画
1954—1956年
水粉画,画纸
42.2厘米×32.4厘米
巴黎,蓬皮杜中心国家现代艺术博物馆藏,1988年付与

图287
朗格斯的《达芙妮与克罗埃》扉页插画
1954—1956年
水粉和水彩画，画纸
42.2厘米×32.4厘米
巴黎，蓬皮杜中心国家现代艺术博物馆藏，1988年付与

图288
《塞纳河上的桥》(*Les Ponts de la Seine*)
1954年
油画，画布
111.5厘米×163.5厘米
汉堡，汉堡美术馆藏

图289
《圣母院的怪物》(*Le Monstre de Notre-Dame*)
1953年
油画和沙画，画布
106厘米×83.7厘米
私人收藏

图290
《自画像》(*Autoportrait*)
1959—1968年
油画，画布
61.5厘米×51厘米
佛罗伦萨，乌菲兹美术馆（Galerie des Offices）藏

停地画着，直至生命终点。自20世纪50年代起，他开始探索越来越多的新空间，例如巨幅画或是新材质。如果我们将其在短暂的（芭蕾舞剧、歌剧）或是持续性（各种场所的装饰）的空间里的作品称为“全领域艺术作品”，那么，考虑到他使用的各种材料，用“全领域艺术家”来称呼他将会是最合适的。为了使用最新的方式，夏加尔成为了造型艺术家。各种材料的引入在他的作品中影响深远。安布雷·戈蒂耶（Ambre Gauthier）表明，除了雕刻、陶艺和玻璃彩绘，夏加尔还用不属于绘画的材料改变画布表面肌理（图291）。这让人想起他在20世纪70年代完成的拼贴作品，他使用粘贴、撕碎和揉皱的画纸和织物，甚至还加上草叶、树枝或是松针，例如《牵着红山羊的恋人》（le *Couple à la chèvre rouge*，图292）。他还在油画颜料中混入沙子，给画中的风景一种矿化和有机质的材质感。1967年的作品《淡紫色的裸女》（*Nu mauve*，图293）中，加入了细木屑“给油画一种木质和粗粝的质感”[3]。

Chagall

图291
《丑角》（*L'Arlequin*）草图
1968—1970年
水粉、彩色铅笔、墨汁画，织物和纸张的拼贴画，版刻画纸
28.7厘米×22.8厘米
私人收藏

图292
《牵着红山羊的恋人》
1970年
水粉和墨汁画，纸张和松树枝拼贴画，画纸
39.3厘米×30.8厘米
私人收藏

夏加尔这种对画布表面的处理手法随后延伸到三维造型上，运用的方式也越来越含蓄。他在作品中引入了空间，这是一种三维的尝试，让人倍感惊讶。他的世界是“梦”构成的，脱离了重力法则，但一直没有对这些方面的研究。我们发现，三维问题在这种造型艺术创作中并不缺少。当然，直到20世纪40年代，夏加尔才最终完成了首批陶器作品，不久之后，又完成了首批雕塑。就是在这种情况下，他发现了艺术与泥土的直接联系。加工制造的乐趣带来了立体作品的问世，作品得以在空间中衍化，变得可以被触碰，也要求被触碰、操作和摩挲[4]。照片显示，在昂蒂布、旺斯或瓦洛里（Vallauris）的工作室中，夏加尔正带着毫不掩饰的兴趣捏黏土。“我突然发现，这些泥土是如此的光芒四射，唤醒了我所出生的城市维捷布斯克那片暗沉的土地”。这句著名的宣言或者说是启示证明了，他希望重新与古老的手工艺建立联系。虽然在理论方面三缄其口，但他却毫不迟疑地“把手放进泥浆”，他很可能发现了直接诠释形状材料的方式。

面对如此的热情，我们会产生疑问，是什么阻止了夏加尔更早接触这条道路？可能需要更近距离追忆

图293
《淡紫色的裸女》
1967年
油画和沙画，画布
140厘米×148厘米
私人收藏

维捷布斯克“暗沉的土地”，通过回归过去，才能解释这一迟来的时刻。实际上，“暗沉的”这个词也会让人想起，在20世纪初叶不鼓励艺术职业的犹太社会中，一位画家让自己被倾听有多么困难。夏加尔的寓言绘画似乎踏入了禁止创作这一传统禁区。无论是否有意，画家从《圣经》的禁令中读出了一种微妙的意味，让他能够绕过禁令，成功地“逍遥法外”。在《圣经》中，希伯来语“*tselem*”（形象）指代的并非是二维形象，而是雕琢的形象，可以说是一个形状，一个雕像。《旧约》禁止创作的是石像、泥塑及“偶像”[5]。对实体世

图294
《淡紫色裸女》素描
1967年左右
水粉、墨汁、色粉、彩纸、临摹纸和织物的拼贴画，画纸
24.3厘米×20.6厘米
私人收藏

图295
《雄鸡和侧影》(*Profil au coq*)
1970年
水粉、墨汁和纸张及织物的拼贴画，报纸
35.4厘米×29.2厘米
私人收藏

界的非物质化、运动的无限自由以及生命的轻盈，使夏加尔的红色母牛在亲缘关系上与金牛犊毫无瓜葛[6]。《圣经》里提到，人是用尘土造出来的。夏加尔作品中失重的躯体、万花筒般的色彩和畸形体就像是对镶嵌画禁令的一个妥协，满足拥有自我法则的现代艺术的要求，却与自然法则相去甚远。夏加尔锻造的语言是“违背逻辑的”，与马拉维奇的超现实主义相比，更接近超现实主义的诗的语言。因此，夏加尔需要走过漫长的道路才能够成功进入犹太传统明令禁止的领域：三维造型。

DEMAIN :
PHOTO
divers
EN PAGE 2 :
VIGNETTE DE PARTICIPATION
LA GRANDE SAISON EST OUV
PLACE
VENDOME
336 à 340, rue St-Honoré
construction
GARAGES
Cunard
DÉPARTS POUR LES ÉTATS-UNIS ET LE CA
CUNARD LINE
DOCUMENTATION ENVOYÉE GRACIEUSEMENT SUR D

把手放进泥浆

1949年，夏加尔开始在法国南部制作陶器。十二年里，他在蔚蓝海岸的许多工作室里加深了自己对这项技艺的认识。乔安娜·林德斯科（Johanne Lindskog）[7]曾经说过，他在昂蒂布的“城墙陶艺”（Poterie des remparts）工作室创作了首批花瓶、盘子和陶片装饰，随后，又同旺斯的陶器商人谢尔盖·拉梅尔（Serge Ramel）共同完成了许多花瓶，并对熟料（一种烘烤并精心研磨后的泥土，里面加上新鲜的泥浆，确保能够更好地烘干大件陶器）越来越熟悉。自1952年起，夏加尔开始在瓦洛里工作，当时毕加索也在那里，但他们总是避免碰面，他主要待在乔治和苏珊·哈米耶（Georges et Suzanne Ramié）夫妇主持的玛都拉（Madoura）工作室里。多次展出证明了他对这种艺术形式的迷恋。这里举出两次展览，一次是夏加尔的美国画商皮埃尔·马蒂斯于1945年在纽约组织的，另一次是在1948年，由他未来的欧洲画商艾蒙·玛格组织，并同时展出了胡安·米罗（Joan Miró）和何塞·赫瓦西奥·阿蒂加斯（Jose Gervasio Artigas）的作品。

图296
鲍里斯·利普尼茨基
马克·夏加尔在旺斯的工作室里
1951年4月
摄影
私人收藏

在陶器创作中，夏加尔根据自己的想象，将黏土变成女人、动物或是混合体生物。他有时会用田园诗为主题装饰盘子，例如地中海风光和花。有时也用《圣经》主题。虽说这种创作活动在法国知名度不高，展出也较少，但是，数量惊人的作品足以证明夏加尔对这种创作形式的重视。梅来特·梅耶和西尔维·弗莱斯蒂（Sylvie Forestier）1990年编制的目录中包括二百四十件作品。加斯东·巴什拉（Gaston Bachelard）非常喜欢陶器，形容从事这项工作的人为“煅烧色彩的人”，他接着写道：“他们用火创造了光，用双眼学习炼金，用材料产生愉悦的视觉化学反应……。马克·夏加尔很快就成为这一魔鬼技艺方面的大师，他已经超越了表面，进入深度化学反应。在石头、泥土和泥浆中，他懂得如何保持旺盛的野兽派活力……，而活力和惰性又如影随形。木头物件和石头物件变成了有血有肉的生物。”[8]

我们会怀疑，巴什拉用的“野兽派”这个词是否参考了夏加尔为第一批陶艺作品选择的主题：《拉封丹寓言》。这可能是个偶然，因为当时夏加尔正好在与特里亚德出版社进行1930年左右就完成的插画的出版工作。《拉封丹寓言》是他二十多年前扎根法国文化的象征，如今特别适于陶艺这一民间乡土技艺，并

图297
《蓝色驴子》
1954年
雕刻、上釉并上色的烧制陶器
私人收藏

在南部取得了成功，尤其是在瓦洛里地区。当然，这样说并非为了让这个选择定居旺斯的画家不开心。结束了在美国流亡的生活回到法国之后，夏加尔从身心上感到一种扎根的强烈愿望。在法国南部，他得到了满足。他感到自己属于那里，他对于普罗旺斯实用陶艺的兴趣也证明了这一点[9]。例如，《蓝色驴子》（*L'Âne bleu*，图297）这个花瓶让人想起当地特色，但是，它的瓶肚上却是地中海风光。

艺术家的话清楚地表达了这一点："这些陶艺作品是一种预感，让我预先尝到了法国南部人生的滋味，在那里，这种手工艺品的影响力非常深远。我所行走的这片土地是如此光明灿烂，她温柔地注视着我，就

图298
《乌鸦和狐狸》（*Le Corbeau et le Renard*）
1950年
浇铸、上釉和上色的陶器
22.7厘米×20.2厘米
私人收藏

图299
《恋人和野兽》（*Les Amoureux et la bête*）
1957年
在釉底材质上雕刻和上色的陶器
32.5厘米×22厘米×18厘米
尼斯，国立马克·夏加尔博物馆藏

像在呼唤我走向她。”[10]土地温柔地注视着他，比起其他学科，如雕塑、镶嵌画和彩绘玻璃，陶器更能唤起他重拾所有主题的冲动：寓言、圣经、恋人、裸体、马戏、城市、花和女人，以及动物[11]。陶器作品可以重拾夏加尔使用过的主题，而且还可以跟绘画作品同时进行，例如1950—1960年创作的《圣经箴言》。陶艺作品上的圣经图“就是油画的深刻版本，而且环境更加宏大”。[12]与毕加索的作品不同，夏加尔的陶艺作品并没有大量生产，没有任何出版物。这是一种逃离实用功能的方式，将陶艺升华为作品，反驳了人们有时候认为夏加尔过于商业化的看法。

画家在制作陶器时的具体参与程度还有待确认。我们知道夏加尔与手工艺人合作密切，但是布鲁诺·戈迪雄发现，很难确定他在作品制作中扮演的角色。这位作者通过多张照片向我们证明，夏加尔自己打磨石头，制作泥坯。但是也有人认为，夏加尔旁边有车工。无论如何，夏加尔都是亲自用墨水、木炭或是色粉画草图，然后才会最终用材料制作。

1949—1953年的第一批陶艺作品中，夏加尔使用了普罗旺斯烘烤陶器的传统样式：圆形的碟子、折边的方盘、四边形平板或是狭长的花瓶。随后，根据西尔维·弗莱斯蒂的看法，他开始脱离常用的椭圆形，器皿的鼓凸部分越来越大，充满丰富的内在能量。“花瓶不再只是作为容器，而是成为独立的艺术造型”。

图300
《雕塑花瓶》
1952年
雕刻和上釉的陶器
36厘米×29厘米×27.5厘米
私人收藏

图301
《上帝造人》(*La Création de l'homme*)
1959年
雕刻和上釉的石膏，在釉底材质上用画刷上色
76厘米×50.5厘米
尼斯，国立马克·夏加尔博物馆藏

无论夏加尔是亲自塑造模型还是从现存的模型中选取，但作品最终都由他主导完成[13]。引入粒状彩绘，如岩片或是熟土，表明他对于材料的重视与探索。他还成功将材质和色彩混合，这也是他绘画的最主要步骤，就像他把锯末和颜料混合来加强某些画的肌理感一样[14]。

陶器可以非常大，例如为阿西圣母院（Notre-Dame-de-Toute-Grâce d'Assy）制作的壁画《过红海》（*Traversée de la mer Rouge*，图342），由九十块方砖（1956—1957年）构成。但是夏加尔放弃了墙砖，因为这种材料满足不了他最主要的创作诉求，即"在纪念性建筑艺术作品中让色彩活跃起来。镶嵌画和彩绘玻璃给他提供了最恰当和最优雅的艺术解决方案，解决了光线射到墙上时与色彩融合的问题"[15]。

对于夏加尔来说，陶艺与雕塑不可分割。1952年，一个名为《雕塑花瓶》（*Vase sculpté*，图300）的作品是用刻刀打磨和切割出来的，是其中的代表作。艺术家拒绝将这两个学科放在不同的领域。同年，纽约的库特·瓦伦汀（Curt Valentin）画廊和巴黎的玛格画廊分别展出了一批他的雕塑和陶艺作品。1953年，《井边的女人》（*Femme au puits*）、《睡觉的女人》（*Femme couchée*）和《沐浴的女人》（*Femme au bain*，后来改为青铜品）这三个泥塑作品都是完全失去了实用功能，而强调了实体性和立体造型。创作陶艺对于夏加尔来说，在某种意义上起到闸室的作用，是从二维到三维的过渡。

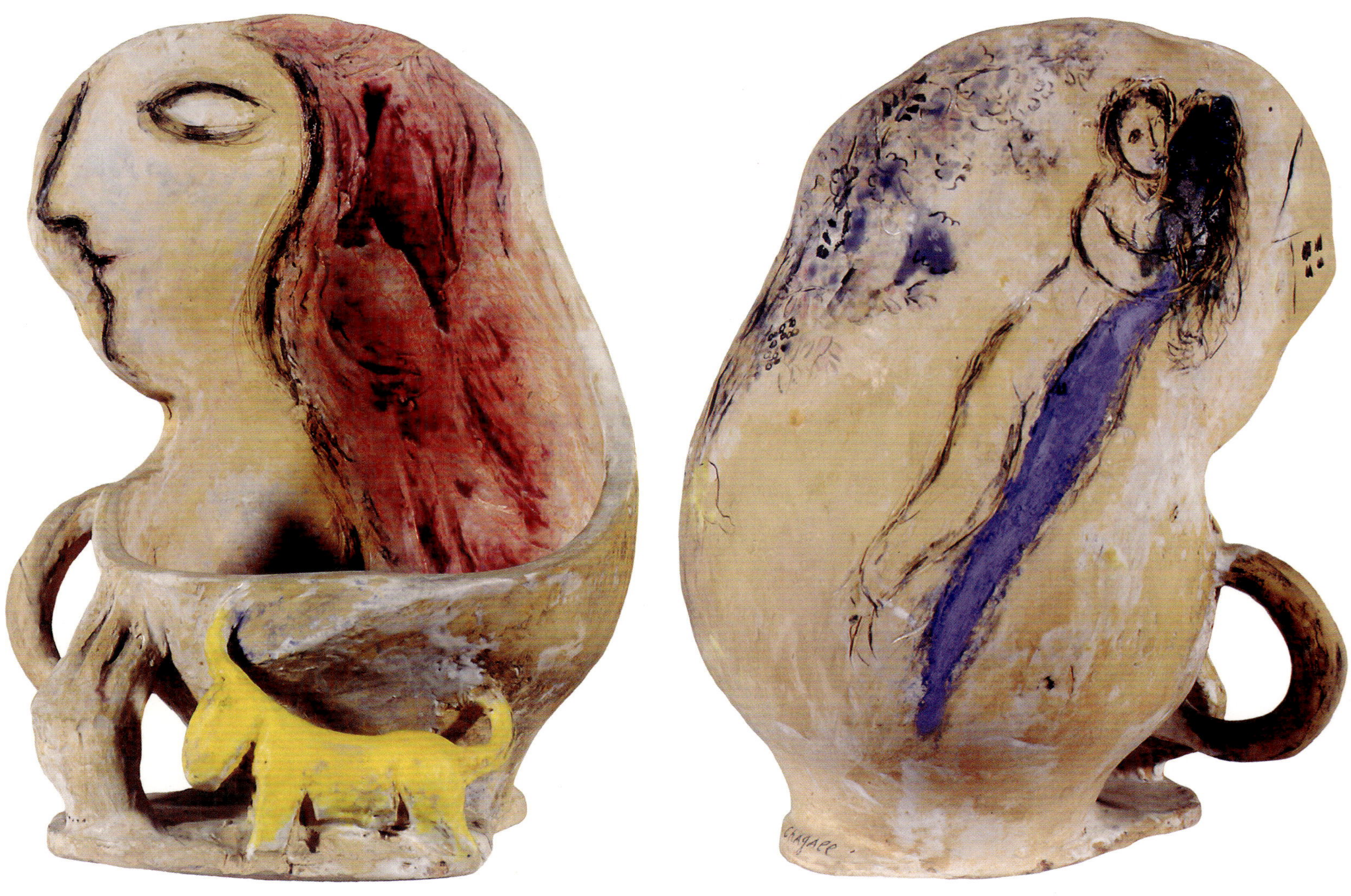

从浮雕到圆雕

夏加尔首先是个画家，这一点无可争议。然而，仔细观察他作品中的人物却会发现一个矛盾：如果说那些回旋的形象，包括红色母牛、农舍屋顶上的小提琴手或是飞翔的恋人，都无视了重力的束缚，但是他们自身的重量并没有减轻。与想象的画面不同，这些浮在空中的躯体有时候看起来体积庞大，甚至是沉重[16]。在俄罗斯最初的那些年，那些不合逻辑但后来成为其标志的画，以及那些重拾身体肉欲的画，在夏加尔笔下交替出现。我们发现，他的主题通常从日常生活以及家庭生活占重要位置的世界中汲取灵感。尽管使用了形象的处理方法，夏加尔主要还是用介于宗教的神圣和想象的荒诞之间的艺术来代替现实主义。正如马列维奇及其雕刻的农民或是拉里奥诺夫及其早期的维纳斯等新原始主义作品，在夏加尔的作品中，圣家族从来就离他自己的家庭不远。

我们发现，女性形象在这类作品中出现更加频繁，并在夏加尔整个艺术生涯中反复看到。当然，男性形象在这些雕刻中也没有缺席。1912—1913年的《七指自画像》（图18）就是一种拼接作品。画家身体上半部是扁平的，并几乎完全独立，包括脸上的黑色

图302
《恋人和鸟或公鸡背上的恋人或恋人和公鸡》（*Le Couple à l'oiseau ou Les Amoureux sur le coq ou Les Amoureux et le coq*）
1952年
大理石
33厘米×32厘米×8厘米
私人收藏

方块以及看起来似乎“加工过的”上半身。前臂和左大腿保持隆起的形态。在这里，浅灰色的色泽和匀称的圆形都让人想起斐尔南·莱歇的特色立体主义，即“机械立体主义”。与莱歇一样，夏加尔用结实的轮廓来表现人物的体积感。根据皮埃尔·施耐德的说法，莱歇利用现实主义来“给所表现的物品一种物质的密实性，这是抽象主义所剥夺的”[17]。莱歇自己使用“形状对立”的表现方式强调了异质元素的结合，建立了一种现实和抽象的体系。但是，这位立体主义艺术家的作品完全属于绘画界。正如布鲁诺·戈迪雄所述，世纪初（立体派、未来派和野兽派的时代）的这些创作表明了夏加尔对于当时雕塑作品的兴趣[18]。《亚当和夏娃》（图77）可以说是最佳例证，人物造型以一种不连贯的组装在空间中展开，分解成凹凸的形状。有趣的是，大部分生活在蜂巢中的俄罗斯犹太艺术家都是雕刻家，例如亚历山大·阿契本科、扎德金、利普希茨或是莫迪里阿尼。

夏加尔在巴黎的那些拼贴画就是现实近景和虚幻远景的组合。它们“在俄罗斯继续充分发展，随后又返回法国，更具辨识性的形象，更具韵律的线条所重组的物质及现实，被自上而来的召唤所贯通，这也是轻盈的力量所呼唤的[19]”。在夏加尔颠倒的世界里，日常动作经常具有非现实和轻盈的特征，而奇迹则脚踏实地。皮埃尔·施耐德从中看到“哈西德理念同步对比[20]”的变化。

1914年回到维捷布斯克之后，夏加尔发现那里“深陷泥沼”，变成了一个压抑、肮脏的城市。但是，他也得以与贝拉重逢，对这位在他眼中既真实又理想化的女人，他说过：“她无论穿着白色还是黑色的衣服，都始终在我的画布上飞舞，为我的艺术指明方向。如果不询问她是否同意，我简直没办法继续作画或是雕刻。”[21]1917年的《白脖子的贝拉》（图121）是通过一张照片画出来的，她双目低垂，四分之三的脸庞向前，再次以保护者的女性形象出现。她的身躯坚固而庞大，立在苍翠的森林之上。夏加尔通过多重褶皱强调了她的体积，给了贝拉一个形态优美的雕塑般的形象，这也是他在当时的惯用手法。画面中贝拉裙

图303
《两个裸体或亚当和夏娃或雕刻石柱》（***Deux nus ou Adam et Ève ou Sculpture-colonne***）
1953年
大理石
53厘米×23厘米×24厘米

图304
《手里的两颗头颅或两颗头颅和一只手》(*Deux têtes à la main ou Deux têtes, une main*)
1964年
大理石
40厘米×24.5厘米×21厘米
私人收藏

子的领饰和飞扬的袖摆，有如大理石般洁白，似乎有些僵硬，反而产生了立体感。褶皱带给人触手可及的维度感，因为它们“溢出了视线，摆脱了框架，让眼睛和形状产生错位”，由此产生“密着性视觉（触视觉）”[22]。这一工艺并不新颖。自古代起，衣褶的宽大或紧身，都会加大身体的体积感或是形成保护支撑，让躯体躲进难以进入的保护壳内。

在夏加尔的画中，我们感到，这一“外壳”被用来建造了一个地点，躯体刚好可以附着其中。衣服变成了“体态”，约束着自身的空间，与整幅画布分割开来。在1917—1918年的《散步》（图115）这幅表现恋人的画中，女性处于悬浮的状态，但却毫无轻盈之感。她的裙子与其说宽大，不如说更加厚重，与其说轻盈，不如说更具雕刻感。她的身体有某种僵直感，脸部缺乏表情，衣服与男性人物和背景中城市的景色形成对比，更接近于戏剧布景而非现实。但我们从中看到的并非笨拙，而是表现狂恋力量的愿望，是想象对于现实的胜利[23]。

夏加尔沉迷爱情，但是在我们看来，他并没有无视周围环境。1915年的《红色犹太人》（图14）里就毫无爱情所带来的激情奔放。这幅画中的老人结构严谨，满脸“皱纹”，身上穿着一件布满褶皱的绿色大衣，坐在一座小木屋前。背景中平面的部分填满了希伯来语撰写的《圣经》铭文，加强了人物的沉重感。在几个坟墓和灰色石碑上的形象也引入了夏加尔作品中的构成元素。它们连接了他自20世纪50年代初开始的这项几乎无人所知的工作：立体造型艺术创作和雕塑。布鲁诺·戈迪雄提起，在一次参观墓地的时候，夏加尔打开了自己的作品《我的生涯》，这里埋葬着他的回忆：“你们的石头，你们的坟墓、篱笆、浑浊的河水，安静的祈祷，所有这些就在我的面前”。[24]戈迪雄写道：“坟场恰好是回忆的征兆和动力，画家从中汲取无尽的灵感……。我们因此能够更好地理解，为什么表面上看夏加尔最初的雕塑作品超越主题，都雕刻了一面石碑。”[25]只雕刻一面的石碑让人想起墓碑，这也是乔安娜·林德斯科的观点：石碑上的浅浮雕介于轻快的短剧和虔诚的《圣经》人物之间。还会让人想起夏加尔在木刻方面的经验[26]。作者还提及，夏加尔为亲近的朋友完成了墓碑的雕刻，尤其是为自己的妻子贝拉，后者安息在纽约的一个墓地里。

无论是否有意，夏加尔加入了犹太传统源远流长的链条中，而葬礼是在犹太传统中非常重要的活动。石碑上除了刻有名字，还有一些植物、动物、鸟和鱼的装饰图形。简洁的形状与民间艺术盛行有关：有时候鸟和树同样大，比例的概念、透视法似乎都完全不存在[27]。石碑，尤其是上面的浅浮雕，让夏加尔发展

图305
《幻想的野兽或幻想的驴马》（*La Bête fantastique ou L'Âne ou Cheval fantastique*）
1959—1960年
青铜
52厘米×80厘米×29厘米
私人收藏

出一种仅存于绘画上的特点，即一种叙述方式。这主要是从《圣经》以及《哈加达》（*Haggada*）②的插画手稿和罗马式柱头中汲取的灵感。无论是夏加尔绘画、版刻还是雕刻，其叙事都拥有同样的自由。

夏加尔绝不是唯一从事雕塑的画家。面对绘画方面的困境，许多画家求助于三维立体创作，作为绘画的临时替代。亨利·马蒂斯、安德烈·德朗（Andre Derain）和巴勃罗·毕加索都曾离开过自己偏爱的绘画技术，在更加直观和可触摸的领域探索。对于所有这些艺术家来说，雕塑作为非西方唯一艺术学科（非洲、伊比利亚、前哥伦布时期西班牙殖民美洲国家），因其古早的一面保证了真实感。夏加尔所效法的保罗·高更在岛上期间就完成了许多三维作品，这并非偶然。这位犹太艺术家更是用《高更礼赞》（*Hommage à Gauguin*，1956年，私人收藏）向他致敬。

对于夏加尔来说，并非是绘画创作上的困境让他走上雕刻创作的道路。恰恰相反，“拥抱形状并重新找到真实空间的愿望指引着他走向了陶艺以及雕塑，并全身心地投入到打磨石头这一创作中。对他来说，雕塑也是绘画，不过是将具象化和可触摸的形象表现在石头、黏土、石膏和大理石上”[28]。正如陶艺一样，他的雕塑并没有新的主题或是风格上的转变，但是借用布鲁诺·戈迪雄的说法，雕塑能够让夏加尔

②又写作haggadah，在犹太教士讲解《圣经·旧约》时，经常穿插一些关于亚伯拉罕早年的传奇故事，这些故事被称为“哈加达”。译注。

图306
《大卫王》（*Le Roi David*）
1952—1954年
石雕
77.5厘米×42厘米×19.5厘米
尼斯，国立马克·夏加尔博物馆藏

图307
《摩西》（*Moïse*）
1951—1952年
石雕
53厘米×22厘米×9厘米
尼斯，国立马克·夏加尔博物馆藏

“验证绘画中的梦想世界”。夏加尔在雕塑艺术中投入了与陶艺中同样的精力。根据搜集到的信息，他更喜欢将具体的工作交给兰弗朗克·里萨莱利（Lanfranco Lisarelli），后者在旺斯从事大理石相关工作，并主要为夏加尔打磨石头。根据梅来特·梅耶的说法，夏加尔将所有作品的实际操作交给这个雕刻工，从选择合适的石头直到根据指令加工出想要的形状。里萨莱利尊重艺术家的惯用手法。因此，在某些未完成的作品上，我们还能看到夏加尔的素描图，用来指导工人工作，而不需要通过制作模型这个中间阶段[29]。只有一个大型作品《塞壬》（*La Sirène*，1967—1968年，格朗松城堡藏）是个例外，为了完成这个作品，曾制作了一个模型。

夏加尔从事雕塑的时期从1951年一直延续到1984年。有个假说可以解释画家对这种艺术形式的迷恋为何姗姗来迟，其原因不在艺术方面，而在身份认同。当然，也不能否认，夏加尔进行雕塑创作其实存在某种偶然，例如历史条件和画家生活中的不测，但是就算那些最不了解情况的人也会发现，这一创作的开端正好与以色列建国的时期重叠，也就是在夏加尔前往希腊之后不久。

还记得犹太传统对于创作的禁令吧：所有三维的作品都存在偶像崇拜的危险。这一危险在犹太聚集区里尤为严重，因为与其他文化的长期接触中，犹太人民不可能对其他文化的视觉艺术无动于衷。尽管有一些例外，但在整个希伯来人民的历史上，摩西的宗教一直沉重地压制着造型艺术的发展。直到传统犹太社会相对解体之后，诸如夏加尔之类的艺术家才开始探索不同形式的现代艺术，将他们的美学选择与宗教认知分离开来。

耶路撒冷和雅典

“为了我的书，我前往巴勒斯坦地区和希腊，从此打开了新世界的大门。”[30]夏加尔写道。我们知道他与希伯来国家之间有着强有力的联系，他的一幅主要作品就是为希伯来大学教堂完成的彩绘玻璃。艺术家经常回去，并跟当地的许多名流和艺术家建立了友谊。我们是否可以认为，1948年以色列建国，成为犹太人民宁静生活的保证，并最终给了出身该国的艺术家们“世俗化”造型艺术的“许可”？[31]从此，寻求一个普遍的艺术语言终于可以与国家或民族特征毫无关联了。更进一步来说，很可能以色列的建立给了犹太民族的本质一个更加具体可触摸的内容。甚至说，源自犹太聚集区的犹太视觉画面被以色列强壮、依恋土地的形象所替代了。在夏加尔的作品中，过去的主要人物空气人飘浮在虚空中，从来不会踏足地面，如无根之萍。夏加尔和新的以色列版的理想人物相遇，这可能也推动他选择了雕刻作品，因其坚硬，故而弥久[32]。

他第一次前往巴勒斯坦地区时，对于圣地非常感兴趣。随后的几次旅行让他能够用不同的眼光看待先驱者们。要知道艺术家在1931年曾经说过这样一句让人震惊的话：“我的面前只有两条路：拿起这个国家的石头打碎自己的脑袋，或是无声无息地离开，正如我悄悄地来，就像什么都没有发生。”[33]1951年

图308
《圣经里的女性：拉结和利亚》（*Les Femmes de la Bible : Rachel et Léa*）
1969—1970年
大理石雕
133厘米×87厘米×5厘米
尼斯，国立马克·夏加尔博物馆藏

图309
《圣经里的女性：撒拉和利百加》（*Les Femmes de la Bible : Sarah et Rébecca*）
1969—1970年
大理石雕
133厘米×87厘米×5厘米
尼斯，国立马克·夏加尔博物馆藏

第二次访问以色列期间，夏加尔在维吉妮娅·哈格德（Virginia Haggard）的陪伴下走遍了这个国家，“对这个年轻国家展现出的矿物景色感到惊讶，尤其让他想起构成其基底的‘千年石’”[34]。

毫无疑问，对于美和艺术创作思考，犹太民族的哲学和宗教学即使不是敌对态度，也至少是冷漠的。这也是雅典和耶路撒冷（Jérusalem）这对著名城市的内部分歧之一，由此而来古希腊文化和犹太文化之间存在上千年的紧张氛围。对于犹太人来说，一尊受人喜爱的神像是绝对的另类，与他们理念中的神性绝不相同。在这一背景下，1952年夏加尔在希腊雅典博物馆时，尤其是面对古代雕塑碎片时，显然不会无动于衷。这种完全不同的美学视觉给他留下了深刻印象[35]。夏加尔沉浸在一个想象和隐喻的世界中不可自拔，雕塑世界的大门向他打开，并因其沉重而显得尤为有力。躯体成为作品的主要部分，画布上的彩色褶皱也变为大理石或青铜材质。

以色列有一首非常著名的诗，名为《在阿波罗的雕像前》（*Devant la statue d'Apollon*），作者是诗人索尔·切尔尼科夫斯基（Saül Tchernikhovsky，与夏加尔来自东欧的同一地区），写于1899年。诗人宣称，他是自黑暗时代与太阳神关系断裂后第一个重新来到他面前的人。这一时刻终于来临，他跪在这座雄伟壮丽的雕塑前[36]。我们可以认为，对于夏加尔来说，地中海盆地形成了一个自然和文化的整体，波罗斯岛、圣地和旺斯被一种真实而又不可触知的联系紧密连接在了一起[37]。

当然，作为最初用希伯来语写作的诗人之一，切尔尼科夫斯基与犹太美学视觉的决裂，比夏加尔更加激烈。在夏加尔的职业生涯中，雕塑只是一个插曲，三维创作仅是一次偶然尝试，他从未放弃过绘画或是用母语意第绪语创作。

1970 Chagall Marc

色彩的低吟浅唱：镶嵌画和挂毯

与彩绘玻璃作品一样，夏加尔的镶嵌画也表明他希望超越油画的局限，并进入建筑领域的愿望。他在这方面的作品确实较少，但却以巨幅尺寸著称。1964—1965年，夏加尔在他所熟悉的圣保罗德旺斯的梅格基金会的墙壁上，完成了自己的第一幅镶嵌画，主题是恋人，这是为了向艾蒙和玛格丽特·玛格夫妇致敬（图310）。这幅作品与尼斯的圣经箴言博物馆的装饰作品，都是与镶嵌画艺术家海蒂（Heidi）和里诺·梅拉诺（Lino Melano）共同完成的。尼斯的马赛克镶嵌画（图310）位于室外的博物馆通道中央处，透过窗户可以看到它投射到水池里。夏加尔会将《圣经》元素和古典元素融合在一起。这幅画的主题就是先知以利亚，他坐在一辆着火的战车里浮在空中，让人想起阿波罗的太阳战车，周围围绕着黄道星座。在一个同心圆里，有动物、人类和物品，每个都对应黄道十二宫的一个形象。这些也是围绕着古太阳战车的图案。

镶嵌画“让色彩吟唱，要像德彪西那样做”，夏加尔向里诺·梅拉诺解释道。后者曾在尼斯大学的《尤利西斯启示》（*Message d'Ulysse*）中与他合作，其主题是从古典人文主义中借鉴而来的。实际上，这种加工碎片的工艺可以让色彩爆发，可以独立看待每一块色彩，或是“从这条五彩缤纷的马赛克点彩长飘带中找出指引声音的乐谱”[38]。《尤利西斯启示》（1968年）是个精彩的案例，作品用了二十万块马赛克大理石和石块，其中还混入了玻璃块、瓷砖、穆拉诺金丝玻璃以及玛瑙，可以说是一个名副其实的调色盘。另一幅巨作委托来自芝加哥第一国民银行，内容是制作一个长达11米的长方体，夏加尔在上面塑造了四季变换（图312、313）。

他也为以色列的议会克奈塞特（Knesset）完成了一幅展现哭墙的马赛克镶嵌画，还为同一座建筑物

图310
马克·夏加尔与海蒂和里诺·梅拉诺一起合作的《先知以利亚》
1970年
镶嵌画
715厘米×570厘米
尼斯，国立马克·夏加尔博物馆的花园，国家当代艺术基金会（FNAC）藏

图311
马克·夏加尔与海蒂和里诺·梅拉诺合作创作的《恋人》
1964—1965年
镶嵌画
300厘米×285厘米
圣保罗德旺斯，梅格基金会藏

图312和313
《四季》(*Les Quatre Saisons*)
1974年
镶嵌画
2100厘米×450厘米
芝加哥，第一国民银行藏

图314
马克·夏加尔和伊薇特·考吉尔-普林斯合作的《大卫和拔示巴》(*David et Bethsabée*)
1973年
羊毛和棉质挂毯
249厘米×392.5厘米
私人收藏

设计了他的第一幅挂毯作品，这种形式的作品在他的作品中更为少见。三幅巨幅镶板重现了犹太人民的历史:《出埃及记》(*L'Exode*)、《先知以赛亚》(*La Prophétie d'Isaïe*)和《进入耶路撒冷》(*L'Entrée à Jérusalem*)。为这第一次经历，夏加尔将他的“底图”、模型草稿等交给了巴黎高布兰棉织画制造厂的编织工人(1964—1968年)。不过1965年之后，大部分的工作都由伊薇特·考吉尔-普林斯(Yvette Cauquil-Prince)通过画家的原稿图完成(图315、316)。在这一时期，伊薇特·考吉尔-普林斯投入到画家的大型创作中，她就像打开了新世界的大门，“从内部编织绘画作品，一层一层地精心描绘，就如画家作画一样”[39]。编织者从作品选择到完成底图，拥有绝对的自由，但是成品是忠于原稿的，只不过织物表面更具触感，给人带来视觉和触觉的双重享受。这种合作终止于夏加尔的一幅遗作，是他为萨尔堡(Sarrebourg)的科德利埃(Cordeliers)礼拜堂创作的一扇巨幅彩绘玻璃窗画(图327、328)，可以说是他所有作品中最大的一幅，尺幅达12米×7.5米，用灌木丛、橄榄枝和鸽子来表现和平这一主题。这扇彩绘玻璃是由兰斯的玻璃彩绘画工夏尔·马克(Charles Marq)加工完成的，并于1976年安装到礼拜堂上。画家去世后，伊薇特·考吉尔-普林斯又获得了为同一礼拜堂编织挂毯的委托，她选择了改编夏加尔为联合国纽约总部的彩绘玻璃绘制的水粉画草图，主题也是和平。这幅作品(2005年完成)特别有趣的地方在于采用了与以往不同的工艺。

图315
马克·夏加尔和高布兰棉织画制造厂（manufacture des Gobelins）合作的
《地中海风光》（*Paysage méditerranéen*）
《圣经箴言》
1974年
羊毛挂毯
226厘米×322厘米
尼斯，国立马克·夏加尔博物馆，法国国家动产中心寄存

图316
马克·夏加尔和伊薇特·考吉尔-普林斯合作的
《丑角或致我的妻子》（*Les Arlequins ou Hommage à ma femme*）
1993年
羊毛和棉质挂毯
317厘米×525厘米
私人收藏

从祈祷到启蒙：彩绘大玻璃

根据弗朗茨·梅耶的说法，夏加尔是在沙特尔大教堂（cathédrale de Chartres）邂逅了彩绘玻璃，他仔细观察了过去几个世纪的风格和技艺[40]。面对这一杰出的建筑及其“玻璃墙”时，夏加尔有了一种感受，后来他用一句话概括了自己的感受：“在这一材质面前，人类应该感到卑微！顺从！”[41]尽管他说的很谦虚，但实际上他收到了许多政府委托，在法国和国外完成彩绘玻璃作品。他为阿西圣母院创作了两扇彩绘玻璃（1956—1957年），随后参与了多个大教堂的彩绘玻璃修复，其中有梅斯大教堂，其彩绘玻璃窗在二战时期被损坏，夏加尔为其三扇窗户和拱廊绘制了《旧约》故事（1958—1968年）；在兰斯大教堂，他于1973—1974年为其深蓝色的半圆形后殿礼拜堂设计了三扇彩绘玻璃窗（图325、326）。在美国，他为联合国总部创作时，还接了一个私人委托，为洛克菲勒（Rockefeller）家族坐落在哈得逊山谷的波坎蒂科山（Pocantico Hills）教堂做设计（1963—1966年）。夏加尔难以抑制创作的欲望，没有拒绝任何一项委托。他的纽约画商开玩笑地说：“他接的委托太多了，以至于连死去的时间都没有。”[42]继镶嵌画之后，夏加尔的彩绘玻璃作品也成为沃尔特·埃尔本（Walter Erben）称之为“巨墙的十年”[43]的一部分：20世纪50年代末到60年代末是画家在纪念性建筑艺术领域的主要创作时期。

战后，神圣艺术复苏，在此期间，夏加尔造型艺术的质量也达到了决定性的阶段。这次复苏的特点是众多流派涌现。首先是教堂，开创了新的创作风格，其次是名胜古迹领域，玻璃工匠师傅带来的技术创新也起到了重要作用。“首要作用是封住窗户的彩绘玻璃窗，也属于宏大性和装饰性的艺术。毫不惊讶的是，很早就有许多‘窗户画家’专注其中，例如马蒂斯，再如夏加尔[44]”。但是，如果说夏加尔是为一种技艺而生的，当然除绘画外，那么就可以说是彩绘玻璃窗了。玻璃的透光性让夏加尔能够全力铺陈和关注他的各种色调和明亮度。彩绘玻璃窗的色彩和光线摆脱了材质的限制，可以通过空间中的色彩规则漫射，就像声音或是音符一样[45]。我们知道，这一艺术手法自中世纪起就很受艺术家的青睐，形成神圣空间和世俗空间之间不可触及的界限。夏加尔了解这一特殊性，他将光定义为一种透过窗户的神秘事物。“彩绘玻璃窗与油画有不同的目的”，他说，“因为背景不同，眼睛看彩绘玻璃的方式与看油画不同。当一个人祈祷时，他也会用心灵去看。对于我来说，彩绘玻璃窗是我的心灵和世界之心的透明分隔。彩绘玻璃窗可以是严肃的、充满热情的。这是一种滋养和激发灵魂热情的东西。正是对光的感知带来了生命力。”[46]

因此，毫不令人惊讶的是，抽象元素随着彩绘玻璃进入神圣场所。抽象和精神之间的联系众所周知，我们经常可以在抽象艺术先锋的理论著作中看到这一

图317
马克·夏加尔和夏尔·马克合作
《被信经簇拥的基督》（*Le Christ entouré de symboles*），为梅斯大教堂圆花窗所做的习作
1964年
彩绘玻璃，直径：205厘米
尼斯，国立马克·夏加尔博物馆，国家当代艺术基金会寄存

图318
马克·夏加尔和夏尔·马克合作
《创世纪（天堂）》［*La Création (le Paradis)*］，梅斯圣埃蒂安大教堂藏
1963—1964年
彩绘玻璃
355厘米×900厘米

下一跨页

图319
马克·夏加尔和夏尔·马克合作
《创世纪（天堂）》，梅斯圣埃蒂安大教堂藏
1963—1964年
局部

Chagall
1963 REIMS

图320
马克·夏加尔和夏尔·马克合作《西布伦的部族》(*La Tribu de Zabulon*),耶路撒冷哈大沙医院犹太教堂,南墙
1960—1962年
彩绘玻璃
338厘米×251厘米

图321
马克·夏加尔和夏尔·马克合作《阿舍的部族》(*La Tribu d'Asher*),耶路撒冷哈大沙医院犹太教堂,西墙
1960—1962年
彩绘玻璃
338厘米×251厘米

点,如皮特·蒙德里安就曾加入过神智学运动。更近期的有马克·罗斯科(Mark Rothko),他作品中色彩平面表现力以及亮度的精度,让人想起超验的现实。面对这些没有“边界”的景色,观众会逐渐感受到一种不确定的精神灵性。当我们了解到夏加尔的犹太出身之后,对于这种抽象美学,我们会想到对教堂中最神圣之地(犹太教堂中的一片空地)的描述,或是救世主世界的诞生,因为根据《佐哈尔》(*Zohu*)的说法,那是一个“没有图形的世界”。

彩绘玻璃窗是夏加尔走入抽象艺术所使用的唯一一种方式。最令人瞩目的是1960—1962年他为耶路撒冷希伯来大学哈大沙医院犹太教堂所完成的作品(图320、321、322)。根据犹太肖像传统,夏加尔在其中既没有表现上帝,也没有表现人类。在他为阿西圣母院选择的基督教主题引发各种批评后,这次恰好成为他为犹太人民选择属于自己的主题的绝佳之机。

图322
马克·夏加尔和夏尔·马克合作《拿弗他利的部族》(*La Tribu de Nephtali*),耶路撒冷哈大沙医院犹太教堂,北墙
1960—1962年
彩绘玻璃
338厘米×251厘米

נפתלי
Chagall
REIMS

教堂的十二扇窗户给了他以色列十二部族这一灵感，为此，夏加尔设计了象征性的伴随物（星辰、植物和动物）。他的设计比天主教大教堂更矮也更轻盈，让观众可以更直接地来到彩绘玻璃窗前参观，更何况这十二个半圆拱腹窗户有3米宽，2.5米高，占据了很大面积。每个彩绘玻璃窗都有各自的主色调，蓝色、黄色、红色和绿色。夏加尔不关心历史中十二部族出现的顺序，也不在乎每个部族通常与哪种颜色联系在一起。其实，《圣经》注释在这方面也留下了一定的自由解释权。

如果说教堂的装饰本身含有抽象的元素，那么，彩绘玻璃窗分裂的结构模糊了具象和抽象的界限，正如尼斯的《创世纪》（*La Création du monde*，图323、324）。阅遍夏加尔在彩绘玻璃窗领域的所有作品，我们发现他的风格非常多变。犹太教堂壁板给人一种生机勃勃的活力，让人想起立体-未来主义，萨尔堡科德利埃礼拜堂里的人物形象让人想起新原始主义（图327、328）。因此，即使夏加尔认为彩绘玻璃窗是绘画的自然延伸，它本身其实是独立的，符合地点的特征和主题的选择。

如果没有玻璃工匠师傅们的合作，没有他们按照夏加尔有时近乎挑剔的要求进行打磨，夏加尔的彩绘玻璃窗也不可能完成。夏尔·马克和布里吉特·西蒙（Brigitte Simon）来自兰斯手工作坊，是夏加尔真正的“旅伴”，他们很懂得如何诠释他的意图。夏尔·马克曾写道：“夏加尔谈及的紫色小孔、绿色斑点和蓝色洪流，都是他灵魂的色彩……，是他设计原稿深层的生命，是他在工作室中的工作生活，让我们可以想象出他作品的后续，以及我们手艺人随之做出的动作。”[47]与其他艺术技艺不同，彩绘玻璃窗要求有精

图323
《第七日·创世纪》（*Le Septième Jour. La Création du monde*）
尼斯国立马克·夏加尔博物馆，音乐厅
1971—1972年
彩绘大玻璃窗
465厘米×396厘米

图324
《创世纪彩绘大玻璃窗》（*les vitraux de La Création du monde*）习作
1971年
水粉、铅笔、墨汁和织物画，画纸
38.4厘米×56厘米
尼斯，国立马克·夏加尔博物馆，蓬皮杜中心国家现代艺术博物馆寄存
1997年付与

图325
马克·夏加尔与夏尔·马克合作完成《抱着孩子的圣母》(*Vierge à l'Enfant*)
图326局部，右页

确仔细的草图，才能得到预期的结果。西尔维·弗莱斯蒂使用了“录像语言”[48]这一精准的表达。在一项研究中，作者记录了创作彩绘玻璃窗的整个过程，从草图的绘制到水粉颜色的运用，再到设计原稿的拍摄以及转写到彩绘玻璃窗的实际尺寸都进行了详细地描述。随后是大幅底图，上面会有最初的草图和色彩数值，这张底图成为“作品的真正指导，附有施工的真正尺寸”。夏加尔介入到工作链的每个环节，尤其是玻璃的选择和铅线放样，对他来说，这是“彩绘玻璃画的骨骼”。然后，在最终焙烧之前，他会自己润色。他会雕琢人物脸部和头发的细节，让目光充满生气[49]。安布雷·戈蒂耶曾将其彩绘玻璃和陶器作品进行了卓有见地的比较，认为在这两种艺术形式下，追寻通透性和光亮对于作品完工来说是最重要的[50]。

图326
马克·夏加尔与夏尔·马克合作完成《耶西之树或犹大之王，亚伯拉罕和基督》
(*L'Arbre de Jessé ou les rois de Juda , Abraham et le Christ*，两块壁板)和《法兰西之王》(*Les Rois de France*)，兰斯圣母院大教堂，祭坛窗户
1973—1974年
彩绘大玻璃窗
975厘米×127厘米，1012厘米×135厘米和1045厘米×129厘米

图327
马克·夏加尔与夏尔·马克合作完成《和平或生命之树》（*La Paix ou L'Arbre de vie*），萨尔堡大教堂，科德利埃礼拜堂
1976年
彩绘大玻璃窗
1200厘米×750厘米

图328
马克·夏加尔与夏尔·马克合作完成《亚当和夏娃》（*Adam et Ève*）
图327局部，右页

巴黎歌剧院

为巴黎歌剧院天顶创作壁画这一经验是空前的。1920年，夏加尔在莫斯科完成了自己的代表作，即犹太艺术剧院一个小厅的布景。四十多年后，安德烈·马尔罗委托他为巴黎剧院的天顶做装饰。查尔斯·加尼叶（Charles Garnier）设计的这一歌剧圣殿拥有220平方米的巨大尺幅，把夏加尔带入了一次无与伦比的冒险之旅。这个作品标志着他在纪念性建筑艺术领域或者说全艺术领域作品的成熟。

两次作品的尺寸不同，创作背景也不一样：在莫斯科，艺术家表现的是整个犹太世界；在巴黎，他试着表达对法兰西的感激以及对这个被他当作第二故乡的城市的极度感激之情。我们甚至可以说，夏加尔的“入籍”，自为《拉封丹寓言》画插画（图201—207）始，中断于维希政府的黑暗时期，最后以这一宏伟的作品达到顶峰。马尔罗欣赏夏加尔，因而委托他完成这一任务。毫无疑问，这个选择也是因为他了解夏加尔在这一领域的经验，如夏加尔在美国时为《阿列科》（图256—258）和《火鸟》做过布景，1958年为巴黎歌剧院的《达芙妮与克罗埃》做过剧景和装饰。

安德烈·马尔罗的推荐源于他希望歌剧院面貌一新，尤其希望在其中加入当代艺术的元素。这位负责文化事务的国务部长早在1959年就提出过这个计划的雏形。他在被任命之前，已经计划推行一项在公共场所进行整体装饰的政策，最开始是卢浮宫博物馆一个展厅的装饰，这份工作委托给了乔治·布拉克。随后是1962年委托夏加尔绘制歌剧院天顶的工作，以及1965年委托安德烈·马松（André Masson）绘制奥德翁（Odéon）歌剧院天顶的工作。马尔罗很可能认为，夏加尔的艺术属于具象艺术，很可能并不会让以保守派为主的歌剧院观众们感到震撼。计划宣布后并没有激起太大的热情反响。评论家们本就对天顶原来的装饰没有太多的喜爱之情，原天顶壁画是朱勒·尤金·勒内普（Jules Eugène Lenepveu）的作品，他是美第奇别墅的主人以及查尔斯·加尼叶的朋友，曾获罗马设计大奖。勒内普绘制的天顶，是一个名为《白昼和黑夜》（*Les Heures du jour et de la nuit*）的神话场景，这也符合19世纪70年代歌剧院建筑年代的风格。当这一委托给了夏加尔之后，人们主要担心他的风格会破坏之前装饰设计的整体性[51]。这让我们想起之前《拉封丹寓言》的小插曲，以及传统和现代之间不可调和的碰撞所激起的义愤。再一次，评论界先是对整体风格的混搭感到不适，让·夏乐（Jean Chaillot）用诙谐的方式表现了这种感受：“人们大喊着渎圣和糟蹋，不是为了讨论夏加尔的艺术，而是因为这有点像是为了让一个秃顶百年的家伙重焕青春，于是在它的脑袋上扣上一顶凯伊黛卷曲假发[52]。”

图329
加尼叶歌剧院（又称巴黎歌剧院）天顶最终画稿
1963年
水粉、色粉、彩色铅笔、墨汁和织物拼贴画，加衬布的画纸
141厘米×141厘米
私人收藏

图330
马克·夏加尔在哥白林美术馆绘制加尼叶歌剧院天顶画
1964年3—7月
摄影
私人收藏

图331
巴黎加尼叶歌剧院天顶
1964年
油画，装裱在亚克力板上的画布
220平方米

与后来为《圣经箴言》（图343—346、348—354）所做的那样，夏加尔在这个项目中投注了无限的心血。查尔斯·索利尔（Charles Sorlier）详细描述了他的工作方法。首先，他完成了多幅草图，内含色彩斑斓的抽象色块；在某些草图上，他还会加上织物和纸张的拼贴；同时，他希望为自己所欣赏的作曲家们扬名。如德彪西（Debussy）、拉威尔（Ravel）、穆索尔斯基（Moussorgski）、柴可夫斯基，并为莫扎特（Mozart）保留了荣誉席位。他完成了两幅为实际施工尺寸十分之一的巨幅设计原稿，设计最终被提交给戴高乐将军和马尔罗，由他们拍板决定[53]。

夏加尔对这次举荐的热情也是因为他对音乐的极度热爱，这一点他曾多次确认过。与在犹太艺术剧院的工作不同，那次他的角色主要是导演，并介入舞台布景。这一次，他在歌剧院项目上向自己喜爱的音乐家们致敬，排在首位的就是莫扎特，此外，还有拉莫（Rameau）、德彪西和斯特拉文斯基。天顶是个“充满活力的回旋，身体处于永恒的运动中，冷暖色调转换中有着清晰的色彩视野，但看到的边界是模糊的，产生‘彩绘玻璃窗’‘镶嵌画’或是‘宝石’的效果，让人感受到这个作品世界中……对静止的拒绝。”[54]由此，我们发现了与犹太艺术剧院的共同特点，即动感。“夏加尔的画中没有什么是静止不动的。”[55]巴什拉写道。

夏加尔的“这场演出”是用油画完成的，悬挂在观众头顶几十米高的地方，显得更加清晰、坚固、丰满。夏加尔用出神入化的技巧，使作品整体保持了色粉画般的轻盈感。对于他来说，是“将声音的世界变得可见，将非物质的音乐语言和用彩色材料表现的绘画语言相比较，实现了音乐家们用音乐表现世界以及画家用绘画表现音乐的夙愿[56]”。天顶分成五个不同的色彩区域。每个区域里，艺术家都画了两位著名的音乐家，有时候会结合他们最著名的音乐作品。拉威尔和斯特拉文斯基的红色、拉莫和德彪西的白色、柏辽兹（Berlioz）和瓦格纳（Wagner）的绿色、穆索尔斯基和莫扎特的蓝色，以及柴可夫斯基和亚当（Adam）的黄色相继出现。我们可以发现夏加尔在音乐品味方面的广泛兴趣，尤其是他对俄罗斯作曲家的重视。评论界发现了这一比例失调，认为这极其不公。夏加尔也向巴黎及其名胜致敬，例如歌剧院、埃菲尔铁塔和凯旋门。在它们旁边是不可或缺的维捷布斯克景色、天使和恋人、花束和混种动物。效仿文艺复兴传统，夏加尔还在其作品中悄悄插入了他的“资助人”安德烈·马尔罗。

公众们在发现新的天顶后反应一致，评论界则在很久之后才接受这一传统和现代的混合风格。然而，在真正施工之前，这个项目就已经被接受，而且并没有激起公愤。虽然存在风格不一致的问题，但是人们承认他作品的品质。例如，皮埃尔·马萨拉（Pierre Mazara）就对其褒贬不一，他曾说道：“画家的灵感和演出剧目之间的对立以及天顶和演出厅两种材料的对立，将作品与建筑学背景孤立开来，使其成为一个被保护的世界，就像是用魔杖变出一个魔法世界。”但是他也承认，艺术家“知道如何用等同的造型艺术去表现相应的乐队音调……。立体构成的优美巨幅壁画，优雅地融入这一封闭的结构中。可以说是画家作品的集合体。”[57]

这一杰出的作品自落成以来引发了激烈的笔战，但是又从中超脱出来，既然我们如今依然能够欣赏到它，那么是否可以称之为夏加尔的代表作？就好像“梦想的演出，温柔或诙谐的大型庆典，滑稽的马戏，色彩缤纷的阅兵”[58]？毫无疑问，我们看到了他如空气般的轻盈以及飘浮的色彩魅力，不过，其中也带着所有面向公众的项目所固有的局限。安德烈·马尔罗没有弄错，夏加尔的艺术能够触动每一个人。

RAMEAU
Chagall
DEBUSSY
PELLEAS ET
MELISANDE
RAVEL

图332和图333
加尼叶歌剧院天顶
1964年
油画，亚克力板上装裱的画布
220平方米
图331局部，第309页

STRAVIN

第七章

上帝的走钢丝演员

"油画
如果我的阳光照耀着黑夜
我睡了——沐浴在色彩中
在图像的床上"

马克·夏加尔，《犹太诗选》（*Anthologie de la poésie juive*），1967年。

《圣经》

"我从年少时就被《圣经》迷住了。我一直感到它是我诗意的源泉。从那以后，我开始在生活和艺术中寻找《圣经》的投影。《圣经》就像是大自然的回响，而这一秘密，是我一直在努力传达的。"[1]1973年7月7日，夏加尔在尼斯圣经箴言博物馆的揭幕式上这样说道。这座博物馆设立的初衷是收藏他的《圣经箴言》系列作品（图343～图346，图348～图354）。后来，这一宣言被铭刻在大门处，它概括了艺术家和《圣经》之间的联系，也表明了这个在过去几十年里逐渐成熟的想法对艺术家的重要性，从各种意义上来说的重要性。长期以来宗教成为艺术肖像画的主要源泉（包括神话），但20世纪还对其感兴趣的画家已经凤毛麟角。过去的艺术创作者要遵从宗教当局的指示来表达这种类型的图像，严格遵守明确的规范，但20世纪以后的画家们对神圣文本的解读则更加灵活。夏加尔就是这样，他尤其不会局限于几个被滥用的著名场景，而是专注于《旧约》的文本。尽管他并非忠实信徒，但是《圣经》却给了他大量的灵感和素材。对于他来说，艺术和神圣是紧密相连的，这一点确定无疑。

这一信念并不能阻止他将《圣经》作为现在的阅读框架。他的表述在两种极端之间摇摆：一方面使用《圣经》文本将过去和现在的犹太民族历史画出来，另一方面，作为艺术家，他认为自己应该在国家之间以及宗教之间传递和平的讯息。他的《圣经》观点是普世的，正如他的作品所诠释的那样，布景和彩绘玻璃出现

前一跨页

图334
《摩西在燃烧的荆棘丛前》（*Moïse devant le Buisson ardent*）
1960—1966年
图348局部，第328页

图335
《路上的亚伯拉罕和以撒》（*Abraham et Isaac en route*），《圣经》水粉画习作
1931年
21.9厘米×16.5厘米
私人收藏

在天主教、新教或是犹太教圣地，对各种信仰一视同仁。他在1959年为阿西圣母院圣洗堂完成的陶艺作品底部就曾写下这样一句铭文："为了所有宗教的自由。"

对于夏加尔来说，《圣经》由一整套文字构成，包括文学和诗，是各种文体的合集。他在1930年开始就这一主题开展工作，当时恰逢安布鲁瓦兹·沃拉尔委托他为《旧约》画插画。《先知书》从1925年开始规划进行："即使氛围不是那么的有预见性，甚至可以说是不吉利的"，他接着写道，"但它反而可以成为我的助力。"[2]1931年，在为《创世纪》和《出埃及记》画了四十多幅水粉画习作（图337、338）之后，夏加尔又绘制了上百幅蚀刻铜版画。他是以美国诗人耶胡阿西（Yehoash）的意第绪语译本《圣经》为基础进行创作的。除了沃拉尔的项目，画家在《圣经》中汲取了数量可观的元素、图案、色彩、人物和独有的氛围的灵感，来丰富自己的创作想象力。他曾接受英国委托前往巴勒斯坦，并在回来后完成了水粉画创作。夏加尔曾向沃拉尔倾诉说，他需要前往圣地汲取灵感，来完成这些插画。受邀于特拉维夫（Tel-Aviv）第一任市长迈尔·迪岑哥夫（Meïr Dizengoff），1931年2月，在法国诗人埃德蒙·弗莱格（Edmond Fleg）和希伯来语诗人哈伊姆·纳赫曼·比亚利克（Haïm Nahman Bialik）的陪同下，夏加尔踏上了这片土地。艺术家对于此次盛情接待印象深刻。他尤其注重主题方面的工作，一张摄影照片可以证明，"他的话和作品改观了自古以来的看法"，娜塔莉·哈赞-布鲁内写道[3]。上加利利（Haute-Galilée）地区、耶路撒冷和采法特（Sefad）的景色深深震撼了他："耶路撒冷？在这个城市里，我们感到自己已经抵达了旅行的终点。在狭窄的街道上，山羊和阿拉伯人来来往往，在小巷子里，犹太人……正走向哭墙，似乎基督不久前在这里行走过。在这里，我们感到犹太教和基督教是一个大家庭。"[4]我们回忆起保罗·克利面对突尼斯那触动人心的色彩和光线时发出的呐喊："色彩和我成为一个整体。我是画家。"在夏加尔身上也是如此，他的反应不属于美学范畴，而是属于情感。他为拉结墓、哭墙和采法特教堂所作的画都属于自然主义风格。他尤其被那些忠于犹太文化并用意第绪语交流的人所吸引，尤其是赫尔曼·斯特克，他是夏加尔在柏林的版画启蒙老师，1923年定居于巴勒斯坦。让-米歇尔·弗莱对夏加尔此次游历以色列的经历有一个非常新颖的猜测，他认为，夏加尔为《圣经》画插画是对犹太文化禁忌的触犯，显得不那么顺理成章。所以与前往巴勒斯坦地区寻找灵感的其他

图336
《献祭以撒》（*Le Sacrifice d'Isaac*），《圣经》水粉画习作
1931年
水彩、水粉和铅笔画，画本
20厘米×15.4厘米
私人收藏

Marc
Chagall 1930

图337
《上帝造人》(*Dieu crée l'homme*),《圣经》版画习作
1930年
水粉画,画纸
64厘米×48厘米
尼斯,国立马克·夏加尔博物馆藏

图338
《诺亚接到建造方舟的指示》(*Noé reçoit l'ordre de construire l'Arche*),《圣经》版画习作
1931年
水粉画,画纸
58厘米×42.5厘米
尼斯,国立马克·夏加尔博物馆藏

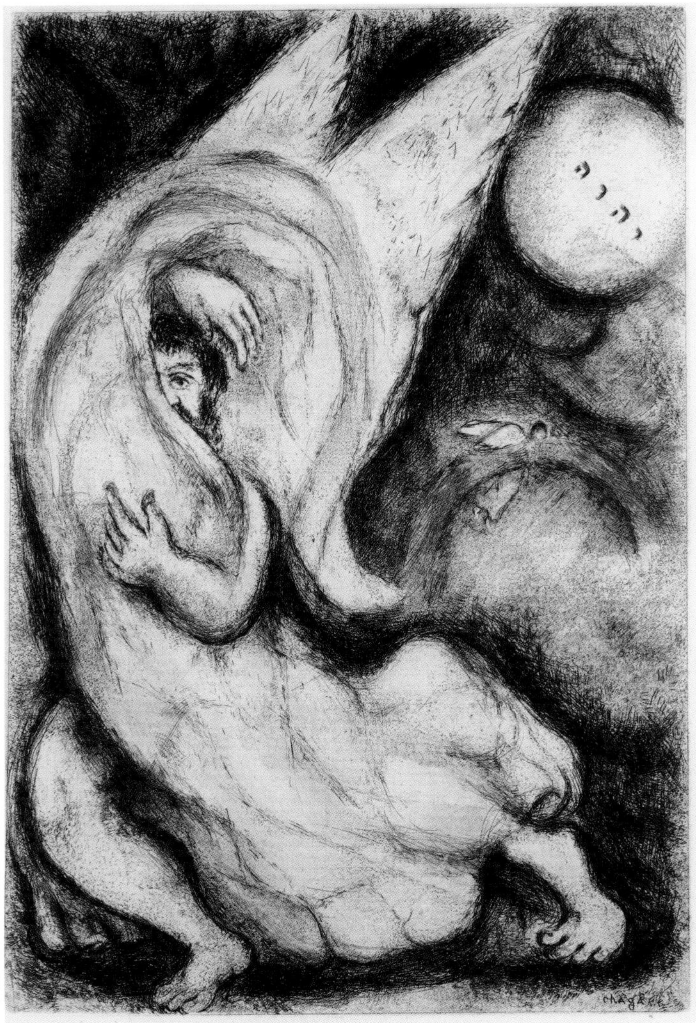

图339
《上帝宽恕耶路撒冷》(*Le Pardon de Dieu annoncé à Jérusalem*),《圣经》第96幅插画
1952—1956年
蚀刻和针刻版画，画纸
33厘米×22.8厘米
尼斯，国立马克·夏加尔博物馆藏

图340
《先知耶利米预知耶路撒冷将被尼布甲尼撒王占领》(*Prise de Jérusalem par Nabuchodonosor selon la prophétie de Jérémie*)
《圣经》第101幅插画
1952—1956年
蚀刻和针刻版画，画纸
31.5厘米×26厘米
尼斯，国立马克·夏加尔博物馆藏

图341
《大卫和拔示巴》(*David et Bethsabée*),《灵韵》杂志上发表的《圣经》插画（第VIII卷，第33和34期）
1956年
石版画，画纸
35.8厘米×28.5厘米
尼斯，国立马克·夏加尔博物馆藏

艺术家不同，夏加尔对于根源的追寻与回归，是希望获得对自己职业的一份许可，一种合法认可[5]。

所有《圣经》插画完成于1956年，并由特里亚德在《灵韵》(*Verve*)杂志上出版。最终版本包括一百零五幅蚀刻和针刻版画（图339、340），分为两卷。插画的创作过程包括多种版刻状态（图341），从明确图案到最终的刻版，然后手工精修。我们也因此得以发现夏加尔轮流使用了针刻和蚀刻工艺（釉底），用抛光机打磨产生明亮的色调，而半透明的色调则是通过玻璃纸实现的。

在出版《圣经》插画时，夏加尔已经在考虑未来建立圣经箴言博物馆。伊丽莎白·帕库德-雷梅（Élisabeth Pacoud-Rème）证实，这些水粉画是夏加尔博物馆里展示的油画的习作。她认为，多幅《圣经》油画重拾了水粉画的构图，比如《过红海》《亚伯拉罕和三个天使》(*Abraham et les trois anges*，图345)、《献祭以撒》(*Le Sacrifice d'Isaac*，图351）以及《冲击岩石》(*Le Frappement du rocher*）这四幅画。但是，她写道："如果说水粉画是对《圣经》文本和人物最接近的解读，《圣经箴言》里的大尺幅油画则给了《圣经》一种救世使命感。"[6]

无论如何，夏加尔1950年来到旺斯后不久，虽然身上还残留着战争的印记，但已经完成了《圣经》主题的大尺幅油画，并开始计划把它们存放到统一地点。与以往一样，这一想法并不局限于他自身信仰的宗教场所，他选择了卡尔瓦尔（Calvaire）的礼拜堂。人们不知道他是否考虑过旺斯的某个或某些礼拜堂，但是根据乔安娜·林德斯科的说辞，已知的资料中只提到了卡尔瓦尔的主礼拜堂（1952年）。他的计划是将油画对称悬挂在墙壁上，形成十字架形，计划进行三组：中殿的《上帝面前的圣经人物》(*L'Homme biblique devant son Dieu*），圣器室的《雅歌》以及讲述现在人类命运的第三组作品（未完成）。前两组作品构成了《圣经箴言》组图的开端。然而，1955年，这项计划因为资金问题搁置了，当然，还有一个原因是，礼拜堂里有条十字架路，上面摆放了五十多座18世纪初期

61/75
Marc Chagall

图342
《过红海》，阿西圣母院瓷砖墙设计稿
1956年
熟陶土和颜料
73.8厘米×54厘米×5厘米
私人收藏

的雕塑，如果要完成计划，还需要将它们移开。

在此期间，夏加尔还承接了阿西圣母院施洗堂的装饰工作（1956—1957年）。其中有一段瓷砖墙壁画《过红海》（图342），取材于《诗篇》（*Psaumes*）的两个浮雕作品《牝鹿或诗篇42》（*La Biche ou Psaume 42*）和《鸟或诗篇124》（*La Biche* et *L'Oiseau* ou *Psaume 124*），还有两扇彩绘玻璃窗《持烛台的天使》（*L'Ange au chandelier*）和《持圣油的天使》（*L'Ange aux huiles saintes*）。在阿西，与当时许多大的教会项目一样，我们都看到了夏加尔在流亡纽约期间认识的多米尼加神父玛丽·阿兰·库图里埃（Marie Alain Couturier）的身影。这位受人尊敬的牧师熟知20世纪的艺术，系统研究过礼拜仪式环境，并为圣绪尔比斯学院派的衰落感到遗憾。在他看来，这一学院派几十年来使绘画艺术越来越贫瘠[7]。在让·德维米神父（Jean Devémy）和建筑师莫里斯·诺瓦里纳（Maurice Novarina）的协作下，库图里埃神父为阿西请来了夏加尔身边的主要艺术家，包括斐尔南·莱歇、雅克·利普希茨以及洁曼尼·里西埃（Germaine Richier）。"在这一相对单纯的圈子里，第一次，有关墙壁和空间活跃的各种问题被摆到了夏加尔面前。这个小小的施洗堂看起来似乎成为了未来纪念性建筑领域艺术作品的诞生地。随后诞生的作品的尺幅越来越大，涵盖了空间和建筑"[8]。

夏加尔犹豫是否要承接装饰基督教祭祀地的工作，例如阿西圣母院和旺斯一个夭折的项目。他甚至为此曾咨询了犹太界著名人士的意见，主要是法国人。法国大拉比雅各布·卡普兰（Jacob Kaplan）和诗人亚伯拉罕·舒茨克维尔（Abraham Sutzkever）反对这一想法，安德烈·舒拉基（André Chouraqui）则支持他。夏加尔一方面在作品中坚持普世，另一方面又紧靠犹太传统。在写给以色列第一任总统哈伊姆·魏茨曼（Chaim Weizmann）的信中，他提到了旺斯礼拜堂："如果我接受了，那是因为我希望实现我的某些画中的场景，完全属于我的风格和我的个人观点，象征着受迫害的犹太人民的苦难。[9]"实际上，借用金娃·阿米沙-梅瑟的一篇文章中所写的，夏加尔所有基于《圣经》的作品都在认同与和解之间摇摆，在明确唤起对20世纪犹太人民遭迫害和屠杀的悲剧命运的悲悯，以及试图将犹太历史与基督教文本联系起来之间摇摆。[10]他的偏爱始终如一，在犹太听众面前，他用意第绪语宣称："对于我来说，基督一直是犹太殉道者的象征。在1908年我是这么理解的，当时我第一次使用了这一形象……也是在迫害的影响下……。我的上帝是犹太上帝。《圣经》是我的书……我从没有画过福音书上的形象，只有我们自己的《圣经》。"[11]

正如西尔维·弗莱斯蒂所写，如果我们排除掉1920年为犹太学校和莫斯科犹太教堂进行的装饰，就会发现，阿西项目确实是夏加尔第一次"需要将作品放入一个现存的空间，并且其首要内涵属于宗教仪式范畴"[12]。

圣经箴言博物馆

旺斯的卡尔瓦尔礼拜堂项目失败后，因为有了诸多机会，创建一座博物馆的想法终于得以施行。尤其是在夏加尔的老朋友安德烈·马尔罗于1959年被任命为文化部部长，以及画家和妻子瓦伦蒂娜于1966年和1972年两次向法国政府捐赠他的作品之后。其中有一套素描作品以及一些油画、雕塑、版画作品和插画书，四十多幅沃拉尔委托创作的水粉画，以及特里亚德出版的版刻《圣经》样书。博物馆的建设以及《圣经箴言》作品也没有逃脱公共计划固有的困难。安娜·多普菲尔（Anne Dopffer）和乔安娜·林德斯科在2018年尼斯组织的展览详细回顾了这一漫长工程的各个阶段。这座博物馆让人们能够在如今了解艺术家为《圣经》画的版画和纪念性建筑领域的同一主题艺术作品之间的变化。这也是见证夏加尔运用各种技术和材质的卓越能力的好机会。这包括他的素描、版画、油画、挂毯、陶艺、马赛克镶嵌画、彩绘玻璃窗和雕塑作品等。

二战以后，我们见证了神圣艺术的复苏，允许现代艺术进入到礼拜教堂。谈及20世纪的宗教艺术，历史学家埃德加·温德（Edgar Wind）曾提出，宗教崇拜艺术是否能够成为大众艺术，或是大众艺术是否可以成为宗教崇拜艺术？他的结论完美符合夏加尔的实践，也正如马蒂斯和毕加索的尝试一样，他认为唯一一种适合20世纪的宗教绘画是属于个人或是小团体的，这能够给艺术家提供一个冥想的主题。艺术家需要创造新的规则，并与大众和僵化艺术拉开距离。令人惊讶的是，库图里埃神父发表过类似的观点："我相信纯粹宗教影响作品的存在，但它应该是完全个人的……发乎自然的……，是超出预期的、非人为筹备的，换句话说，我相信奇迹。新的大师不是基督教徒，但他们是当之无愧的巨匠。"[13]

图343
《过红海》
1955年
油画，画布
216.5厘米×146厘米
尼斯，国立马克·夏加尔博物馆，蓬皮杜中心藏

马蒂斯为旺斯的罗塞尔（Rosaire）礼拜堂所做的装饰（1948—1951年），是完全宗教式的工程，对这位法国南部的"邻居"的规模庞大的计划，夏加尔绝不会毫无所动。随后，毕加索为瓦洛里（Vallauris）

图344
《大卫王》
1951年
油画，画布
198厘米×133厘米
尼斯，国立马克·夏加尔博物馆藏

修道院礼拜堂创作《战争与和平》（*La Guerre et la Paix*，1952年）。

两个人都拒绝使用传统认可的表现体系诠释宗教情感，他们试图在不放弃个人主要风格的基础上表现神圣。夏加尔的不同之处在于作品安放的位置，尽管他的作品有精神灵性的一面，但却栖身于博物馆这一世俗的空间。

“夏加尔的作品既不是装饰，也不是宗教实践的支撑”，皮埃尔·普罗瓦耶（Pierre Provoyeur）写道[14]。这是史上首次为依然在世的艺术家设计建造的博物馆。当然，为莫奈的《睡莲》（*Nymphéas*）建造的橘园美术馆除外，因为莫奈在美术馆尚未完工时就已经去世了。当时，有两个城市成为这一项目的候选：格拉斯和尼斯。夏加尔选择了后者。奥古斯特·贝瑞（Auguste Perret）和勒柯布西耶（Le Corbusier）的长期合作伙伴安德烈·赫尔曼特（André Hermant）于1962年提交了最初的设计稿。建筑师象征性地借鉴了耶路撒冷的石头来建造大楼的墙体。国家圣经箴言马克·夏加尔博物馆1969年在尼斯奠基，并于1973年落成，意味着夏加尔的愿望终于实现。他死后，博物馆通过接受赠予和采购新作品，藏品更加丰富。2005年，它正式更名为国立马克·夏加尔博物馆。

1955—1966年，夏加尔为这里设计了十七幅巨幅画，希望表达自己与神圣的关系。他使用这种尺幅恢复了祭坛后部安放装饰屏这一传统，并宣称，对于他来说，这些画“并非表现某一民族的梦想，而是全人类的梦想”[5]。大部分的画都是临摹过去的素描和水粉画。博物馆还收藏了他1950年左右完成的五幅画中的三幅，即《大卫王》（*Le Roi David*，图344）、《摩西接受律法板》（*Moïse recevant les Tables de la Loi*，图350）以及《过红海》（图343），可以说是他有关《圣经》场景的第一套组图。这三幅画带有一种格外的天真风格，几乎可以说是左派的，尤其是大卫王的双手在弹奏竖琴的场景。这三幅画不突显气氛的表达，人物也不够现实，比他惯常的作品更加风格化，就好像是宗教文稿中的小彩画或是童话故事的插画。与后来作品所强调的表现度不同，在这里，观众始终与作品保持着一定的距离。

十七幅巨幅油画组图描述了上帝的选民的历史，从《上帝造人》始，至《过红海》终。《创世纪》和《出埃及记》的展厅展出了十二幅油画，《雅歌》单独占据一个展室。这些作品让我们能够理解艺术家对《圣经》的表达方式。夏加尔不是一个理论家，他没有试图诠释文本，也不是通过文字画插画。虽说《圣经》是他童年时就获得的知识，在犹太宗教小学接受的宗教教育让他非常熟悉主教、国王和先知，但他远远还称不上宗教学者，更不是一个书呆子。“我似乎看到了沙漠里的帐篷，在火辣辣的日光下赤身裸体的犹太人，激烈地讨论着我们以及我们的存在——摩西和上帝。”[16]劳伦斯·西格尔-克拉斯巴尔德写道：“应该强调艺术家灵活的大脑是如何从文本跳转到传说，又从学术性的释义跳转到民间传说的。”[17]《圣经》系列中交织着画家童年的回忆和当代现实事件，夹杂了意第绪的传说和宗教认知，但没有逃离夏加尔式的混杂。娜塔莉·哈赞-布鲁内坚持认为，夏加尔毫无疑问对《圣经》充满着非常个人和奇幻的理解，并在其作品中有所体现。这位作者接着说，为了教犹太宗教小学的孩子们学习阅读，老师们会将字母与常见的概念做对照。例如，将字母*alef*与送水搬运工对照，或是字母*beit*与张开的嘴巴联系起来。这些回忆在夏加尔选择表达方式中也占据一席之地[18]。

与别处一样，夏加尔依然是个讲述者，这一点并不令人惊讶。梅耶·夏皮罗提到，《旧约》是一部史诗，它不仅是神圣的文本，还探讨了人类情感的各种变

图345
《亚伯拉罕和三个天使》
1960—1966年
油画、色粉和漂白锯末画，画布
190厘米×292厘米
尼斯，国立马克·夏加尔博物馆藏

化。尽管，神圣的力量拥有最终话语权。这一超越时间的旅行（在《圣经》中，没有之前和之后[19]）经常也伴随着空间的旅行。犹太聚集区的犹太人总是与空间保持着双重性的关系。他们存在一个现实的领土，或者说功能性的空间，也有一个想象的领土，即“应许之地”，那里投射着所有的希望和渴求，正如犹太逾越节时人们所祈祷的那样：“耶路撒冷的下一年……”这两个空间并存，而想象的领土是意识不容拒绝的升华。西班牙黄金时代的诗人和哲学家犹大·哈列维（Judah Halevi）在其著名的诗歌中总结这种二元矛盾：“我的心灵属于东方，我的躯体在极西之地。”

在夏加尔的画中，主题的融合、时空相互交错的同时性和并列性都是《圣经》超越时间这一特征的证明，但最重要的，还是记录人性和神性。在人性和神性的相遇中，却恰恰是人类，当然特指主教、先知或是国王这些与神的力量相关的人类，能够更好传递我们所熟悉的感情。夏加尔画中充满的天使形象，是上帝“任命”的使者，经常是僵化的或是一个侧影，仅仅局限于扮演自己的角色，也就是传递神谕，例如《亚伯拉罕和三个天使》（图345）。这幅图的构图和色彩源自安德烈·鲁布烈夫（Andreï Roublev）的三位一体圣像，圣像藏于莫斯科的特列季亚科夫美术馆。画面主色调为红色，使整个场景处于非现实的氛围中。三位天使告知亚伯拉罕和他的妻子撒拉，他们的儿子以撒将会很晚才出生，并坐在宴席桌旁，张开了壮观的翅膀，人们能够看到他们的背部和侧面。这是绝无可能发生的事件，因而亚伯拉罕的脸上显露出困惑的神情，他看起来似乎在沉思。与整个组图一样，夏加尔在这里运用了一种时态上的分裂，来唤起祭坛后面装饰屏中部的主嵌板画和装饰屏下部的一组次要场景绘画之间的关系。在《亚伯拉罕和三个天使》这幅画中，右上方的气泡中描绘的是亚伯拉罕在得知所多玛

（Sodome）和蛾摩拉（Gomorrhe）将要被摧毁的时刻。画面整体都贯穿着由数不清的斜线组成的不规则形状，就像是光线的照射。是过去承自德劳内的俄耳甫斯派的做法。

夏加尔在《圣经》系列作品中的图像开始远离维捷布斯克的人物形象，从贝都因人身上获得了灵感，使这些图像更具东方化的特征，以此来确立一种新的人物形象。毫无疑问，画家深受在巴勒斯坦地区和以色列游历的影响，被那里的东方化风格和异域风情所吸引，但不同于其他现代派艺术家，对于夏加尔来说，他重新找到了象征意义上的根。这个根与飘在空中的空气人是不同的。“夏加尔画出了那些笨拙的男人、老人、农民以及那些紧紧依附于供养他们的土地上的人。笨重的身躯、厚实的双手、笨拙的祈求恩赐的动作，这些与上帝对话的人是土地上的人，而负责传递神谕的天使们则是天上的人[20]”。这些人物绝非理想化的，反而似乎是身边熟悉的人。观众可以分享他们的感情和反应。在这种意义上，夏加尔的画很接近伦勃朗，而与意大利艺术的完美评判标准相去甚远，也与以希腊运动员的身材为模板的美学观念不符。因此，当夏加尔画《雅各与天使互搏》（*La Lutte de Jacob et de l'Ange*，图346）时，这种人与天使的面对面让他着迷，通过他们的身高和动作差异，以及每个人物在搏斗时展现出的力量，强调了人物的对立。当雅各用尽全身的力量搏斗时，天使只是高高在上地站立着，丝毫也不紧张。我们想到了波德莱尔对这场战斗的两位对手的描述，正如夏加尔非常欣赏的一位画家欧仁·德拉克洛瓦（Eugène Delacroix）对此的诠释：“自然的人和超自然的人互相搏斗，每个人都按照各自的属性行事，雅各像公羊一样向前躬起身体，全身肌肉紧绷，而天使却轻松地加入战斗，表情平静而温柔，好像毫不费力就可以获胜，不允许怒火让自己神圣的肢体变形。”[21]这幅画中，在左上方，夏加尔再次画了另一个与雅各相关的“私人”场景：与拉结的相识。这种构图让人想起他作品众多标志性场景中的一个，源于他与贝拉的相识。

夏加尔对雅各非常感兴趣，这幅画与《雅各的梦》（*Le Songe de Jacob*）构成双部曲。这种看法非常合理，因为有些《圣经》释义本将雅各的搏斗当作一场梦或幻觉。在一个夜间的场景中，主色彩是紫色和蓝色，让人想起德拉克洛瓦在巴黎圣绪尔比斯修道院（Saint-Sulpice）画同一主题时使用的色调。但是，吸引夏加尔的是与天使搏斗的场景。相关习作表明，夏加尔与前辈德拉克洛瓦一样，通过描绘这一场景的不同时刻，去努力抓住这次奇特相遇的最关键一刻。其中一幅习作是黑白素描（图347），表现的是真正的肉搏场景。两个人物激烈碰撞，雅各背朝观众，而天使似乎蹙着眉，强调他在用力，这让人想起著名的

图346
《雅各与天使互搏》
1960—1966年
油画，漂白的锯末或沙画，画布
251厘米×205厘米
尼斯，国立马克·夏加尔博物馆藏

图347
《雅各与天使互搏》
1950—1952年
墨水、渲染和红粉笔画，画纸
35.7厘米×29.8厘米
蓬皮杜中心国家现代艺术博物馆藏

图348
《摩西在燃烧的荆棘丛前》
1960—1966年
油画，色粉和漂白锯末画，画布
195厘米×312厘米
尼斯，国立马克·夏加尔博物馆藏

图349
《上帝造人》(*La Création de l'homme*)
1956—1958年
油画，锯末或沙画
299厘米×200厘米
尼斯，国立马克·夏加尔博物馆藏

《做鬼脸自画像》(*Autoportrait à la grimace*，1917年，图377)。天使束起来的浓密头发，以及鼻子的形状，都让人想起夏加尔的长相。在他的作品中，许多场景都是天使和他同体共存（图122、376），我们会疑惑，夏加尔是否藏身于神使的外表之下。这种假设是解释夏加尔在诠释《圣经》时这一谜之转折的关键点，尤其是当我们读德拉克洛瓦文字的时候："绘画用一千种方式纠缠我，折磨我……但是当我离开它的时候，却迎来了这场永恒的搏斗，它不但没有击垮我，反而让我重新站了起来；不但没有让我气馁，反而安慰了我并充实了我的时间。"[22]这种人类与更高级别的力量之间的反抗斗争，对于夏加尔来说，不正隐喻着从未离开过他的创作困扰吗？这场搏斗，直到最后一刻，内在的必要性战胜了内在的反抗。夏加尔为这一主题上留下了一个特殊的见证：一座名为《雅各的梯子》(*L'Échelle de Jacob*，1973年，私人收藏）的大理石雕作品。另一种诠释是亚伦·罗森（Aaron Rosen）提出的，他认为雅各的梦和基督受磔刑是关联的。作者提醒我们，在《旧约》的这一场景中，雅各在睡梦中看到许多天使在梯子上爬上爬下，于是上帝给了他一个承诺："我必与你同在，无论你往哪里去，我必保佑你，领你归回这地。我总不离弃你。"[23]作者认为，夏加尔在众多表现基督受磔刑的作品中画了梯子，也是为了唤起人们对于《雅各的梦》的记忆。《白色磔刑》（图240）中化为灰烬的梯子表明基督不仅被人类抛弃了，也被上帝抛弃了[24]。

《圣经》插画中令人震撼的作品之一就是《上帝造人》（图349）。在一幅1930年完成的小尺幅水粉画上，我们看到一个长胡子的天使扛着一个尚未被赋予生气的人，这幅画收藏于国立马克·夏加尔博物馆。《创世纪》那充满力量和神秘感的图像带来了多种诠释："是否参照了米德拉西（*midrash*）①？天使在上帝造人时起的作用，以及出生前灵魂的旅行，是否可以

①希伯来文midrash的音译，意为"解释"，犹太教讲解《圣经》的布道书。译注。

图350
《摩西接受律法板》
1960—1966年
油画，漂白过的木屑或沙画，画布
237厘米×233里
尼斯，国立马克·夏加尔博物馆藏

认为这符合上帝的使者将诞生的人放到伊甸园里的传说？”[25]但是这幅画与其他作品一样，图像的视觉力量和想象的力量胜过博学者的释义。

摩西是犹太人民历史的中心人物，在《圣经》组图中出现了三次：《摩西在燃烧的荆棘丛前》（图348）、《冲击岩石》（《旧约》中提及的极少数几个奇迹之一）以及奠基性场景《摩西接受律法板》（图352）。组图中没有出现过上帝的身形，但是有时候会暗示其现身，最常见的情况是藏身于乌云中。这套组图中，只有在他将律法板递交给先知的时候才将他的双手具象化了。另一重要人物是亚伯拉罕，他出现在《创世纪》最悲剧性的一幕中：献祭以撒。夏加尔意识到他面前有很多前辈留下的典范。如保罗·委罗内塞、提香、丁托列托（Tintoret），尤其是伦勃朗。夏加尔这幅作品，以其活力、斜线、曲线与反拱线的变幻而贴近巴洛克风格。让·卡索认为，所有的《圣经箴言》图，都具有巴洛克精神，而这幅作品在动态性、形状的扭曲、悲怆和色调上则带着丁托列托的影子[26]。然而，在最后一幅画中，亚伯拉罕转向天使的脸，牢牢抓住观众的视线。这位族长的表情就像是鬼魂附身，这一点非常不可思议，但只有这样，才能解释他超越了人类理解力的动作。

图351
《献祭以撒》
1960—1966年
油画，漂白过的木屑或沙画，画布
230厘米×235厘米
尼斯，国立马克·夏加尔博物馆藏

《雅歌》组图（图352、353）占据博物馆的一整间展室，但没有其他《圣经》系列插画这么充满力量。伊夫·博纳富瓦（Yves Bonnefoy）的见解证明了这种感受："真正理解夏加尔，不在于了解他如何表现伊甸园及其表现出的画面意义和语言，而是在于想知道为何他是我们这个时代的人和完美的典范。这也是对伊甸园这一自然和人类重塑融合之物的怀疑。正如我们怀抱希望，并因此不停地通过在揭示每一件物品中进行证明其存在。"[27]《雅歌》这个恋人的伊甸园可能过于美妙和理想化了。其中有一个重要的技术细节：在组图的其余作品中，夏加尔在颜料中加入了沙子和木屑，创造出一种质感和立体感，而细致叠加在画纸上的颜料平涂层则给了《雅歌》一种天鹅绒般的顺滑感。

圣经箴言博物馆里的彩绘玻璃和巨幅油画以及歌剧院的天顶，仅是夏加尔完成的巨幅作品中的几个，这些都属于被我们称为"巨墙十年"（20世纪50年代末到60年代末）作品的一部分。在这期间，夏加尔借助于各种技巧，发明、发现了新的色彩和光线的组合。夏加尔似乎就是在与大尺幅作品的关联中寻找被他称为某种艺术"化学平衡"的东西。这一奇怪的术语，语义含糊，却似乎一直萦绕在他心头，尤其是在

图352
《雅歌II》
1957年
油画，装裱于画布的画纸
139里×164厘米
尼斯，国立马克·夏加尔博物馆藏

图353
《雅歌IV》（*Le Cantique des cantiques IV*）
1958年
油画，装裱的画纸
144.5厘米×210.5厘米
尼斯，国立马克·夏加尔博物馆藏

他生命的最后几年，因为他在所有的访谈中都会反复提及这个概念。作为著名的色彩大师，他希望在色彩领域找到一种不同寻常的颜色“化学”。

这种“独特的想法”被看作一种新发现，正如康定斯基从侧面观察自己的一幅作品时“发现”了抽象艺术的神秘。“新发现”是在夏加尔1948年从美国前往法国的旅途中发生的，就在他完成了《阿列科》和《火鸟》的布景之后不久，后者让他有机会在大面积平面上创作。在穿越大西洋的旅途中，夏加尔从舟桥上观察大海，试图寻找一种“同身前的海水和空气一样真实”的色彩。他想到了莫奈[28]，当然还有莫奈的《睡莲》，以及那无垠的水世界。夏加尔沉醉于绿色和蓝色变幻莫测的色彩中，为其中丰富的色彩目眩神迷，他宣称：“今天，对于我来说，从化学的角度来看，莫奈就是我们这个时代的米开朗基罗。”[29]回到法国后，他立刻与著名的艺术史学家廖内洛·文杜里（Lionello Venturi）、特里亚德以及马蒂斯分享这一发现，但是仅仅得到了几个讽刺的微笑。这些反应并不令人惊讶，因为法国的评论界对莫奈的后期作品进行了非常严厉的批判，直至战后。后来，20世纪50年代的美国抽象表现主义派对这种被称为“全覆盖式”的构图方式（一种将绘画元素均匀分配到整张画布的方式）表达了敬意。

图354
《天堂》(*Le Paradis*)
1961年
油画，干色粉画，锯末或沙画，画布
198厘米×288厘米
尼斯，国立马克·夏加尔博物馆藏

夏加尔既没有放弃对莫奈的欣赏，也没有放弃化学，这个词反而成为他作品的关键。因此，在去参观卢浮宫时，他告诉皮埃尔·施耐德，华多（Watteau）的作品之所以能够流传数百年，不仅是因为主题，还因为其中的化学平衡。

他还接着说："如今，我也找到了化学。其余的，无论是现实主义还是非现实主义，无论是具象艺术还是抽象艺术，都不再有意义。"[30]也就是说，化学对于夏加尔来说成为神秘艺术品质的代名词，不同于任何对风格的定义，并让他将法尤姆（Fayoum）肖像②和柯罗（Corot）的画等同起来[31]。这种含义模糊的术语很显然不被艺术评论界接受，但是却经常挂在他的同辈艺术家嘴边。因而，根据康定斯基著名的"内部必要性"理论，我们认为，"化学"符合夏加尔寻求艺术品质和情感品质完美融合的意愿。这一融合，必然要通过色彩的协调，因为无论是真实的存在还是隐喻的联系，都介于绘画"烹饪"和化学组合之间，都是艺术幻想的一部分。

马尔塞林·普雷奈（Marcelin Pleynet）更进一步，他用炼金代替了化学的提法，并将其看作是夏加尔作品的主要优点，尤其是因为其画面中轻盈的气氛以及对色彩的混合[32]。

皮埃尔·施耐德的解释就没那么诗意了，他认为夏加尔在晚期创作时有着异常的自由：传统被推翻，形状被分解，材料消散了。色彩的运用让艺术家得以远离宗教主题，更加多变和清晰[33]。最后，引述夏加尔自己用过的一个比喻："色彩应该是穿透性的，就像走在厚厚的地毯上一样。"[34]要知道，马列维奇与夏加尔一样，也非常欣赏莫奈，也认为色彩是构成绘画的最主要元素。对于他来说，"绘画首先是色彩，它从形状内部爆发，并融合形状。彩色的表面才是真实且充满生机的形状。"[35]

②公元1—4世纪在埃及出现的一种为死者描绘的胸像或肖像。译注。

图355
《杂技演员》（*L'Acrobate*）
1914年
油画，装裱于画布上的画纸
42.5厘米×33.02厘米
布法罗，诺克斯美术馆藏

图356
《杂技演员》（*L'Acrobate*）
1918年
墨水和红粉笔画，画纸
32.4厘米×22.4厘米
巴黎，蓬皮杜中心国家现代艺术博物馆藏

表演场中的艺术家：马戏团

如果世界是颠倒的，那么夏加尔的世界可以简单地认为是马戏团的世界吗？他沉浸在一个平行的幻想世界，被想象和比喻支配，并在其中找到了自己的应许之地。正如同《圣经》一样，夏加尔也从马戏团中汲取了灵感。所以毫不奇怪，他这样宣称："我一直认为，对于我来说，小丑、杂技演员和戏剧演员都与宗教画中某些悲剧人物非常类似。甚至直到今天，当我画基督受难图或是其他宗教画的时候，我的感受都与画马戏团人物时相差无几……。在这两类作品中，我感受到精神艺术的相似性。"[36]他的作品可以说是在神圣和世俗之间。在《大马戏团》（*Le Grand Cirque*，1984年，私人收藏）中，长着翅膀的小丑、杂技演员、有着动物外形的混种天使等形象，我们很难区分哪些是走钢丝的人，哪些是在天空飞翔的人。

夏加尔并非唯一对马戏团世界感兴趣的人。早在19世纪末，马戏团就成为艺术创作者们的趣味实验室，就像是艺术实验的沃土。这门艺术承自民间剧院和即兴演出，天然带有默剧的特点，选择用身体语言表达[37]。这种处在音乐厅艺术和狂欢节艺术的性质之间的艺术形式，呈现出大量运动姿态、非同寻常的人物或是模仿人类的动物。对于阿尔弗雷德·雅里（Alfred Jarry）来说，"最差的新马戏团也能够产生与最好的法国戏剧同样的美感"[38]。未来主义画家将其对运动的研究放在创作的中心，并宣布："我们的先驱者是体操运动员、表演平衡技巧的杂技演员和小丑，他们在肌肉的运动、静止和韵律中完成精准完美的齿轮传动系统以及我们所期望达到的几何美。"[39]然而，当保罗·修拉（Paul Seurat）、雷诺阿、图卢兹-洛特雷克（Toulouse-Lautrec）、德加（Degas）及毕加索还在远处观察马戏时，夏加尔的人物似乎早已融入画面中，并且不需要表演

图357
《三个杂技演员》(*Les Trois Acrobates*)
1926年
油画，画布
116.8厘米×88.8厘米
私人收藏

服饰的中介，甚至在他们行走在表演场外时也不会被错认。对于先锋艺术家来说，马戏团表演是灵感源泉和新思维的标志，对于夏加尔来说，这却是生存艺术。

相对来说，马戏团世界的作品在夏加尔的作品中出现较晚，确切地说，直到20世纪20年代，他在沃拉尔的陪伴下经常去看布格里奥纳冬天马戏团（Cirque d'hiver Bouglione）后才开始出现。在1923—1930年，沃拉尔向他订购了四套版画，其中一套全部都是马戏团主题的。夏加尔完成了十九幅水粉画，其中的杂技演员、空中杂技演员、杂耍演员、动物训练师以及表演的动物都参与了这场吸引了整个先锋艺术群体的演出。随后，1955年，他为一本名为《马戏团》

图358
《杂技演员》(*L'Acrobate*)
1927年左右
油画，画布
23.8厘米×18.9厘米
芝加哥，艺术博物馆藏

图359
《杂技演员》(*L'Acrobate*)
1930年
油画，画布
117厘米×75.5厘米
尼斯，国立马克·夏加尔博物馆藏

(*Cirque*)的艺术类书籍创作了彩色和黑白石版画。这些画没有那些具有戏剧特色的画那样出名，尤其是相较他为莫斯科犹太艺术剧院完成的著名布景而言。对于马戏类主题在他作品中姗姗来迟的问题，夏加尔承认："怪诞和简朴在马戏中得到了最佳融合。我的工作会让人想起马戏。"[40]这种"再现"并非是描绘性的，而是在于他的世界与马戏世界有共同的特征。夏加尔把自己的作品比作马戏，认为它是一面映射所思所想的镜子，而作品反而显得不那么重要了。表演是在马戏团帐篷中进行的，这并不简单是一个建筑，而是一个本我的世界，在其中，空间和时间都有自身的逻辑。夏加尔的画显示了一个特殊的图例，一个位于时间之外的本我世界。在这两种情形下，都展现了一个封闭的空间，一个按照自身法则运转的小世界。

很早以前，夏加尔就赋予了画中人物特殊的能力，借用纪尧姆·阿波利奈尔的说法，是一种"超自然"的能力，也是马戏团的演员所拥有的能力。不同的是，马戏团演员们取得成绩需要大量训练，锤炼身体，每次表演都需要超越自我。这些从埃德加·德加的《费尔南德马戏团的拉拉小姐》(*Miss Lala au cirque Fernando*，1879年，伦敦，国家美术馆藏)中演员急速升空时紧绷的肌肉组织就可以看出。夏

图360
《丑角》(*Les Arlequins*)
1922—1944年
油画，画布
56.6厘米×86.8厘米
尼斯，国立马克·夏加尔博物馆，
蓬皮杜中心寄存

加尔的“演员”似乎不需要专业训练，本身就拥有高空杂技所必需的天赋才能。他们全部都如同夏加尔希望的那样“出生于天空和大地之间”吗？夏加尔的杂技演员没有让人感觉到他们在与重力抗争，并努力摆脱作为人的状态，而仅仅是对这种束缚的存在一无所知。这些人属于诗意的想象，就像西奥多·庞维勒（Théodore de Banville）“在星辰中行走”[41]的小丑。这项任务对于他们来说太简单了，以至于夏加尔式人物的身体似乎经常消失，并溶解在色彩中。

夏加尔式人物的原型可能是飘浮在空中的圣车夫［《圣车夫》，1911—1912年，法兰克福，施泰德美术馆（Städel Museum）藏］。对于画面中奇特的圣人所活动的空间，皮埃尔·施耐德曾明确说过：“那里的生物不会飞，而是处于失重状态。他们既不处于正面也没有颠倒，因为那里没有上下之分。”[42]对于天使或是一个拥有特别乘载工具的圣人来说，飞翔反而是最不值一提的事情。但是那些飞起来的生物一直在对抗重力法则，同时也不认为可以飞是什么值得夸赞的事

图361
《小马戏团》(*Le Petit Cirque*)
1922—1944年
油画，画布
37.3厘米×57.7厘米
尼斯，国立马克·夏加尔博物馆，
蓬皮杜中心寄存

情。如果说最初的生物在飞的时候还略显腼腆，很快地，就出现了空气人这一人物，他是在天空走钢丝的人，是活生生的街头艺人，是试图开一字马的杂技演员。空气人和杂技演员似乎都是在失重的空间里衍化出来的，不必双脚着地，他们都保持着不可思议的失衡体态，实际上他们就是艺术家的化身。

这个最终战胜了重力法则的"杂技演员"是夏加尔艺术以及命运的隐喻。对他来说，让·斯塔罗宾斯基（Jean Starobinski）的著名习作题为《街头艺人的肖像》(*Portrait de l'artiste en saltimbanque*)，实则为老生常谈。他在世界各地的行程让人晕头转向（从俄罗斯到法国和德国，然后再次回到俄罗斯、法国、美国，最后再次回到法国）。另外，夏加尔选择了不被犹太社群允许的职业，因而受到排斥。夏加尔是否是个杂技演员？如果从词源学上看，杂技演员是"用脚尖走路的人"，那么答案毫无疑问。我们知道，过去的马戏演员是一群居无定所的流浪者，他们将马戏团帐篷架在城市外围，长期以来都被认为是古怪的、生活在社会边缘的一群人。而恰好，夏加尔作品难以被归类的风格完美诠释了他所处的两可之间。这一风格挣脱所有束缚，可以被看作是混种，这也是马戏团的特点。与将文本作为主要推动力的戏剧不同，马戏团可以分割和混合各类文学体裁。人物在时间和空间里自由衍化，身体根据想象自由塑形，不同的元素混合在一起。那里还发展出一种无节制的美学："自由的光裸而支离破碎的身体上缀满亮片和彩色玻璃珠，马、大象和猛兽混杂后的气味，小丑对化妆和滑稽鬼脸的过度追求，以及高空秋千摇摆旋转时所带来的过

图362
《杂耍艺人》
1943年
油画，画布
110.8厘米×79厘米
私人收藏

图363
《蓝色马戏团》(*Le Cirque bleu*)
1950—1952年
油画，画布
232.5厘米×175.8厘米
尼斯，国立马克·夏加尔博物馆，
蓬皮杜中心寄存

度风险。”[43]马戏是一种全艺术领域作品，在其中，艺术和生命之间的界限变得模糊。

在夏加尔刚开始接触戏剧时，他的人物和物品就在最荒诞的“舞台”上乱七八糟地蹦跳。用手倒立行走的杂技演员和停留在屋顶的小提琴手都是他的布景。我们可以毫不费力地从中找到巴德侃的身影，他是小丑的第二自我，一个颇具名气的喜剧演员，一个极端的人物，他违背了所有法则，在滑稽的动作中结合了优雅与嘲弄、喜剧与悲剧。如果说画家在布置犹太艺术剧院时使用犹太文化的象征是自然而然的事情，那么马戏团作品与他的其他作品一样，也从同类象征中汲取养料，就让人分外惊讶了。马戏团作品可以说超越了语言，更确切地说，不局限于语言。这个完全意义上的民间文化场所更能够唤起我们的想象，并突如其来地打开了通向古老回忆片段的道路。我们在其中找到了隐藏着亲昵的情感，以及在不知不觉间刻印入记忆的惊人默契。不会有其他地方更能直接打动藏于我们内心深处的孩童，让我们更好地沉浸在一个不断让人惊奇的世界，一个魔法与现实和谐共存的世界。“马戏是一个充满魔力的词，一个存在了上千年的词，它会跳舞。”[44]夏加尔写道。在他的作品中，这种演出接近于自传，由童年的回忆以及将他与犹太世界连在一起的情感构筑而成。“就是在这一童年宝藏中，一个成年人可以不断汲取灵感的玩具柜里，笼罩着神秘主义的光环，他作品中的各色人物在其中休憩。”[45]马塞尔·布里翁（Marcel Brion）指出。

过去，对于夏加尔来说，深深植根于一个明确的空间，即他的故乡。在他身上，这个过去保留着部分哈西德神秘主义，具有颠覆现有宗教等级的倾向。因此，我们希望在夏加尔画中混合了神圣和世俗并悬停于天地间的表达方式和马戏之间找出一种近乎自然的联系。弗朗茨·梅耶认为，哈西德门徒亚伯拉罕·卡里斯克（Abraham Kalisker）经常在城里表演杂技，并经常举行戏法表演[46]。吉尔贝特·拉斯科尔特就此评论说，在某种意义上，他们自愿成为“上帝的信徒，精神的杂技演员，神秘的小丑”[47]。

夏加尔动物寓言中的动物在马戏表演场中找到了最形象的样子，字母脚下是驴唇不对马嘴的表述。这一真实的诺亚方舟因为变形生物而变得更加丰富。母牛的形象似乎是不容回避的，引用布莱斯·桑德拉尔的

图364
《夜晚的街头卖艺者》
1957年
油画，画布
95厘米×95厘米
圣埃蒂安（法国），现代艺术博物馆，蓬皮杜中心寄存

一句诗：夏加尔"用母牛画母牛"。同时也出现了其他动物，如公鸡、公羊、驴子或母山羊。艺术家经常画四足动物，但对造型并不特别严谨，从不纠结它们到底属于哪个品种。公鸡变成驴子，塞壬有条鱼尾巴，人类的头变成了动物的头或是动物长着人类的肢体，以便弹奏乐器或是画画。夏加尔远离民间传统，创造了自己的想象世界。传统犹太动物寓言中的动物（例如狮子、鹿或鹰）源自《圣经》故事，在他的作品中却被母牛、公鸡、山羊、狗和猫这类家养动物所替代[48]。

夏加尔似乎操控着生物基因，他创作了人物与幻想的肖像，在混沌中演化的混种生物，挑战解剖学，拒绝缺乏想象的现实。这些混种动物，在《拉封丹寓言》的插画（图207）中还相对收敛，但是在马戏团作品中已经占据了重要位置。因为在马戏的世界中，变形至关重要，在这片空间中，实际经历和梦境融为一体。在夏加尔身上，肉体的世界"想象、链接、移植嫁接、混合（长着翅膀的马、拉小提琴的山羊、飞翔的女人等）既不属于任何幻觉也不是孩童般未成熟的心理……。他没有将这些生物束缚在它们熟悉、封闭并一成不变的孤立身份中，反而是选择将它们投入到鸟类世界、充气世界和半空中，让它们在其中经历各种变形，从充满生机到了无生气，从人到兽，就像是为了更好地强调各种生物的延续性、相互依赖和纠缠，以及互相之间的神秘关联"[49]。这种泛神论或神秘主义的形态恰恰是哈西德教徒的动物观，他们认为这些都是上帝的造物。米尔恰·伊利亚德（Mircea Éliade）认为，夏加尔的动物寓言证明了"人类与动物界的友谊是一种天堂征兆"[50]。夏加尔虽然非常欣赏阿尔弗雷德·库宾（Alfred Kubin），但他笔下的混种生物形象，却不是库宾对于世界的那种噩梦般的印象。

当然，不是所有的马戏团作品都表现了生之喜悦。例如，1957年的作品《夜晚的街头卖艺者》（*Les Saltimbanques dans la nuit*）中的人物就有着暗绿色、苍白或是晦暗的面孔，在用深蓝色背景表现的微弱光线下渐渐面目模糊。这像是硬币的背面，也是悲剧的一面，有时会掩藏在面具下，微笑可能在瞬间变成苦笑。尤其是在二战期间，马戏表演失去了其无忧无虑的特点。夏加尔自身也意识到了这一点："马戏变成了让我最感到悲哀的表演。几个世纪以来，它是人类追求快乐时最激烈的呐喊，经常带有早期诗的样子。"[51]在其他场合，画家也没有放弃政治影射，他在一幅题为《革命》（*La Révolution*，1937年，巴黎，蓬皮杜中心藏）的作品中画了在桌子上表演杂技的列宁，正单手倒立，周围是激动的人群。这个可笑的杂技表演，很可能是在表达最初支持十月革命的人在二十年后的失望之情。阿拉贡（Aragon）感受到了马戏的这一面，他写道：

"我当用手穿越赤裸的时代
我是历史的空中秋千之上，悲伤的杂技演员
我是大提琴手，演奏着不会用呜咽书写的音乐。"[52]

夏加尔画中的恋人被表现为擅长离开地面走钢丝或在半空中表演杂技的人物。童年以后，热恋中的情人实际上是另一种存在，他们总会相信不可能的事情会发生。马克和贝拉，当然还有《月迷彼埃罗》（*Pierrots lunaires*）中的恋人，都无视重力，投入天空，正如《马戏团的未婚夫妇》（*Les Fiancés au cirque*，1982年，私人收藏）的浮华中，马戏表演场上空处于失重状态的恋人。他们在表演的时候，现实的重量消失了。这让我们想到让·日奈（Jean Genet）的《走钢丝的杂技演员》（*Le Funambule*），他用这首诗向朋友杂技演员阿卜杜拉致敬。夏加尔的画中也描绘了这种无尽轻盈的动作，被认为"一种进入其他梦境的梦中之梦"。

图365
《马戏团的马》(*Le Cheval de cirque*)
1962—1965年
水粉、墨汁和透明胶带拼贴画，画纸
49.5厘米×62.8厘米
私人收藏

图366
《回想》(*Le Rappel*)
1968—1971年
油画和水粉画，画布
132厘米×131.5厘米
私人收藏

夏加尔在美国期间也画过马戏这一主题。1943—1944年，他在斯坦利·W. 海特（Stanley W. Hayter）工作室完成了多幅版画，以及一幅油画《杂耍艺人》（*Le Jongleur*，1943年），画中的主角是一个长翅膀的鸟头人，让人想起马克思·恩斯特1930年创造的第二自我，一个可以变为任意形象的鸟，被称作"罗普罗普"。这两位艺术家在巴黎相识，1942年在纽约时，在皮埃尔·马蒂斯画廊举办的流亡艺术家画展上，他们拍了一张合影，证明了他们在这段时期曾经相遇。《杂耍艺人》实际上用小尺幅表现了《我的生涯》（图5）。夏加尔在里面画了马戏团不可或缺的杂耍艺人以及小提琴手，将他作品中的这两个主要人物联系了起来。我们也发现，除了马戏团帐篷和表演场里的驯马师和舞者，还有几座让人忆起维捷布斯克的小房子。尤其是杂耍艺人抱着一座钟，更是夏加尔画中经常出现的元素。这是一座特别的钟，表盘似乎固定在一块布上。从某

图367
《表演马戏》(*Au cirque*)
1976年
油画，画布
109.8厘米×122.5厘米
私人收藏

图368
《灰色大马戏团》(*Grand Cirque gris*)
1975年
油画和墨汁画，画布
129.9厘米×96.5厘米
私人收藏

种意义上来说，就像是萨尔瓦多·达利（Salvador Dalí）描绘的软绵绵的手表的夏加尔版本。这座钟的表针位置也非常奇特，似乎与夏加尔的其他钟是相反的。这难道不是为了强调马戏团这一颠倒的世界吗？

在美国，夏加尔重新画了以前的两幅画：《小马戏团》（图361）和《丑角》（图360）。这两幅作品中的夜间场景沐浴在月光中，揭示了马戏与在莫斯科完成的剧院布景之间的联系。第一幅画中，我们看到杂技演员带着祷告巾并用手倒立行走。另一幅画中，夏加尔被像是亚伯拉罕·埃弗罗斯的人物抱了起来，这一姿态让人想起《犹太艺术剧院序幕》（图167）壁画的细节。

1957年，夏加尔从冬季马戏团的电影拍摄中汲取灵感，创作了三十八幅水粉画。1967年，特里亚德出版了一本书，收录了所有这些画以及画家所作的诗。沃拉尔于1927年曾发起过一项未能成形的出版计划，夏加尔为此还完成了十九幅题为《沃拉尔马戏团》（*Cirque Vollard*）的水粉画组图，三十年后，这项计划终于得以实现。

Marc Chagall

角色扮演游戏

画家为什么要画自画像？是风格练习，自恋情结，还是追寻已知或未知的彼岸？亦或是寻找深层的自我与理想化的自我？还是对抗不可阻挡的时间洪流的力量，希望留下自己的图像，传承自己的天分？提起夏加尔自我为中心其实是一种委婉表达，要知道这种个性特征是其人格的重要组成部分。

夏加尔涉及的主题，无论是维捷布斯克、法国风光还是《圣经》，都很少给自画像留有空间。他更多是将自己放在观众的位置而非表演者，虽说人类形象在他的作品中有着非常重要的地位，但是纯粹肖像画的数量则非常之少。不过，自画像却遍布他的整个艺术生涯。油画、素描、版画，夏加尔从不会忽略任何一种表现自我的媒介。也许他是为了更好地看清自己？既是被观察者又是观众，从外部观察自我从而发现自身独特的、隐秘不为人所知的脸部轮廓，这些永远是画家梦想的自画像。

图369
马克·夏加尔在镜子前画自画像
1940年左右
摄影
巴黎，马克和伊达·夏加尔档案馆藏

图370
《自画像》（*Autoportrait*）
1914年
油画，装裱于画布上的纸板
30厘米×26.5厘米
费城，费城美术馆藏

如果说自画像始终隐秘地贯穿在夏加尔的作品中，并嘲弄着被艺术史所吹捧的所谓线性风格，这是因为它代表了视线的所有问题，对于思考的思索，本身就是一种画中画。在这种充满冒险而又经常满是冲突的实践中，两个看似独立实则统一的实体——艺术家和模特或是创作者和创造物——之间的镜面图像变成一种推测，一种自体繁衍，一种行动和冥想。

回溯到丢勒（Dürer）或伦勃朗时期，自画像实际上是一种私人日记，记录艺术家脸部缓慢衰老的过程。但在夏加尔身上，则完全不是如此。年龄似乎毫无意义，时间在他的外表上几乎没有留下任何痕迹。虽说有时也会显现出年龄，如1925年的水粉画《自画像》（*Autoportrait*，私人收藏）。但是只有照片才真正泄露他老去的过程。同样，与传统自画像刻画的自省不同，根据著名的人类视觉“灵魂的镜像面孔”观点，夏加尔似乎很少涉及心理层面。一切都表明他并不赞同那些身负盛名的前辈们的想法，那些前辈们终生都在不断拷问自己的脸孔，希望能从中发现自身赤裸的灵魂。最初，夏加尔的观点还相对肤浅和空泛，他在自传中也承认了这种表象的快乐：“我的家人在镜子前不止一次让我惊讶……其中有一点欣赏……我毫不犹豫地勾勒双眼，轻轻涂红嘴唇，虽然并不需要……，但是我希望让她们高兴起来。”[53]

在照镜子时给人一种笼统的印象，但镜子是否可以被看作是一种精准造型的保证，一个将画家和他的“模特儿”的特点结合在一起的工具？画家在镜像中寻找自我，观察自我，面对镜子悄悄地做鬼脸，仅仅是

Chagall
1914

图371
《手持画刷的自画像》(*Autoportrait aux pinceaux*)
1909年
油画，画布
57厘米×48厘米
杜塞尔多夫，北莱茵-威斯特法伦艺术品收藏馆藏

图372
《手持调色盘的自画像》
1914年
油画，画布
72厘米×47厘米
私人收藏

一个无休止的变奏曲。夏加尔用自己的方法延长了纳西瑟斯（Narcisse）的秘密希望，但拒不承认。镜子中映射的脸孔在最初的不为人知且难以抵挡的诱惑中摇摆不定。我们是否应该相信，最终“自我捕获”的不可行对他来说是难以承受的，所以产生了在任何场合都要确认其自身画面的迫切需求？很快，画家取消了镜子，不希望泄露与他职业相关的奥秘。一切都像是在表明，艺术家努力清除他与观众之间的屏障，以此创造一种独一无二的会面时刻，并使用了各种绘画技巧。这些方法产生了丰富的同类作品，如画架前的自画像、手持调色盘的自画像、双重肖像、恋人肖像、混合体自画像或戴面具的自画像等。有些画家的自画像，例如绘于工作室中的，一般采取贯穿艺术史的老一套做法。夏加尔则与他们不同。在“我”与自身之间的练习中，他会邀请客人（贝拉、全家人、稍做修改的动物寓言中的某些代表）或是反映其文化的象征（乐器尤其是小提琴，宗教仪式或是故乡的一条街道）参与其中。如果出现的是贝拉，则并不能简单地称其为客人，而应该说是一个永恒存在的形象。从《戴黑手套的未婚妻》（*La Fiancée aux gants noirs*，1909年，巴塞尔，市立美术馆藏）到《绿色自画像》（*Autoportrait en vert*），再到《白脖子的贝拉》（图121）都有贝拉的形象。我们发现，这个女人在他的作品中无数次出现，有时候很好辨认，有时候却会以缪斯的形象出现。《白脖子的贝拉》就是自画像极限的一幅例证，这位严肃庇佑世人的圣母身材庞大，仅在画的底部给画家和女儿留下了极少的空间。

除了夏加尔一生中肖像画的数量之繁多，令人惊讶的还有他使用各种方式改变临摹画的原则，通过将其摧毁、调整或是用玩笑的手法处理画面。在夏加尔的作品中，自我表现成为一种感性的琴弦，众多曲目的乐谱在琴弦上跳跃。如果我们接受弗朗索瓦兹·科布伦茨（Françoise Coblence）提出的延伸概念，那么夏加尔自画像的数量会更多。根据她的提法，除了被夏加尔命名为“自画像”的作品（油画、素描和浮雕），还有许多画中也出现过他的身影，应该也被算作这类作品。被称为“双重肖像”的画就属于其中之一，夏加尔出现在画中，是恋人，是画家，或者同时是这两个[54]。更不用说他的世界就是“画家主观的延伸，是他在画中的延展”[55]，这种说法是用迂回的方式表明，夏加尔的特殊风格其实是自画像，他对于自身的表现确实具有着令人惊讶的创造性。

很可能，这种对自画像的热情部分源自他对演出尤其是戏剧的热爱。还记得他在莫斯科完成的《犹太艺术剧院序幕》（图167）的中央壁板上，作为创作人的夏加尔被亚伯拉罕·埃弗罗斯抱在怀中，被奉为成功的典范。就是在这个演出厅里，夏加尔试图用纯颜色为演员们“化妆”，但这种尝试不太受舞台监制的喜爱。然而，自画像却给了夏加尔完全自由的自我展现的舞台。在他的艺术流浪生涯中，他完美地扮演了面孔多变的戏剧演员。从最著名的《七指自画像》（图18）开始，他的花花绿绿的脸孔是相似性和戏剧性之间叠加的绝佳例证。这种叠加并且融合，让作品中的脸孔和面具融为一体，甚至可以说面具完美附着在支撑物上。这是戏剧的一个特征吗？当然是，但同时也会让人想起，每个自画像（和每个肖像）都戴着一个看不见却完美融合在脸上的面具。当夏加尔画正在做鬼脸的自画像时，他在画布前就像在剧院扮演一个角色。但是角色扮演是在表演别人，对于夏加尔来说“这是一种让自己不被作品完全融合的方式……，就像是在现实世界和画之间放置一个缓冲带，一个与两者均有重叠的中间地带……。夏加尔的自画像，是一个内在世界，一个想要前往他的作品中的梦幻世界的必经之途[56]”。

图373
《绿色自画像》
1914年
油画，装裱于画布上的纸板
50.7厘米×38厘米
尼斯，国立马克·夏加尔博物馆，蓬皮杜中心藏

图374
保罗·高更《自画像》
(*Autoportrait*)
1893年左右
油画，画布
46厘米×38.1厘米
底特律，底特律美术馆藏

图375
《自画像》
1908年
油画，画布
30.2厘米×24.2厘米
格勒诺布尔（法国），格勒诺布尔博物馆，蓬皮杜中心寄存

然而，夏加尔认为自画像提供了一个无需任何缓冲的自我表现的舞台。在1908年的《自画像》(*Autoportrait*，图375）中，夏加尔画了一个更加传统的脸孔。画面中他拿着的红色威尼斯面具很像“即兴喜剧”中的演员面具，似乎正准备递给观众，这是一种毫无人工雕琢的自我表现形式，是赤裸裸的方式。但我们是否真正揭开了他画中的面具，或是真实生活中的面具？“画像的嘴唇、前额、头顶轮廓线和头发旁有些红色，这是否偶然？是否应该说这几抹红色属于揭开的面具，还是相反地让人想到另一个面具？”[57]面具下还藏着面具，尼采（Nietzsche）说。这个饰品，被随心所欲地摘掉又戴上，不可避免地让人怀疑作品是否忠于“模特儿”。实际上，与这幅肖像不同，1908年的夏加尔并没有胡子。他在自画像中给自己增添了胡子这一男性象征以及运用不规则的色彩方式，似乎表他在这里认同了高更的“野蛮”[58]。

夏加尔毫不犹豫地“误导”观众，他在无休止的角色扮演中，在演员和人物之间的微妙差异中，进行伪装，在自己的外表上嫁接了他人的特征。他人就是夏加尔在人物画中经常选择的形象。他最经常借用的形象是天使，并无数次用“天使-画家”表现自己，如1927—1936年的《持调色盘的天使》(*L'Ange à la palette*，图376)。他也经常借用动物形象，通常是混合体的生物。但是，与认为人类既非天使也非野兽的帕斯卡尔（Pascal）不同，“夏加尔认为天使和动物是同样的，属于同一世界。天使有人类的面孔，动物承受着与人类同样的痛苦，是人类忠诚的同伴[59]”。然而，天使有时也会非常奇怪，因为在1917—1918年的作品《显圣》(图122）中，夏加尔采用了传统的圣母领报瞻礼图的形式，但画面中的天使长得很像贝

图376
《持调色盘的天使》(*L 'Ange à la palette*)
1927—1936年
油画，画布
131.5厘米×89.7厘米
马赛，康蒂尼美术博物馆（musée Cantini），
蓬皮杜中心寄存

拉，而夏加尔占据了圣母的位置。

因此，“人的身上共存着矛盾的神性和人性，每个人都轮流戴着面具或是他的另外一张脸孔[60]”。我们还发现，在夏加尔的作品中，有些动物比其他动物出现得更加频繁。长着山羊脑袋的自画像数目众多，会让人想起某种形式的兽性。伊丽莎白·帕库德-雷梅认为，这种他所偏爱的动物应该与他希望从事犹太社群所禁止的职业意愿并行看待，因为可以将其当做违抗禁令的替罪羊[61]。

图377
《做鬼脸的自画像》
1917年
石墨，画纸
37.5厘米×27.9厘米
巴黎，蓬皮杜中心国家现代艺术博物馆藏

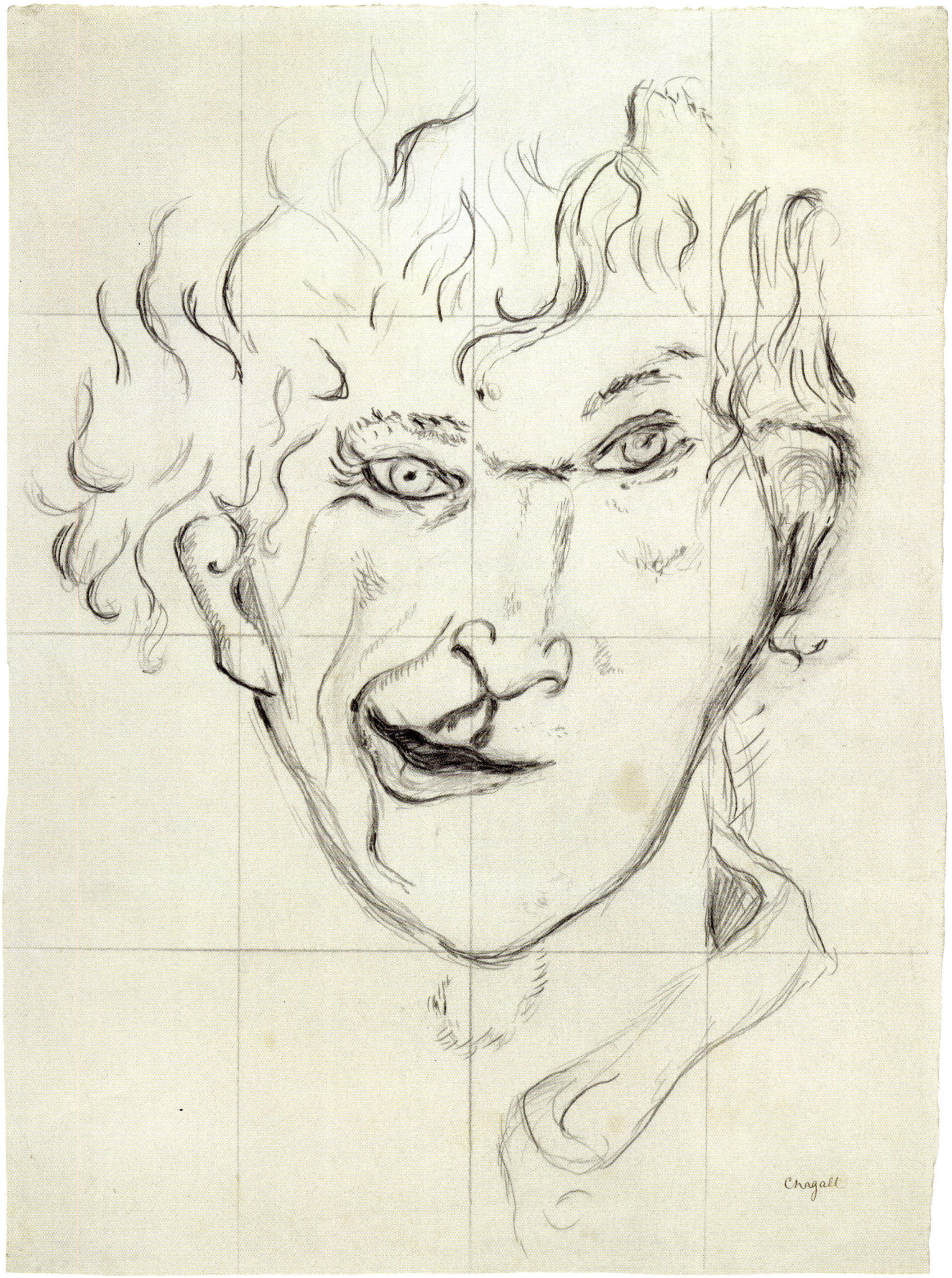

身份认同摆渡人的自画像

给自己戴上面具或者将自身认同为他人，可能是画家在恶作剧。在1917年一幅素描作品《做鬼脸的自画像》（*Autoportrait à la grimace*，图377）中，夏加尔在模仿伦勃朗的苦笑的脸的基础上做了些变形，这一作品证明了夏加尔对于这位荷兰画家的欣赏。伦勃朗的自画像在艺术史上具有划时代的意义，但是夏加尔这幅作品悲剧地荣登“堕落艺术展”的目录封面，按照当时组织者的计划，这次参展的都是当代的艺术家。

画家那些“普遍性”肖像画的风险要小得多。即使相似的地方非常模糊，但是因为其中的特殊标志——调色盘，人们还是能够从中辨认出画家应该就是夏加尔。这种自画像比写实的自画像数量更多，通过题目就让人想起夏加尔的脸。明确出现夏加尔身影的作品都是有其特定的需求。除了在他绘画生涯初期完成的作品，1914—1915年，他回到俄罗斯后完成的许多风格多变、技巧精湛的油画中，就有多幅自画像。这一巧合并非小事:“27岁的夏加尔带着已经成为欧洲艺术家的自信回到故国，……但在回国后的最初几个月经历了身份认同的危机，……我们猜测他因各种怀疑而应接不暇，在面对不确定的未来时希望自己的才能能得到公认。”[62]有时候结果是戏剧性的，正如1914年的作品《房前的自画像》（*Autoportrait devant la maison*，图378）。画面中，衣着考究的艺术家站在一栋枞木屋前，更强化了他与维捷布斯克之间的不协调，因为战争，他对这座城市感到陌生，产生了距离感。画家通过表现以犹太聚居地为背景的画面讲述了整个民族的历史。“但是夏加尔令人难解的暗示并没有像20世纪的历史绘画那样反映历史，而是反射出他自己的个人经历，在维捷布斯克的经历……这些画将从历史绘画中的‘他’转变为自传的‘我’[63]”。

图378
《房前的自画像》
1914年
油画，装裱于画布上的纸板
50.7厘米×38厘米
私人收藏

夏加尔利用自己的身体，在一幅幅既表现世界又表现自我的作品中出现，这是一种必然会插入集体背景中的个人神话。

我们也在夏加尔自传的版画插画中找到了许多自画像，这些作品在1922年以没有文字的纯画册形式出版。因为没有文字，这些图提供了夏加尔在私人空间中的形象。这些图片毫无原样模仿的迹象，而是沉浸在过去的家庭氛围中，一种环绕着温柔氛围的场景，而夏加尔是其中一员。其中有一幅特殊的自画像（图380）：头上戴着一栋房子。在这份“明知不会有归途的流放前夕的遗嘱[64]”中，画家将房子戴在了头上，如经匣一般。在另一幅同年所作的自画像（图379）中，场景与画家的融合几乎是器官性的——用房子代替了画家的嘴巴。然而，借用康定斯基的书名，如果说这种“回顾过去”是一种以夏加尔的童年和青少年时期为中心的延续性，那么在其他场合，他的自画像则表达了自我存在的彻底转变。

最重要的一次割裂无疑是他初次旅居巴黎之初。从俄罗斯来到法国，迫使他要越过一道鸿沟，置身于新的社会空间，重新打造自己的艺术形象。“夏加尔仔细量身定做的双重身份，一方面是维捷布斯克乡下的犹太人，不起眼、天真、腼腆，另一方面是波西米

图379
《脸上有房子的自画像》（*Autoportrait avec maison dans le visage*）
1922—1923年
蚀刻和针刻版画，画纸
17.7厘米×14.3厘米
私人收藏

图380
《房中自画像上的自画像》（*Autoportrait sur L'Autoportrait à la maison*）
《我的生涯》插画17
1922—1971年
渲染、墨汁、彩色铅笔和色粉画，底部印花的画纸
35.7厘米×38.4厘米
私人收藏

图381
《马克·夏加尔》(*Marc Chagall*)
1923年
墨水画，画纸
18.1厘米×26.5厘米
巴黎，蓬皮杜中心国家现代艺术博物馆藏

亚风格的巴黎艺术家，与世界各大城市的高级知识分子过从甚密，例如纪尧姆·阿波利奈尔、布莱斯·桑德拉尔或是里乔托·卡努杜。这是个衣着考究的人物，是自身形象精打细算的宣传者。”[65]尼可莱塔·米斯莱(Nicoletta Misler)写道。为了证明自己的观点，作家还提到了夏加尔在巴黎天文之泉前所拍摄的一张照片(图67)，批评得相当严厉。如果说这些自画像证明了夏加尔一直期望获得认可，但不要忘记最根本的，即一个“乡下”犹太人需要找到一种方法在巴黎的艺术界为自己谋得一席之地。我们将这种双重身份和他的艺术创作特性进行对比后可以认为，夏加尔的主题选择是“乡下”的一面，而风格的处理则更接近巴黎以及他对于现代艺术的追求。

如果说夏加尔第一次旅居巴黎期间进行了最彻底的转变，那么他的艺术和个人命运以及他艺术生涯的完全转变，都迫使他不停地修改自己的生活方式，调整他的形象。这一切都始于一个象征性的状态——摩西·夏加尔成为了马克·夏加尔。这一改变远远超越了他的个人命运，以及自我形象创造所必须的简单内省。解决这一多重外貌的矛盾，通过共同的语言表现另类，这就是自画像的作用。

夏加尔最终定居法国后，自画像变得越来越少，可以说与画家的身份认同有直接联系的主题，包括驴子、花束、画家或是代替其形象的音乐家[66]的形象越来越少。或是换种说法，他开始进行“法国风景的自画像”。

有些自画像是完全不同的。1923年，夏加尔画了一幅极简化的画像（图381），甚至可以说是概念性的：用作书本扉页的素描上，一个瘦长的形象占据了整幅页面，用拼写其名字的字母代替了头和脚之间的身体。1968年，在一幅石版画（图382）中，印了一个手印，如果追溯到史前石窟壁画时代的传统，毫无争议地说，这就是他身份的象征。画家的形象也出现在1952年创作的一个圆形浮雕（图383）中。这个圆雕饰浮雕是用大理石这种最佳雕刻材料创作的，在作品中，他出现的是一个侧脸，有长长的鹰钩鼻，头发卷曲，嘴唇紧闭。这种带有严肃皇帝形象的样式是艺术史以及希腊-罗马传统中的金币样式。当然，还是

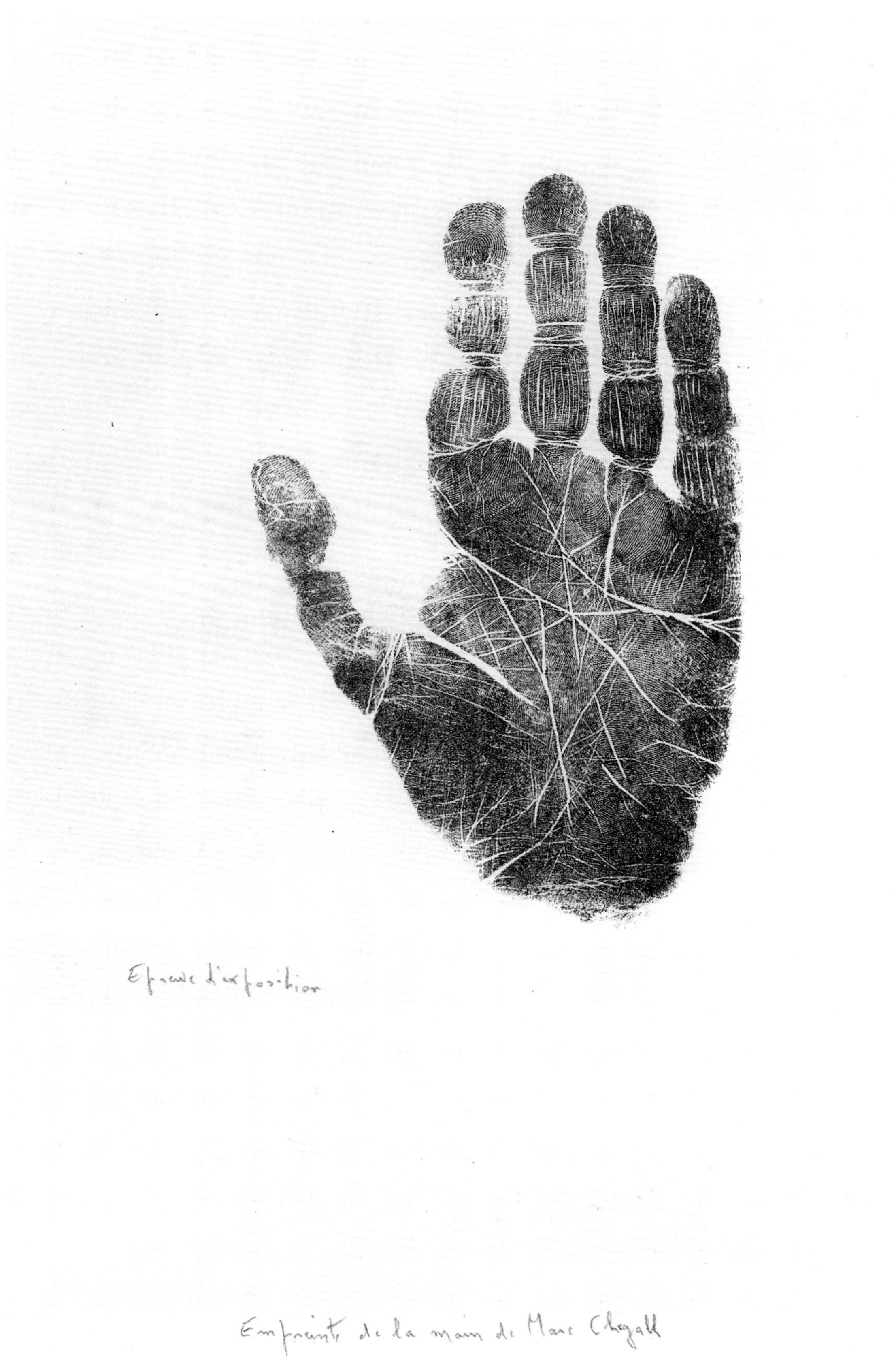

图382
《手》（*La Main*）
1968年
石版画，画纸，
尼斯，国立马克·夏加尔博物馆藏

图383
《自画像》
1952年
大理石雕刻
39.5厘米×40.5厘米×7厘米
私人收藏

图384
《自画像》
1968—1969年
大理石雕刻
61.5厘米×38.5厘米×22.4厘米
私人收藏

有两处不同的：在艺术家的头顶，随着圆形的弧度，有一个赤裸的女性（模特儿、缪斯或是贝拉？）脱离了这种肖像作品形式的传统表现手法。此外，我们还看到，在作品底部，有一只完全独立的手，拿着调色盘和几支画笔。这一庄严的自画像是《手持调色盘的自画像》的变形，也是一个从最初作品就开始反复出现的主题。它证明了绘画、尤其是色彩对于艺术其他学科的至上权，并让人想起，所有的三维立体创作活动都是源自于此。

几年后，夏加尔的形象再次出现在三维立体作品（图384）中。这一次，浮雕变成了雕塑。但无论是浮雕还是雕塑，画家视线所及的调色盘始终处于构图的中心。“手里拿着的调色盘，成为身体的一部分，这种雕塑肖像成为画家动作的象征性和隐喻性的延展，表达了绘画材质对画家的重要性。因为每一次视觉或感官的发现、思维的飞翔或是形而上的问题，都会将夏加尔再次带回绘画这一赋予他想象力和图像的敏感材质[67]”。

夏加尔同时代的另一位画家也有大量的自画像，他就是巴勃罗·毕加索。很难再找到像他们两个这样个性截然不同的艺术家了。所有证据都表明，这两个人的关系非常恶劣，尽管他们都住在法国南部，住处还毗邻，但他们却尽最大可能地避免碰面。与夏加尔一样，毕加索也能够导演并创作自己的戏剧。在他的艺术流浪生涯中，他完美扮演了有多重面孔的喜剧演员。与夏加尔还一样的是，毕加索的这些自省形象与传统的内省特点完全割裂。两位艺术家都放弃了客观描绘形态和心理变化，及对时间造成的变化的现实性表达。他们的自画像，在油画材质的庄重烘托下，很少会显现完成的形式或更加个人的一面。夏加尔甚至会无视时间。因此，他在1907年的自画像（图385）中的样子反而比后来的自画像中显得更加年长。

两位画家之间最主要的不同在于身份认同：他们俩以近乎相反的方式流亡法国。毕加索依然保持自己西班牙的身份，并在第二祖国如鱼得水。尤其是，他成功创造了“扩大”的自画像，一个神秘的形象，脱离了地域的桎梏。其早期精细的自画像之一《我，毕加索》（*Yo, Picasso*或*Moi, Picasso*，1901年）证明了这一点，这幅画毫不含糊地表明了其天赋。面对观众，毕加索感到受命于一种特殊的命运，向全世界提出了永恒的挑战，在这幅他既是作者也是绘画对象的作品中签署了一份宣言。总之，他是一位世界艺术家。

而夏加尔的犹太身份，本身就是一个问题，让他不可能像毕加索这样随心所欲地表达。他自己的生活动荡不定，20世纪的苦难让他无止境地处于等待下一段动乱到来的忐忑状态中。在他的自画像中，完全没有我们在一位享誉全球的画家身上看到的那种自信的姿态。夏加尔不仅仅是犹太聚集区的一个代表，而且，无论个人意愿如何，他始终是犹太聚集区的艺术家，一个空气人。因此，20世纪50年代后，当他终于获得了实际意义上的稳定之后，他的自画像也就在他的绘画作品中逐渐消失了，这绝非偶然。

图385
《自画像》
1907年
水彩、墨水和木炭画，画纸
20.7厘米×16.4厘米
巴黎，蓬皮杜中心国家现代艺术博物馆藏

后记

“确切地说，我独居一室，唯有一幅画。

我换掉了我的画，但是几十年来，这些画始终飘浮在同一片天空。之上，是永恒不变的云。”

马克·夏加尔，《回忆录》（*Mémoires*），引自《马克·夏加尔作品回顾，1908—1985年》（*Marc Chagall. Rétrospective, 1908-1985*），2015年版。

该如何总结一个延续整个世纪的作品呢？这个作品根植于过去，但却毫无阻碍地贯穿了所有先锋艺术运动，无论是野兽派还是立体派，无论是超现实主义还是构成派，都始终保持着夏加尔式的风格，这种时候，尤为需要一个新词来定义这一艺术史没能成功定义的风格。

有些人在夏加尔的作品中看到某种雅克·普莱维尔（Jacques Prévert）式的作品，一系列分散、天真的人物和主题。这种看法忽视了他充满想象的动物寓言和其中并列的人物之间的联系，它们恰恰是彼此成就而存在的，并互相丰富，互相渗透、盘旋，在第一眼看到时它们所告诉我们的，就远超可见的文本。这些文本并非传闻，而是充满感情的回忆，是分散的元素构成的事实，是脱离了时间和秩序的概念，是混合着个人的回忆和集体的历史。夏加尔有时候也会被质疑重复自己，这一印象又因其作品高产而被证明。但无论是多产的作品还是萦绕的顽念，他的作品，数量众多、内容丰富是无争的事实。这是个“用一生绘画的人。当我说他的一生时，要知道，其余都是些故作姿态。唯有绘画才是他的人生”[1]，阿拉贡写道。

这种绘画方面的执拗使夏加尔的作品具有系列作品或组图的特征，让人想起史诗或是精神信仰方面的重要文本。作为从童年起就非常熟悉《圣经》的人，他用自己的方法重建、变形、修改自己的经历，有时候甚至不尊重事实。他的小提琴手在屋顶休憩，他笔下的恋人们躲在蓝色的夜色中……，所有那些“梦幻材料编织”在一起的人物却描绘出一幅与寓言相符的真实。他们可能属于易碎的伊甸园，这是夏加尔在世界各地流亡过程中不断试图去重现的地方。也有可能是一个比自己的伊甸园更加广阔的地方，夏加尔如检波仪一般，能够即时抓住周围处于不同文化背景的人的生活。在保留自己身份认同的同时，他通过各种细微的改变不断调整自身和自己的艺术，就如同音乐家创作音乐作品那样。

这些有魔力的故事，这些精选的回忆片段，夏加尔通过其“空气人”的双重身份传递给我们。这一飘浮在空中的人，字面意义为“空想家”。夏加尔需要这个随风飘浮的人，需要随着风去寻找清醒和希望之间

图386
《致查理·卓别林》（*À Charlie Chaplin*）
1929年
白色水粉烘托的墨汁画，纸板
43.1厘米28.9厘米
巴黎，蓬皮杜中心国家现代艺术博物馆藏

图387
《堂吉诃德》（*Don Quichotte*）
1974年
油画，蛋彩、墨水和锯末画，画布
196厘米130厘米
私人收藏

的平衡，去相信现实和梦境的并存。亚历山大·卡缅斯基（Alexandre Kamenski）说道："绝望的乐观主义者，那个空气人脚踏维捷布斯克，头却在星空之上。"这个小个子男人追求丰功伟绩，既懒惰又冲动，既充满悲剧又具有喜剧的一面，有时候毫无想法，有时候又颇具见地。夏加尔给了空气人一个个诙谐乃至怪诞的版本——一个毫无约束的人，一个追寻平衡的杂技演员，一个流浪的犹太人，却被毫无理由地指责为没有根……但他的根很简单，就是空中，如同非常少见的有气根的植物一样。一个"脱离土地"的艺术，表现一种悲剧，但却在流亡时充满轻快的微笑……

我们知道，伴随着时间的推移，空气人所在的世界获得了乡愁的色彩。夏加尔重新创造了那个世界，还美化了它。在那个世界里，现实和梦幻交织，重力法暂时停止；在那个世界里，聚集了回忆、图像、感受和梦想，让诗意能够进入画家的日常生活。这种诗意虽然并不能阻止与永恒的流放轨迹经常性地交汇，但夏加尔在其中发现了自身的命运。法国南部的温柔和大自然的繁盛，以及这片土地上超越时间的宁静，让夏加尔最终安定了下来，余生不再离开。

在夏加尔的所有人物中，有两个打破了他惯用的图案，并且只出现过一次。第一个是卓别林（图386），他是月光下的流浪者，他是无声电影的孩子。虽然仅有身体语言，似乎已经脱离了所有的身体束缚，毫无疑问这就如夏加尔式的马戏团杂技演员。我们还会不可避免地想到阿拉贡，以及他为夏加尔作的诗，这部诗集的插画由夏加尔完成，并在1976年以《那些不发一言却胜似千言万语的人》（*Celui qui dit les choses sans rien dire*）为题出版[2]。另一个人物出现较晚，他就是堂吉诃德（图387，1974年）。这位流浪骑士出发去追寻希望渺茫的爱情和荣耀，在空气人之前长期扮演着西班牙城堡不知疲惫的建造者。与空气人一样，对于堂吉诃德来说，现实和想象之间没有任何不同。

虽说夏加尔的世界经常被认为是天真的，但实际却并非如此。有句中国俗语是"圣贤指月，愚者见指"①。夏加尔看到了月亮，而且，他还将月亮指给我们看。

①出自佛教经典《楞严经》："如人以指，指月示人……"。译注。

年谱

1887—1897年

1887年7月7日出生于维捷布斯克（白俄罗斯）一个贫困的犹太哈西德教派家庭，原名摩西·夏加尔（在巴黎改名为马克·夏加尔）。1895年，进入犹太宗教学校接受犹太基础知识教育，也学习了唱歌和拉小提琴。

1898—1905年

1900年，13岁的夏加尔进入高中学习俄语和俄罗斯文学。这并非容易的事情，因为对犹太人有入学限制。未来著名的雕塑家奥西普·扎德金是他的同学。

1906年

19岁的夏加尔在摄影师米斯切尼诺夫的工作室修底片。在画家耶胡达·潘的画室学习了几个月，此后一直与其保持联系。在画室，他结识了维克多·梅克勒，并于1906—1907年冬与其一同前往圣彼得堡。

1907—1908年

参加斯蒂格里茨（Stieglitz）男爵的工艺学校考试落榜，前往皇家艺术保护学院学习，时任校长尼古拉·罗维奇是他研究高更作品的启蒙老师。

他的作品被认可，并获得了一笔小小的奖学金。罗维奇为他取得了兵役缓征，随后获得免除服役的资格。

1908年7月，夏加尔因为某些教师的批评离开了学校。他在风俗画画家塞登堡（Saidenberg）的学校里工作了几个月，认识了许多支持他的收藏家和资助人，如议员维纳弗和他的姐夫利奥波德·赛弗（Léopold Sev），评论家西尔基内（Sirkine）和作家波兹纳（Pozner）。

夏加尔完成了第一幅被评论界和他自己都认为非常重要的作品：《死者》。

1909年

夏加尔在这一年多次回到故乡，并在秋天认识了未来的妻子贝拉·罗森菲尔德。进入圣彼得堡的伊丽莎维塔·扎万切娃（Elizaviéta Zvantseva）私人艺术学校的巴克斯特工作室之后，他发现了当代法国绘画。巴克斯特还对他进行了创作戏剧布景的启蒙，并让他萌生了前往巴黎的想法。夏加尔的作品深受俄罗斯艺术家原始主义风格的影响（如拉里奥诺夫、冈查列娃、马列维奇）。

1910—1911年

1910年4月20日—5月9日，在《阿波罗》杂志的场地举办扎万切娃私人艺术学校学生作品展，夏加尔参展的作品《死者》引起轰动。

在进步派议员维纳弗的资助下，夏加尔在与贝拉订婚后前往巴黎。根据资料，他于1911年抵达巴黎。

在蒙帕纳斯的美因巷的一家画室安顿之后，开始以极大的热情参观各个博物馆，尤其是卢浮宫、巴黎私立艺术学校和大茅屋学院等。他在杜朗-卢埃（Durand-Ruel）画廊发现了雷诺阿和其他印象派画家的作品，在小伯伦汉画廊发现了梵高、马蒂斯和高更的作品。此外，他还结识了索尼娅和罗伯特·德劳内、格雷茨、罗杰·德拉佛里奈（Roger de La Fresnaye）、莱歇、梅钦赫尔、路易·马库锡（Louis Marcoussis）、安德烈·勒特（André Lhote）、安德烈·都那叶·德·斯贡札克（Andre Dunoyer de Segonzac）。

1912年

夏加尔住进了蒙帕纳斯的蜂巢（根据资料，在1911—1912年冬或1912年春），并在那里认识了许多诗人，如后来成为他密友的布莱斯·桑德拉尔、纪尧姆·阿波利奈尔或是马克思·雅各布（Max Jacob）。他也与众多艺术家保持联络，如劳伦斯（Laurens）、阿契本科、莱歇、莫迪里阿尼、柯冈（Kogan）、苏丁。

与罗伯特·德劳内的结识为他打开了独立艺术家沙龙的大门，他第一次的参展作品有《致俄罗斯、驴子和其他》《献给我的未婚妻》以及《酒鬼》。其他作品，如《牧羊人》（*Le Berger*），则被送去参展莫斯科的法国绘画展。

他的作品有了第一批评论文章，尤其是雅各布·图仁霍德的文章，其后，图仁霍德与亚伯拉罕·埃弗罗斯共同撰写了夏加尔的第一部传记（1918年）。

1913年

参展独立艺术家沙龙。阿波利奈尔将他介绍给柏林《风暴》杂志的主编赫尔瓦特·瓦尔登。

9月，夏加尔带着《致俄罗斯、驴子和其他》《献给我的未婚妻》以及《各各他或基督受难地》这三幅作品参加了在《风暴》画廊举办的德国第一届秋季沙龙展（Erster deutscher Herbstsalon）。

1914年

参展独立艺术家沙龙。

6—7月，在柏林的“风暴”画廊举行首次个展。同名杂志发表了桑德拉尔和阿波利奈尔写给夏加尔的诗。

回到维捷布斯克，准备短期停留。由于德国对俄罗斯的宣战（8月1日）造成边境的封锁，使他没能按计划返回巴黎。

1915年

7月25日，夏加尔在维捷布斯克与贝拉完婚。他们在几千米外的扎尔基度村度蜜月。

参展莫斯科艺术沙龙，收藏家卡根·沙布沙伊购买了他的多幅作品。

夏加尔夫妇在圣彼得堡定居。他进入同年成立的犹太美术促进会，并在贝拉哥哥的周旋下，进入圣彼得堡的战争经济局工作，避开了入伍参战的募兵令。

1916年

5月18日，女儿伊达出生。

在圣彼得堡发表了六十二幅在维捷布斯克完成的作品。11月，在莫斯科的方块J展中展出四十五幅作品。

雅各布·图仁霍德在《阿波罗》杂志上发表了一篇关于他的文章。

1917年

参加犹太社团的各种活动，成为青年联盟的成员。随后被任命为协会在艺术工人联盟中的代表，这一组织是1917年的二月革命后组建的。

文化部长卢那察尔斯基推荐他担任美术局局长这一重要职位，不过被他谢绝了。随后与家人一同回到维捷布斯克。

1918年

亚伯拉罕·埃弗罗斯和雅各布·图仁霍德出版了关于夏加尔的第一部专著。

被任命为维捷布斯克地区美术委员，并成为他未来创立的艺术学校的负责人。为纪念大革命胜利一周年，他发动所有的艺术家装饰了整座城市。

1919年

1月28日，维捷布斯克美术学院正式成立，夏加尔希望所有的艺术学科成为免费和开放的。首批招收了一百二十位学员，大部分为来自犹太工人家庭的男孩。我们在教师中发现了几位赫赫有名的人物，如让·伯尼（Jean Pougny）、潘以及利西茨基，后者还被任命为印刷学院院长。11月，马列维奇加入团队。这位至上主义之父很快带来了学校的分裂，并占据优势，而夏加尔的教育方式和美学选择被质疑。他本人也发现行政工作非常耗费精力。

夏加尔接到一份委托，为果戈理的《赌徒》和《婚事》这两出戏剧做布景（计划未能完成）。

他在彼得格勒美术宫举办的“第一届革命艺术展”中获得荣誉席位。国家买了他十二幅作品。

1920年

夏加尔辞去维捷布斯克美术学校校长一职，并最终离开了学校和维捷布斯克，在莫斯科定居。

在亚伯拉罕·埃弗罗斯的推荐下，他受邀为致敬作家萨罗姆-阿列赫姆的晚会设计服装，并为莫斯科国家犹太剧院整座演出厅做布景。

1921年

为莫斯科其他剧院的设计计划没能实现（《西方世界的杂技演员》《职员》《谎言》和《祝好运》），现在只留下了草图。

夏加尔在距离莫斯科二十千米远的马拉科夫的战争孤儿院的犹太少年教养院教美术。

1922年

夏天，夏加尔带着所有作品离开了俄罗斯，途经立陶宛的考纳斯市，抵达柏林。

贝拉和伊达几个月后与他会合。
夏加尔完成了自传《我的生涯》的修订工作，这项工作于前一年在俄罗斯开始。

1923—1925年

与赫尔瓦特·瓦尔登打官司，因为后者在他不知情的情况下，将他在1914年在柏林期间委托保存的作品出售了。他在1926年仅回收了三幅油画和十幅水彩画。
范德门（Van Diemen）画廊组织了一次画展，展出了一百六十四幅他在1914—1922年完成的作品。
为《我的生涯》创作完成二十幅版画插画，收入画廊老板保罗·卡西尔的画册集中。
1923年9月1日，夏加尔与家人来到巴黎。在得知安布鲁瓦兹·沃拉尔计划委托他为书籍画插画后，他决定离开柏林。两年里，他为果戈理的《死魂灵》画了一百零七幅版画插画。
夏加尔拒绝加入超现实主义。他为已经遗失的作品做了修改稿和新版本，大部分时间停留在诺曼底和布列塔尼地区。
1924年末，在巴尔巴赞斯-霍德伯特（Barbazanges-Hodebert）画廊举办在巴黎的首次个展（一百二十二幅作品展出）。
1925年，参加科隆艺术协会和德累斯顿的恩斯特·阿诺德画廊的画展。

1926—1927年

1926年初，在莱因哈特画廊举办纽约的首次展览（一百幅作品展出）。
夏加尔一年中的大半时间都在土伦附近的穆里翁。
沃拉尔向他引荐了鲁奥、勃纳尔、莫里斯·德·弗拉曼克（Maurice de Vlaminck）和阿里斯蒂德·马约尔（Aristide Maillol），并委托他为《拉封丹寓言》以及名为《沃拉尔马戏团》的系列丛书创作水粉画插画。
夏加尔在卡西亚·格兰诺夫（katia Granoff）画廊举办两次展出。
与小伯伦汉画廊的合作保证了他的收入。与泽沃斯（Zervos，夏加尔并通过他认识了毕加索）和特里亚德建立了联系，后者的一篇文章发表于《艺术手册》（*Cahiers d'Art*）（1926年7月）。

1928—1929年

1928年夏，在塞雷期间，经常与诗人茹勒·苏佩维埃尔（Jules Supervielle）、保罗·艾吕雅（Paul Éluard）、雷纳·施沃布（René Schwob）来往，结识了哲学家雅克·马里坦，并与他建立友谊。
《我的生涯》被翻译成法语，得到了柳德米拉·格赛尔（Ludmilla Gaussel）和让·波朗（Jean Paulhan）的帮助，由贝拉复核修订。
1929年底，夏加尔在巴黎的奥特伊门（porte d'Auteuil）买下了蒙莫朗西别墅（Villa Montmorency）。
华尔街的金融危机导致他与小伯伦汉画廊之间的联系中断。他的收入从此以后全部依赖沃拉尔。

1930年

《寓言》的水彩画习作在巴黎的小伯伦汉画廊、布鲁塞尔的半人马画廊（galerie Le Centaure）和柏林的法勒齐姆画廊（Flechtheim）展出，获得了商业上的巨大成功。
在夏秋两季，夏加尔待在地中海沿岸和培拉卡瓦（滨海阿尔卑斯省）。他完成了一些风景画和以窗为主题的画稿的修改。
沃拉尔给了一项重要委托：为《圣经》画插画。

1931年

夏加尔感到需要在为《圣经》画插画开始前，前往这本圣书的发祥地。受邀于特拉维夫第一任市长迈尔·迪岑哥夫，在家人的陪伴下，他在2—4月前往参观亚历山大和开罗。他被巴勒斯坦的风光深深震撼，画下了圣地巴勒斯坦和采法特。
回到法国后，他开始创作《圣经》蚀刻版画（1952年重启工作，并由特里亚德在1956年出版）。
《我的生涯》法文版出版。

1932年

为贝多芬作曲的布洛尼斯拉娃·尼金斯卡（Bronislava Nijinska）的芭蕾舞剧设计布景和服饰。但该芭蕾舞剧始终没有上演。
在荷兰艺术家协会组织的荷兰首次展出上，夏加尔被伦勃朗的作品深深震撼。
秋季，他待在费拉角（Cap-Ferret）。

1933年

夏加尔的画在纳粹于慕尼黑艺术馆举办的"布尔什维克文化作品展"上被焚烧。
提交了入法国国籍的申请，但是因为过去在布尔什维克政体下担任过职位而被拒。
在巴塞尔为他举办了一次大型展出。

1934—1935年

在茹勒·苏佩维埃尔和亨利·米修（Henri Michaux）的陪伴下，在西班牙旅行。
夏加尔被埃尔·格列柯（El Greco）的作品震撼。
在布拉格的达弗雷格拉（Da Freigla）画廊展出了部分作品。
1935年，在莱斯特（Leicester）画廊举办伦敦首次个展。
受邀参加维尔纽斯犹太文化中心揭幕式。他意识到了欧洲的反犹太倾向逐渐抬头。

1936—1938年

1936年末，夏加尔搬到了特罗加德罗（Trocadéro）附近的巴黎新画室。
《纽约新艺术圈》为他举办了专题展出。
参加了"直觉画家展"，巴黎美术馆诞生了表现派。
1937年春，前往上普罗旺斯的阿尔卑斯山、阿维尼翁地区以及意大利。
1937年夏，他参加了在巴黎小皇宫举办的"国际独立艺术起源和发展"的展出以及"独立艺术大师展1895—1937年"。
在尚波澜的帮助下，获得了法国国籍。
第三帝国建立后，局势越来越严峻。"堕落艺术展"（1937年）上有他的《普珥节》《祈祷者》和《冬》这三幅作品。
从德国博物馆和私人收藏家手里退回的五十九幅作品被卖往国外。
这一期间的作品经常涉及宗教主题，其中最著名的是《白色磔刑》（1938年）。
1938年，在布鲁塞尔美术馆和纽约利林菲尔德（Lilienfeld）画廊举行展出。

1939—1940年

《未婚夫妇》（*Les Fiancés*）获得匹兹堡的卡内基奖三等奖。
夏加尔在战前不久定居在卢瓦尔河畔圣迪耶（Saint-Dyé-sur-Loire）。
1940年，政治事件迫使夏加尔继续南下。他们买下了戈尔德镇上的天主教女子学校，并将画室移入其中。
对1927年以来入籍者的质疑（1940年7月）以及反犹太法（1940年10月），让夏加尔夫妇感到了威胁。

1941年

应急救援委员会负责人瓦里安·弗莱以及美国驻马赛领事馆总领事哈利·宾厄姆（Harry Bingham）再次邀请夏加尔加入纽约现代艺术博物馆。
4月，夏加尔来到马赛，并在一次大逮捕中被捕入狱，其后在弗莱和宾厄姆的斡旋下被释放。5月7日，夏加尔一家离开马赛，11日，抵达里斯本。因为其作品在西班牙被滞留了五周，他们一家经过了漫长的等待才终于得以踏上美国的领土。6月23日，即德国入侵苏联的第二天，夏加尔一家来到美国。皮埃尔·马蒂斯欢迎了他们，并在其后成为他的画廊经理。11月，马蒂斯展出了他的作品。
夏加尔拜访了许多像他一样在纽约避难的艺术家和法国朋友，如莱歇、马松、亚历山大·考尔德（Alexander Calder）、布勒东，以及马里坦、文杜里、乔治·贝尔纳诺斯（Georges Bernanos）、蒙德里安以及意第绪诗人约瑟夫·欧巴托舒（Joseph Opatoshu）。

1942年

芭蕾剧团委托他设计《阿列科》的布景和服装，这出芭蕾舞剧是莱奥尼德·马赛因根据普希金的短篇小说《茨冈人》编舞创作的，使用了柴可夫斯基的钢琴曲，分为三幕。
芭蕾舞的制作转移到墨西哥；1942年8月，该剧目在艺术宫首次演出前一个月，夏加尔和贝拉前往墨西哥城工作。
该剧获得了极大的成功，并在整个10月期间在纽约大都会歌剧院不停演出。尽管获得了成功，但是夏加尔得知欧洲的悲惨状况后，画下了灵感源自战争的系列油画。

1943—1944年

1943年，与家人在克兰伯里湖住了一段时间。
对于1944年夏回到克兰伯里湖的夏加尔来说，这一年发生了两件大事：巴黎的解放，同年9月贝拉因病毒感染后遗症离世。他过于悲伤，完全停止工作九个月的时间。女儿伊达的悉心关怀使他最终重新恢复了创作。

1945年

在女儿的帮助下，开始着手翻译贝拉的意第绪语回忆录《点亮的灯火》和《第一次相遇》。

夏季，伊达雇了年轻的女人维吉妮娅·哈格德（Virginia Haggaod）照顾父亲，后来成为他的伴侣。

夏加尔完成了斯特拉文斯基执导、阿道夫·博姆（Adolph Bolm）编舞的《火鸟》的布景、幕布和八十套服饰，这是纽约芭蕾剧团的新委托，此次也获得了巨大成功。

1946年

冬季，他跟维吉妮娅·哈格德住在美国卡茨基尔山（Catskill）的海福尔斯（High Falls）。

5月，夏加尔自战争开始以来第一次返回巴黎。

6月22日，他们的儿子戴维·麦克尼尔（David McNeil）出生。

9月，詹姆斯·约翰逊·斯维尼和伊达为纽约现代艺术博物馆举办的大型回顾展在芝加哥艺术协会开幕。

完成了《一千零一夜》的彩色石版画。

1947年

夏加尔离开海福尔斯，前往巴黎参加现代美术博物馆为其举办的展览开幕式。随后又在阿姆斯特丹的市立美术馆、伦敦的泰特美术馆以及苏黎世美术馆举办了其他几次回顾展。

1948—1949年

1948年8月，夏加尔终于返回法国，与维吉妮娅和儿子在奥热瓦尔（Orgeval）定居。他们的家成为朋友聚会的地方，如《奋斗》（*Combat*）的主编克劳德·布戴特（Claude Bourdet）、保罗·艾吕雅、尚波澜、雅克·马里坦、伊凡·戈尔、皮埃尔·勒韦迪、商人路易·卡雷（Louis Carré）、艾蒙·玛格以及出版商特里亚德。

1948年9月，参加了威尼斯国际双年展，展出时为他专门保留了一个展厅。他在这次展出上获得版画大奖。

同年，特里亚德获得沃拉尔（1939年去世）基金的所有《死魂灵》《寓言》和《圣经》版画。

1949年，夏加尔重新找到费拉角圣让（Saint-Jean-Cap-Ferrat）的出版商，完成了《十日谈》（*Décaméron*）主题水彩画。

1949年11月，在旺斯创作了最初的陶器作品，并为伦敦的水门剧院的休息室完成壁画。

1950年

向往法国南部的阳光和地中海风景，买下了位于圣珍妮特（Saint-Jeannet）旺斯路的一处住宅，被称作"小丘"。他越来越喜欢陶艺，最初在谢尔盖·拉梅尔的店里为充满普罗旺斯风情的陶器做装饰。

在巴黎期间，认识了查尔斯·索利尔，后者出版了他所有的石版画。

1951年

前往以色列参加画展开幕式。

夏加尔和维吉妮娅·哈格德分手。

1952—1953年

夏加尔投入到瓷墙砖、花瓶及盘子的创作中，他在制模的时候会亲自动手修改。他在乔治和苏珊·哈米耶夫妇位于瓦洛里的玛都拉工作室里工作（直到1962年）。夏加尔同时也创作了第一批雕塑作品。

1952年春，夏加尔认识了瓦伦蒂娜·布罗德斯基（夏加尔昵称她"瓦瓦"），7月12日，两人结婚。

参观沙特尔大教堂，研究古彩绘玻璃窗技术。

出版商特里亚德委托他为《达芙妮与克罗埃》作彩色石版画。为此，他与瓦瓦一同前往希腊，参观了德尔斐（Delphes）、雅典和波罗斯岛。他还去了意大利（罗马、那不勒斯和卡佩）。

特里亚德出版了《寓言》。

1953年，夏加尔前往都灵参加马达马宫（Palazzo Madama）举办的回顾展。

1954年

秋季，与瓦瓦第二次赴希腊和意大利。夏加尔再次参观了他非常欣赏的提香和丁托列托的作品展览。

玛格画廊举办了一次展览，并在今后专门展出他的作品。

1955年

开始创作《圣经箴言》的系列油画，希望将这批作品收藏在同一地点，这些作品于1966年完成。

在冬季大马戏看到的一场电影给了他灵感，于是画了三十八幅水彩画，并在其后几年为这些画配了文字（《马戏团》，特里亚德出版，1967年）。

1956年

特里亚德出版了《圣经》。夏加尔专心创作大量石版画和版画。

致敬展越来越多，如伯恩艺术馆、巴塞尔艺术馆以及布鲁塞尔美术宫。

1957年

第三次前往以色列。

夏加尔画了自己的第一幅马赛克镶嵌画底图：《蓝公鸡》（*Le Coq bleu*）。

《过红海》是一幅墙砖画，安放在阿西圣母院的施洗堂里。

法国国家图书馆举办了一次雕版作品回顾展。

1958—1959年

1958年2月，夏加尔和瓦瓦前往芝加哥。他在芝加哥大学举办了一场题为"为何我们变得如此焦虑？"的讲座。

巴黎歌剧院委托他为《达芙妮与克罗埃》设计布景和服装。此剧由莫里斯·拉威尔作曲，米哈伊尔·福金编剧，乔治·司克宾（George Skibine）编舞。国际展期间在布鲁塞尔莫纳伊剧院里首次上演。

结识玻璃工匠夏尔·马克和布里吉特·西蒙，他们负责将草稿"搬"到梅斯圣埃蒂安大教堂的彩绘玻璃窗上。这次相识至关重要，夏加尔在这一领域的大部分项目都是与他们合作的。

1959年，夏加尔被选为美国艺术文学院荣誉成员。

在巴黎装饰艺术博物馆、汉堡艺术馆和慕尼黑艺术馆举办回顾展。

1960—1962年

1960年，夏加尔和奥斯卡·科柯施卡（Oskar Kokoschka）共同获得哥本哈根的欧洲文化基金会拉斯谟奖。

他准备为耶路撒冷希伯来大学哈大沙医疗中心（Hadassah Medical Center de l'Université hébraïque de Jérusalem）的犹太教堂绘制十二扇彩绘玻璃窗。这些彩绘玻璃窗后于1961年在巴黎装饰艺术博物馆和纽约现代艺术博物馆进行展出。1962年2月，夏加尔在以色列参加了玻璃窗的安装仪式。

梅斯彩绘玻璃窗在兰斯博物馆首次展出。

1960—1961年，完成了《达芙妮与克罗埃》的全部插画，并将由特里亚德出版社出版。

1963—1964年

1963年，在东京国立西方艺术博物馆和京都美术馆举行回顾展。

安德烈·马尔罗委托夏加尔为加尼叶歌剧院重新绘制天顶。他完成了两幅巨幅草图，并向戴高乐将军和部长介绍了这项计划。1964年1—6月，在高布兰棉织画制造厂车间制作天顶，9月，进行安装和揭幕。

1964年，为波坎蒂科山的塔里敦教堂联盟礼拜堂绘制彩绘玻璃窗《善良的撒玛利亚人》（*Le Bon Samaritain*）。

夏加尔一家前往纽约，参加联合国总部的《和平》彩绘玻璃窗揭幕式，这幅作品是为了纪念联合国秘书长达格·哈马舍尔德（Dag Hammarskjöld）。大都会歌剧院院长鲁道夫·宾（Rudolf Bing）委托夏加尔为莫扎特作曲的《魔笛》设计服装并完成两幅巨幅油画。

1965—1967年

夏加尔和瓦瓦离开旺斯前往圣保罗德旺斯。

为塔里敦教堂联盟完成了另外八幅彩绘玻璃窗。

为大都会歌剧院绘制壁画：

《音乐的源泉》和《音乐的胜利》。

《马戏团》（三十八幅石版画）在《灵韵》杂志上发表，这本杂志是特里亚德在1967年发行的。

《魔笛》的布景和服饰由画家设计，其在纽约的首演获得了巨大的成功（1967年2月）。

向国家捐赠了《圣经箴言》的十七幅油画和三十八幅水彩画。所有这些作品在卢浮宫展出（1967年6—10月）。

在圣保罗德旺斯的梅格基金会举行展出，在慕尼黑和科隆举办回顾展。

1968—1970年

1968年，夏加尔和瓦瓦一同前往华盛顿。在皮埃尔·马蒂斯画廊在纽约举办了一次展出。

受尼斯大学法学院院长的委托，夏加尔绘制了《尤利西斯箴言》彩色原稿，并由手工艺人梅拉诺完成巨幅马赛克镶嵌画的制作。

1969年，尼斯的国立马克·夏加尔圣经箴言博物馆奠基。

为参加新议会克奈塞特的揭幕仪式，夏加尔前往耶路撒冷。议会中安放有高布兰棉织画制造厂生产的马赛克墙壁镶嵌画《哭墙》以及《先知以赛亚》《出埃及记》和《进入耶路撒冷》这三幅大挂毯画。

1969年12月—1970年3月，在巴黎大皇宫举行致敬夏加尔的回顾展，共收集了他的四百七十四幅作品。

1970年1—3月，法国国家图书馆举行夏加尔版画作品回顾展。

1970年9月，夏加尔前往参加慕尼黑圣母大教堂五扇彩绘大玻璃窗的揭幕，这些作品是他与查尔斯·马克和布里吉特·西蒙合作完成的。

1971—1973年

为尼斯的国立马克·夏加尔圣经箴言博物馆制作并完成巨幅马赛克镶嵌画《先知以赛亚》。

1972年，为尼斯博物馆的音乐厅设计彩绘玻璃窗，并开始着手芝加哥第一国家银行的另一幅马赛克镶嵌画《四季》。1974年，他为这幅画揭幕，并获得了热烈的欢迎。

开始为荷马的《奥德赛》绘制版画。这部作品分为两卷，分别于1974年和1975年出版，共包含四十三幅彩色石版画和三十九幅黑白的文章节选画。

在布达佩斯（Budapest）艺术博物馆举办回顾展。

1973年，在苏联文化部长的邀请下，回到阔别五十年的祖国土地，参加莫斯科特列季亚科夫美术馆的展出。在1920年为国家犹太剧院创作的壁板画上签名，然后在列宁格勒重新见到两个姐姐。

7月7日，尼斯国立马克·夏加尔圣经箴言博物馆揭幕，安德烈·马尔罗出席了揭幕式。

1974—1975年

1974年6月15日，兰斯大教堂中央祭坛的三扇彩绘玻璃窗落成。

在前东柏林国家美术馆和尼斯国立马克·夏加尔圣经箴言博物馆举办画展。

1975年，杰拉尔德·克莱姆（Gérald Cramer）出版社（日内瓦）出版了夏加尔在1930—1964年期间写的诗，还包括二十四幅木刻版画。

创作多幅精神性和《圣经》主题的巨幅油画。

5月至9月，为莎士比亚的《暴风雨》（*La Tempête*）绘制石版画。

1976—1977年

1976年，为安德烈·玛格出版社出版的路易·阿拉贡诗集《那些不发一言却胜似千言万语的人》以及安德烈·马尔罗的一篇文章《在大地上》（*Et sur la terre*）画插画。

瓦尔省莱萨尔圣罗紫琳（Sainte-Roseline aux Arcs）礼拜堂的马赛克镶嵌画落成。

举行日本作品巡回展，在德累斯顿的阿尔贝廷宫（Albertinum）和东柏林的印刷和绘画博物馆展出版画。

完成萨尔堡的科德利埃礼拜堂的彩绘玻璃《和平或生命之树》。

前往佛罗伦萨旅行，向政府捐赠一幅自画像。

1977年1月1日，被授予法国“荣誉勋位”最高级勋章。

为美因茨（Mayence）的圣埃蒂安教堂画彩绘玻璃窗，并为芝加哥艺术协会的《美国窗户》创作彩色原稿图（1979年落成）。

在国立马克·夏加尔博物馆和卢浮宫展出作品。

前往以色列旅行，被授予耶路撒冷荣誉市民称号。

1978—1980年

1978年6月，前往佛罗伦萨旅行，参加彼堤宫（palais pitti）举办的作品展开幕式。

9月，美因茨圣埃蒂安教堂的七扇彩绘玻璃窗中的第一扇落成。其余在随后几年陆续完成。

10月，奇切斯特（Chichester）圣三一大教堂彩绘玻璃窗落成。

完成几幅蚀刻版画作为《大卫诗篇》（*Psaumes de David*）的插画。1980年，在尼斯国立马克·夏加尔博物馆展出了这些画。

1980年，夏加尔为美国友人送给圣经箴言博物馆的拨弦古钢琴画装饰画。

1981—1984年

绘制多幅大尺幅油画，主题涉及《圣经》、马戏团和村庄。

1982年，斯德哥尔摩现代美术馆（Moderna Museet de Stockholm）和胡姆勒巴克的路易斯安纳艺术博物馆（丹麦）组织举办两次回顾展。

在纽约的皮埃尔·马蒂斯画廊举办近期作品展。

完成赛扬（Saillant）教区教堂（武特扎克镇）（Voutezac）彩绘玻璃。

1984年，蓬皮杜中心展出了他的画纸作品，并出版了重要作品目录。这次展出也将在汉诺威的凯思特纳协会（Kestner Gesellschaft）、苏黎世的美术馆以及罗马的卡比多里诺博物馆（Museo Capitolino）举行。

参加了梅格基金会组织的展出，以及在尼斯举办的彩绘玻璃窗和雕塑作品展。

1985年

在伦敦皇家艺术学院和费城美术馆举行大型作品回顾展。

3月28日，与世长辞，终年98岁。4月1日，在圣保罗德旺斯公墓举行葬礼。

注释

引言：令人赞叹的轻盈生命

1.马克·夏加尔（Marc Chagall），本雅明·哈沙夫（Benjamin Harshav），《马克·夏加尔论艺术和文化》（*Marc Chagall on art and culture*），斯坦福，斯坦福大学出版社，第128—133页。

2.让-米歇尔·弗莱（Jean-Michel Foray），“缺席的约会”，摘自《超现实主义的夏加尔?》（*Chagall surréaliste ?*），尼斯，国立马克·夏加尔美术馆，2002年版，第9页。

3.宇戈·沃里（Ugo Volli），“象形绘画?”，摘自《马克·夏加尔.作品回顾，1908—1985年》（*Marc Chagall. Rétrospective, 1908-1985*），布鲁塞尔，比利时皇家美术馆，2015年版，第284页。

4.皮埃尔·施耐德（Pierre Schneider），《跨越世纪的夏加尔》（*Chagall à travers le siècle*），巴黎，Flammarion出版社，1995年版，第9页。

5.本雅明·哈沙夫，“后现代主义和狂欢艺术”，摘自《马克·夏加尔，在俄罗斯的那些年，1907—1922年》（ *Marc Chagall, les années russes, 1907-1922*），巴黎，巴黎现代艺术博物馆，1995年版，第18页。

6.吉尔贝特·拉斯科尔特（Gilbert Lascault），“绘画的喜悦”，摘自《马克·夏加尔》（*Marc Chagall*），圣保罗-德旺斯，玛格基金会，1984年版，第20页。

7.本雅明·哈沙夫，“后现代主义和狂欢艺术”，见上述已引用文献，第19页。

8.茱莉亚·加里莫斯-弗莱（Julia Garimorth-Foray），前言，《战争与和平之间的夏加尔》（*Chagall entre guerre et paix*），巴黎，卢森堡博物馆，2013年版。

9.皮埃尔·施耐德，《跨越世纪的夏加尔》，见上述引用文献，第9页。

10.杰拉尔·卡鲁斯特（Gérard Garouste）访谈，摘自《熟悉而又陌生的夏加尔》（*Chagall connu et inconn*），巴黎，大皇宫国家美术馆，2003年版，第81页。

第一章　夏加尔，犹太艺术家?

1.夏加尔，《我的生涯》（*Ma vie*），巴黎，Stock出版社，2003年版，第35页。

2.《出埃及记》，第20章，第4—5句，《圣经》，路易·思贡译本，译自希伯来和希腊原文，1975年再版，日内瓦新版，日内瓦圣经出版社（Société biblique de Genève），1979年版。

3.《诗篇》，第135章，第15—17句，同上。

4.《创世纪》，第12章，第1句，同上。

5.让-米歇尔·弗莱，“缺席的约会”，见上述已引用文献，第15页。

6.让-米歇尔·弗莱，“夏加尔和现代艺术家”，摘自《熟悉而又陌生的夏加尔》，见上述已引用文献，第51页。

7.伊莉莎白·帕库-莱姆（Élisabeth Pacoud-Rème），“夏加尔和圣经”，摘自《马克·夏加尔，圣经的色彩》（*Marc Chagall, des couleurs pour la Bible*），尼斯，马克·夏加尔国家博物馆，2015年版，第26页。

8.梅耶·夏皮罗，“夏加尔的圣经插画”，摘自《现代艺术：精选画作》（*Modern Art : Selected Papers*），纽约，1978年版，第128页。

9.杰克·乌尔切拉格（Jackie Wullschlager），《夏加尔》（*Chagall*），帕特里克·埃尔桑（Patrick Hersant）英译本，巴黎，Gallimard出版社，2012年版，第15页。

10.爱德华·罗迪特，《米罗、恩斯特、夏加尔，论艺术》（*Miró, Ernst, Chagall. Propos sur l'art*），巴黎，Hermann出版社，2006年版，第11页。

11.夏尔·杜布津斯基（Charles Dobzynski），《意第绪诗选》（*Anthologie de la poésie yiddish*），巴黎，Gallimard出版社，2000年版，第13页。

12.皮埃尔·施耐德，《跨越世纪的夏加尔》，见上述已引用文献，第13—14页。

13.本雅明·方丹，“马克·夏加尔”，摘自《犹太手册》（*Cahiers juifs*），1934年4—5月第9期。

14.娜塔莉·哈赞-布鲁内，“从一种语言到另一种语言”，引自《马克·夏加尔，画家的世界……》（*Marc Chagall, les univers du peintre...*），阿尔，Actes Sud出版社，2007年版，第46页。

15.“夏加尔”，摘自罗迪特的《论艺术》，见上述已引用文献，第11—12页。

16.米歇尔·德拉盖（Michel Draguet），“夏加尔和现代艺术：介于神话和乌托邦之间”，摘自《马克·夏加尔，作品回顾，1908—1985年》（*Marc Chagall. Rétrospective, 1908-1985*），见上述已引用文献，第52页。

17.马丁·布伯（Martin Buber），《歌革和玛各》（*Gog et Magog*），巴黎，Gallimard出版社，1983年版，第104页。

18.夏加尔，《我的生涯》，见上述已引用文献，第142页。

19.亚历山大·卡缅斯基（Alexandre Kamenski），《夏加尔，俄罗斯和苏联时期，1907—1922年》（*Chagall, période russe et soviétique, 1907-1922*），乔埃尔·奥贝尔-杨（Joëlle Aubert-Yong）译本，巴黎，视觉出版社（Éditions du Regard），1988年版，第25页。

20.欧文·豪威（Irving Howe）引述的数据，《父辈们的世界》（*World of our Fathers*），纽约，Schocken books，1976—1989年版。

21.亚伯拉罕·埃弗罗斯（Abram Efros）说起过“几次可怕的大灾难压垮了犹太小镇的犹太民族，这里之前一直是夏加尔的整个世界”，埃弗罗斯和图仁霍德，《马克·夏加尔的艺术》（*L'Art de Marc Chagall*），莫斯科，1918年版，第137页。

22.亚历山德拉·沙茨基赫（Aleksandra Shatskikh），《维捷布斯克：艺术人生》（*Vitebsk : the Life of art*），伦敦，耶鲁大学出版社，2008年版，第3页。

23.夏加尔，《我的生涯》，见上述已引用文献，第79页。

24.萨罗姆-阿列赫姆，《莫特尔，唱诗者佩希的儿子》（*Motl, Peysi the Cantor's Son*），摘自《在美国》（*In America*），纽约，1916年版；法译本《莫特尔，唱诗者的儿子》（*Motel, fils du chantre*），巴黎，Grohar-Rudetzki，1950年版。

25.布基·本·优格里（ Buki Ben Yogli），（又名耶胡达·L. 卡曾尔森）（Yehuda L. Katzenelson），“并行”（Paralleli），摘自《俄罗斯犹太人》（*Ruski Yevrei*），1881年第1期，第33—34页。

26.夏加尔，《我的生涯》，见上述已引用文献，第87页。

27.亚伯拉罕·埃弗罗斯，“阿拉丁神灯”，摘自莫妮卡·波姆-杜辰（Monica Bohm-Duchen）的《探寻俄罗斯革命中的犹太艺术》（*La quête d'un art juif dans la Russie révolutionnaire*），摘自《熟悉而又陌生的夏加尔》，见上述已引用文献，第65页。

28.多米尼克·加拉塞，《是否存在犹太艺术?》，巴黎，Adam Biro，2006年版，第76页。

29.阿夫拉姆·坎普夫，《二十世纪艺术中的犹太经验》，南哈德里（Hadley），马萨诸塞州，Bergin & Garvey，1984年版，第16—17页。

30.莫妮卡·博姆-杜琴，《追寻俄罗斯革命中的犹太艺术》，见上述已引用文献，第64页。

31.皮埃尔·施耐德，《跨越世纪的夏加尔》，见上述已引用文献，第21页。

32.莱昂·巴克斯特，“古典主义艺术的道路”，摘自《阿波罗》（*Apollon*）杂志，1909年11—12月第2—3期。

33.米利亚姆·莱纳（Mirjam Rainer），“新原始主义”，摘自《夏加尔和俄罗斯先锋艺术》（*Chagall et l'avant-garde russe*），格勒诺布尔，格勒诺布尔博物馆出版社，2011年版，第29页。

34.同上，第27页。

35.埃弗罗斯和图仁霍德，《马克·夏加尔的艺术》，见上述已引用文献，第141页。

36.亚历山大·勃洛克，“颜色和词汇”，《金羊毛》杂志，1906年第1期，摘自米利亚姆·莱纳的“新原始主义”，《夏加尔和俄罗斯先锋艺术》，见上述已引用文献，第24页。

第二章　初识先锋艺术（1908—1914年）

1.亚历山大·卡缅斯基，《夏加尔，俄罗斯和苏联时期，1907—1922年》，巴黎，视觉出版社，1988年版，第365页。

2.让-克劳德·马卡德，“夏加尔作品的俄罗斯背景”，摘自《马克·夏加尔，画纸作品》（*Marc Chagall. Œuvres sur papier*），巴黎，蓬皮杜艺术中心，1984年版，第19—20页。

3.夏加尔，《我的生涯》，见上述已引用文献，第128页。

4.“圣像是原始主义绘画最有趣的范本……。我在其他任何地方都没有看到过如此纯粹的色彩和纯真。这是莫斯科最美的财富……从原始主义画派寻找灵感才是最恰当的”，《马蒂斯访谈录》，摘自《俄罗斯公报》（*Le Bulletin russe*），1911年10月。

5.叶卡捷琳娜·L. 塞莱茨妮娃，“夏加尔作品的俄罗斯背景”，摘自《半空中的夏加尔》（*Chagall entre ciel et terre*），马蒂尼（Martigny）（瑞士），皮埃尔·加纳达基金会（Fondation Pierre Gianadda），2007年版，第40页。

6.艾维尼亚·佩卓娃，“点燃文艺复兴……二十世纪二十年代到三十年代俄罗斯先锋派的道路”，摘自《俄罗斯和先锋派》，圣保罗德旺斯，玛格基金会，2003年版，第27页。

7.让-克劳德·马卡德，“夏加尔作品的俄罗斯背景”，摘自《马克·夏加尔，画纸作品》，见上述已引用文献，第19页。

8.“回忆”，摘自《马克·夏加尔，作品回顾，1908—1985年》，见上述已引用文献，第19页。

9.玛丽-艾米丽·赛诺（Marie-Amélie Senot），摘自《夏加尔和俄罗斯先锋艺术》，见上述已引用文件，第33页。

10.画展在1910年4月—5月举办，夏加尔参展的作品是《死者》以及已经遗失的《吃饭的农民》（*paysan mangeant*），不过这次画展彻底失败了。

11.金娃·阿米沙-梅瑟，“犹太的觉醒：寻求民族认同”（*The jewish awakening : a search for national identity*），摘自《俄罗斯犹太艺术》（*Russian Jewish Artists*），纽约，犹太博物馆，1995年版，第54页。

12.夏加尔，《我的生涯》，见上述已引用文献，第91—92页。

13.人们已经意识到民间艺术对于俄罗斯现代造型艺术的影响。可能在《母爱图》和非常流行的俄罗斯套娃之间也存在一种联系。

14.金娃·阿米沙-梅瑟，《夏加尔的圣经形象：冲突与和解》（*Image biblique chez Chagall : conflit et réconciliation*），《夏加尔和圣经》，巴黎，犹太艺术和历史博物馆，2011年版，第59页。

15.维纳·哈弗特曼，《马克·夏加尔》，巴黎，艺术圈，1975年版，第7页。

16.夏加尔，“对于法国绘画的几点印象”（*Quelques impressions sur la peinture française*），摘自《马克·夏加尔》，巴黎，装饰艺术博物馆，1959年，第9—10页。

17.同上。

18.夏加尔，《我的生涯》，见上述已引用文献，第143页。

19.同上。

20.奥西普·扎德金，摘自西尔万·勒孔布尔（Sylvain Lecombre）的《奥西普·扎德金，雕塑作品》（*Ossip Zadkine, l'œuvre sculptée*），巴黎，巴黎博物馆，1994年，第28页。

21.杰克·乌尔切拉格，《夏加尔》，见上述已引用文献，第162页。

22.布莱斯·桑德拉尔，“肖像”，《弹性诗》《风暴》杂志，1914年2月第198—199期，柏林。

23.《西伯利亚散文》，新人类出版社，1913年版，摘自薇薇安·泰莱娜（Viviane Tarenne）的《诗人对于夏加尔绘画的看法，1910—1914年》（*Le regard des poètes sur la peinture de Chagall, 1910-1914*），《致俄罗斯，驴子和其他，马克夏加尔代表作之一》，尼斯，马克·夏加尔国家博物馆，1997年，第44页。

24.雅各布·图仁霍德，摘自《夏加尔和俄罗斯先锋艺术》，见上述已引用文献，第47页。

25.金娃·阿米沙-梅瑟，“夏加尔和阿登，论犹太艺术”，摘自《艺术与犹太民族》（*Art et Judaïsme*），以色列，Ramat-Gan，1990年版，第402页。

26.伊莲娜·文森特（Hélène Vincent），“夏加尔在巴黎，1911—1914年”，摘自《夏加尔和俄罗斯先锋艺术》，见上述已引用文献，第62页。

27.《马克·夏加尔》，巴黎，装饰艺术博物馆，1959年版，第348页。

28.詹姆斯·约翰逊·斯维尼，“马克·夏加尔访谈”（An Interview with Marc Chagal），摘自《党派评论》（*Partisan Review*），1944年，第8页。

29.弗朗茨·梅耶，《马克·夏加尔》，巴黎，Flammarion出版社，1964年版，1995年再版，第15页。

30.薇薇安·泰莱娜，《诗人对于夏加尔绘画的看法，1910—1914年》，见上述已引用文献，第47页。

31.古斯塔夫·科奎奥，《立体主义、未来主义、厚古主义》（*Cubistes, futuristes, passéistes*），巴黎，Ollendorff出版社，1914年版。

32.安德烈·萨尔蒙，《蒙茹瓦！》，1914年3月刊。

33.安德烈·萨尔蒙，《无止境的回忆》（*Souvenirs sans fin*），巴黎，Gallimard出版社，1955—1961年版，第二卷，摘自薇薇安·泰莱娜的《诗人对于夏加尔绘画的看法，1910—1914年》，见上述已引用文献，第45页。

34.皮埃尔·施耐德的《卢浮宫对话录》中的夏加尔，巴黎，Denoel，1972年，第51页。

35.同上，第54页。

36.夏加尔，《我的生涯》，见上述已引用文件，第154页。

37.让-米歇尔·弗莱，“缺席的约会”，见上述已引用文献，第9页。

38.让·卡索，《夏加尔》，巴黎，Somogy，1982年版，第103页。

39.阿涅斯·德拉博梅尔（Agnès de la Beaumelle），“夏加尔和俄罗斯先锋艺术”，见上述已引用文献，第64页。

40.克劳德·埃斯特万（Claude Esteban），“失重法则”，摘自《马克·夏加尔，画纸作品》，见上述已引用文件，第14页。

41.《卢浮宫对话录》中的夏加尔，见上述已引用文献，第53页。

42.同上。

43.让-米歇尔·弗莱，《夏加尔，52个象征符号小词典》（*Chagall. Le petit dictionnaire en 52 symboles*），巴黎，法国国家博物馆联盟，第128页。

44.我们还可以认为这个颅骨凸出的头是阿波利奈尔的。

45.“莱比锡日报”（*Leipziger Tageblatt*），摘自薇薇安·泰莱娜的《诗人对于夏加尔绘画的看法，1910—1914年》，见上述已引用文献，第47页。

46.杰克·乌尔切拉格，《夏加尔》，见上述已引用文献，第184页。

47.库尔特·施威特斯（Kurt Schwitters），《谈马克·夏加尔的一幅画》（*à un dessin de Marc Chagall*），第28号诗，摘自安娜·布鲁姆（Anna Blume）的《库尔特·施威特斯诗集》（*Poèmes de Kurt Schwitters*），巴黎，Champ Libre/Ivrea，1994年版。

第三章　重返俄罗斯（1914—1922年）

1.夏加尔，《我的生涯》，见上述已引用文献，第166页。

2.维纳·哈弗特曼（Werner Haftmann），《马克·夏加尔，水粉、素描和水彩画》（*Marc Chagall, gouaches, dessins, aquarelles*），巴黎，橡树出版社，1975年版，第65页。

3.杰克·乌尔切拉格，《夏加尔》，见上述已引用文献，第188页。

4.埃弗罗斯和图仁霍德，《马克·夏加尔的艺术》，见上述已引用文献，第137页。

5.弗朗茨·梅耶，《马克·夏加尔》，见上述已引用文献，第222页。

6.贝拉·夏加尔，《点亮的灯火》，巴黎，Gallimard出版社，1973年版，第258—259页。

7.莫里斯·福莱肖莱，“撑着手臂靠在窗台上的画家”，摘自《夏加尔，窗边的画家》（*Chagall, un peintre à la fenêtre*），尼斯，马克·夏加尔国立博物馆，2008年版，第13—14页。

8.阿涅斯·德拉博梅勒，“马克·夏加尔”，摘自《蓬皮杜艺术中心藏品》（*Collection du Centre Pompidou*），1986年版，第125页。

9.皮埃尔·施耐德，《跨越世纪的夏加尔》，见上述已引用文献，第132页。

10.《皮埃尔·勃纳尔：艺术作品，时代的停顿》（*Pierre Bonnard : l'oeuvre d'art, un arrêt du temps*），巴黎，巴黎国家现代美术馆，2006年版，第273页。

11.杰克·乌尔切拉格，《夏加尔》，见上述已引用文献，第144页。

12.纪尧姆·阿波利奈尔，“独立艺术家画展开幕式”（Vernissage aux Indépendant），《艺术专栏》（*Chroniques d'art*），1912年3月20日刊，第290页。

13.夏加尔，“对于法国绘画的几点印象”，见上述已引用文献，第13页。

14.多米尼克·加拉塞，《是否存在犹太艺术?》，见上述已引用文献，第75页。

15.以西结书，第37章，12—14句。

16.鲍里斯·阿瑞森和以萨迦·贝尔·里巴克，“犹太绘画的道路”，《奥夫冈》（*Oyfgang*）杂志，犹太文化联盟（Kulturelige），基辅，1919年版，引自莫妮卡·波姆-杜辰的《探寻俄罗斯革命中的犹太艺术》，见上述已引用文献，第66页。

17.同上。

18.夏加尔，《我的生涯》，见上述已引用文献，第228页。

19.莫妮卡·波姆-杜辰，《探寻俄罗斯革命中的犹太艺术》，见上述已引用文件，第68页。

20.“夏加尔”，摘自莫妮卡·波姆-杜辰的《探寻俄罗斯革命中的犹太艺术》，见上述已引用文件，第68页。

21.杰克·乌尔切拉格，《夏加尔》，见上述已引用文献，第226—227页。

22.弗朗茨·梅耶，《马克·夏加尔》，见上述已引用文献，第219页。

23.埃尔·利西茨基，《Ounovis历书（一）》（*Almanach Ounovis 1*），1920年。

24.莫妮卡·波姆-杜辰，《探寻俄罗斯革命中的犹太艺术》，见上述已引用文献，第68页。

25.夏加尔，《我的生涯》，见上述已引用文献，第188页。

26.安吉拉·兰佩（Angela Lampe），“为大革命服务的夏加尔”，摘自《夏加尔、利西茨基、马列维奇，维捷布斯克的俄罗斯先锋艺术家，1918—1922年》，巴黎，蓬皮杜中心，2018年版，第19页。

27.夏加尔，《维捷布斯克传单》（*Vitebsky Listok*），1918年11月16日刊，摘自克莱尔·勒福尔的《维捷布斯克艺术学校（1897—1923年）》（*L'École artistique de Vitebsk, 1897-1923*），巴黎，Harmattan，2002年版，第106页。

28.雅各布·图仁霍德，《十月革命的时代艺术》，1930年，第17—18页。

29.克莱尔·勒福尔，《维捷布斯克的艺术学校（1897—1923年）》，见上述已引用文献，第122页。

30.《维捷布斯克新闻》（*Izvestia Vitebskogo gubernskogo*），1918年11月9日刊，摘自克莱尔·勒福尔，见上述已引用文献，第122页。

31.亚历山大·罗姆，摘自让-克劳德·马卡德的“夏加尔和维捷布斯克”，《夏加尔和俄罗斯先锋艺术》，见上述已引用文献，第100页。

32.夏加尔，《我的生涯》，见上述已引用文献，第196页。

33.克莱尔·勒福尔，《维捷布斯克艺术学校（1897—1923年）》（*L'École artistique de Vitebsk, 1897-1923*），见上述已引用文献，第122页。

34.夏加尔，“十月革命周年纪念的艺术，1918年11月7日”，摘自《夏加尔、利西茨基、马列维奇，维捷布斯克的俄罗斯先锋艺术家，1918—1922年》，见上述已引用文献，第225页。

35.夏加尔，《论维捷布斯克的人民艺术学校》（*Sur l'École populaire d'art de Vitebsk*），让-克劳德·马卡德翻译，《夏加尔，利西茨基，马列维奇，维捷布斯克的俄罗斯先锋艺术家，1918—1922年》，见上述已引用文献，第228—229页。

36.亚历山大·利索夫（Aleksandr Lisov），《论战中的革命艺术，1918—1919年》，《夏加尔，利西茨基，马列维奇，维捷布斯克的俄罗斯先锋艺术家，1918—1922年》，见上述已引用文献，第29页。

37.马克·夏加尔，雅克·尚塞（Jacques Chancel）访谈，《文学日报》，1985年第42期，第15页。

38.马列维奇写给米哈伊尔·盖辰荣的信，1919年11月7日，《夏加尔、利西茨基、马列维奇，维捷布斯克的俄罗斯先锋艺术家，1918—1922年》，见上述已引用文献，第236页。

39.克莱尔·勒福尔，《维捷布斯克艺术学校（1897—1923年）》，见上述已引用文献，第116页。

40.埃尔·利西茨基，未出版的自传，尼古拉·卡捷耶夫（Nikolai Khardjiev）档案，摘自安吉拉·兰佩的“革命实验室”，见上述已引用文献，第14页。

41.《尼古拉·普宁、瓦拉布雷格、卡西米尔·塞文洛维奇·马列维奇》（*Nikolaï Pounine, Valabrègue, Kazimir Sévérinovitch Malevitch*），第101页，摘自克莱尔·勒福尔的《维捷布斯克艺术学校（1897—1923年）》，见上述已引用文献，第113页。

42.安吉拉·佩兰，“为大革命服务的夏加尔”，摘自《夏加尔、利西茨基、马列维奇，维捷布斯克的俄罗斯先锋艺术家，1918—1922年》，见上述已引用文献，第22—23页。

43.伊琳娜·卡拉西克（Irina Karasik），“维捷布斯克当代艺术博物馆”，摘自《夏加尔、利西茨基、马列维奇，维捷布斯克的俄罗斯先锋艺术家，1918—1922年》，见上述已引用文献，第180页。

44.写给帕维尔·艾丁格（Pavel Ettinger）的信，1920年4月2日，摘自塔马拉·卡朗达谢娃（Tamara Karandasheva）的“夏加尔和至上主义”，《夏加尔、利西茨基、马列维奇，维捷布斯克的俄罗斯先锋艺术家，1918—1922年》，见上述已引用文献，第65页。

45.“回忆录”，摘自《马克·夏加尔，作品回顾，1908—1985年》，见上述已引用文献，第18页。

46.让-米歇尔·弗莱，“缺席的约会”，见上述已引用文献，第8页。

47.很可能夏加尔采用了一个意第绪的表述方式。在意第绪语中，“雨伞”（*shirem*）接近动词“保护”（*bashiremen*），本雅明·哈沙夫，《马克·夏加尔，在俄罗斯的那些年，1907—1922年》，见上述已引用文献，第178页。

48.塔马拉·卡朗达谢娃，“夏加尔和至上主义”，见上述已引用文献，第65页。

49.夏加尔，《我的生涯》，见上述已引用文献，第220页。

50.梅耶·夏皮罗，《圣经插画》，J. 拉加纳（J. Laganne）译本，《灵韵》杂志，第8期，总33—34期，巴黎，特利亚德出版社，1956年版，摘自《夏加尔和圣经》，巴黎，犹太艺术和历史博物馆，见上述已引用文献，第188页。

51.莫妮卡·波姆-杜辰，《夏加尔》，伦敦，Phaidon出版有限公司，1998年版，第226页。

52.杰克·乌尔切拉格，《夏加尔》，见上述已引用文献，第211页。

53.莫妮卡·波姆-杜辰，《探寻俄罗斯革命中的犹太艺术》，见上述已引用文献，第69页。

54.同上，第69页。

55.亨利·贝莱维（Henri Berlewi），“犹太艺术的曲折道路”（Les zigzags de l'art juif），《历书》，巴黎，1955年版，摘自莉迪·珀尔（Lydie Pearl）的《夏加尔和他名字里的字母》（*Chagall et les lettres de son nom*），波尔多，波尔多大学出版社，2011年版，第76页。

56.亚伯拉罕·埃弗罗斯，贝亚特丽斯·皮孔-瓦兰（Béatrice Picon-Valin）的“马克·夏加尔和戈赛特的开端”，（Marc Chagall et les débuts du Goset），摘自《马克·夏加尔，在俄罗斯的那些年，1907—1922年》，巴黎，现代艺术博物馆，见上述已引用文献，第191页。

57.皮埃尔·施耐德，《跨越世纪的夏加尔》，见上述已引用文献，第81页。

58.让-米歇尔·弗莱，“缺席的约会”，见上述已引用文献，第11页。

59.同上，第10页。

60.本雅明·哈沙夫，“后现代主义和狂欢艺术”，见上述已引用文献，第22页。

61.苏珊·坎普顿（Susan Campton），“夏加尔的壁画：悲剧的身份认知危机”（Les peintures

murales de Chagall：une crise d'identité aux dimensions tragiques)，《马克·夏加尔，在俄罗斯的那些年，1907—1922年》，见上述已引用文献，第195页。
62. 多米尼卡·加拉赛，《是否存在犹太艺术？》，见上述已引用文献，第81页。
63. 亚历山大·伯努瓦（Alexandre Benois），摘自亚历山大·卡缅斯基的《夏加尔，俄罗斯和苏联时期，1907—1922年》，见上述已引用文献，第22页。
64. "回忆录"，《马克·夏加尔，作品回顾，1908—1985年》，见上述已引用文献，第42页。
65. 夏尔·杜布津斯基（Charles Dobzynski），《意第绪诗选》，见上述已引用文献，第8页。
66. 阿尔弗雷德·博登海默（Alfred Bodenheimer），"二十世纪初期东欧犹太人审美迁化，夏加尔对犹太生活失望的背景和革新"，《夏加尔，突破之年1911—1919年》（The Breakthrough Years 1911–1919），巴塞尔市立美术馆，2017年版，第40—49页。
67. 夏尔·杜布津斯基（Charles Dobzynski）《意第绪诗选》，见上述已引用文献，第8页。
68. 多米尼卡·加拉赛，《是否存在犹太艺术？》，见上述已引用文献，第85页。莫妮卡·波姆-杜辰，"探寻俄罗斯革命中的犹太艺术"，见上述已引用文献，第64页。

第四章　重生（1922—1937年）

1. 夏加尔，《我的生涯》，见上述已引用文献，第250页。
2. 弗朗茨·梅耶，《马克·夏加尔》，见上述已引用文献，第319页。
3. 本雅明·哈沙夫，"后现代主义和狂欢艺术"，见上述已引用文献，第19页。
4. 劳伦斯·西格尔（Laurence Sigal），"夏加尔：特立独行的犹太艺术家"，摘自《马克·夏加尔，在俄罗斯的那些年，1907—1922年》，见上述已引用文献，第41页。
5. "我父亲身上的一切在我看来都是悲伤的谜团。不能理解的画面"，夏加尔，《我的生涯》，见上述已引用文献，第15页。
6. 亚伯拉罕·埃弗罗斯和雅各布·图仁霍德，《论马克夏加尔的艺术》（*Die Kunst Marc Chagall*），波茨坦（Potsdam），Gustav Kiepenheuer，1921年版，摘自《马克·夏加尔，画纸作品》（*Marc Chagall. OEuvres sur papier*），巴黎，蓬皮杜中心，1984年，第83页。
7. 赛琳娜·希沙-卡斯泰（Céline Chicha-Castex），"夏加尔，用图画讲故事的人。最初的雕刻"，摘自《马克·夏加尔。印象》（*Marc Chagall. Impressions*），埃维昂（Evian），palais Lumière，2014年版，第23页。
8. 米歇尔·玛卡修斯（Michel Makarius），《夏加尔》，巴黎，Hazan，1987年版，第28页。
9. 娜塔莉·哈赞-布鲁内（Nathalie Hazan-Brunet），《"走向你"，流亡风景，1922—1930年》，摘自《熟悉而又陌生的夏加尔》，见上述已引用文献，第73—73页。
10. 同上。
11. 弗朗茨·梅耶，《马克·夏加尔》，见上述已引用文献，第152页。
12. 弗朗茨·梅耶，《马克·夏加尔。雕刻作品》，斯图加特（Stuttgart），Gerd Hatje，1957年版，第十六章，摘自富朗索瓦·夏彭（François Chapon）的《沃拉尔和特里亚德之间的夏加尔》《夏加尔和特里亚德》，勒卡托·康布雷齐（Cateau-Cambrésis），马蒂斯美术馆，2007年版，第26页。
13. 尼古拉·果戈理，《死魂灵》，巴黎，Folio Gallimard，1973年版，第38页。
14. 雅各布·图仁霍德，《马克·夏加尔》，圣彼得堡，《阿波罗》（*Apollon*）第2期，1916年，第15页，摘自尼科尔塔·米斯勒的《夏加尔和俄罗斯评论》（*Chagall et la critique russe*），《马克·夏加尔，在俄罗斯的那些年》，见上述已引用文献，第160页。
15. 茱莉亚·克里斯蒂娃（Julia Kristeva），《词语、对话和小说》（*Word, Dialogue and Novel*），摘自《克里斯蒂娃读物》（*The Kristeva Reader*），牛津，Blackwell，1986年版，第48—49页。
16. 迪迪埃·舒尔曼（Didier Schulmann），《拉封丹寓言插画家夏加尔或是如何离开俄罗斯并变成法国人》（*Chagall illustrateur des Fables de La Fontaine ou Comment quitter la Russie et devenir français*），摘自《马克·夏加尔，拉封丹寓言》，塞雷（Céret），现代艺术博物馆，1996年版，第25页。
17. 同上，第25页。
18. 皮埃尔·施耐德，《跨越世纪的夏加尔》，见上述已引用文献，第94页。
19. 同上。
20. 维纳·哈弗特曼，《马克·夏加尔，水粉、素描和水彩画》，见上述已引用文献，第12—13页。
21. 同上，第13页。
22. 安布鲁瓦兹·沃拉尔，《镜子背后》复述，1952年第44/45期。
23. 胡贝尔·科利（Hubert Colley），《大都会》杂志，安特卫普（Anvers,），1930年2月20日刊，摘自马克·夏加尔的《拉封丹寓言》，见上述已引用文献，第17页。
24. 马塞尔·施密茨（Marcel Schmitz），《二十世纪》，1930年3月9日刊，摘自马克·夏加尔的《拉封丹寓言》，见上述已引用文献，第20页。
25. 罗伯特·雷伊（Robert Rey），《现代绘画或没有职业的艺术》，1941年，摘自马克·夏加尔的《拉封丹寓言》，见上述已引用文献，第18页。
26. 迪迪埃·舒尔曼，《拉封丹寓言插画家夏加尔或是如何离开俄罗斯并变成法国人》，见上述已引用文献，第28—29页。
27. 雅克·盖纳（Jacques Guenne,），《当代艺术》（*L'Art vivant,*），巴黎，1927年12月刊，《夏加尔和特里亚德》，见上述已引用文献，第28页。
28. 夏加尔，1923年10月1日，未发表的信，夏加尔档案馆，摘自杰克·乌尔切拉格的《夏加尔》，见上述已引用文献，第310页。
29. 皮埃尔·普罗瓦耶，《马克·夏加尔。画纸作品》，见上述已引用文献，第120页。
30. 《回忆录》，摘自《马克·夏加尔，作品回顾，1908—1985年》，见上述已引用文献，第23页。
31. 夏加尔，《雅克·盖纳访谈录》，《当代艺术》，巴黎，1927年12月刊。
32. 米歇尔·德拉盖，《夏加尔和现代艺术：介于神话和乌托邦之间》，摘自《马克·夏加尔，作品回顾，1908—1985年》，见上述已引用文献，第275页。
33. 安布雷·戈蒂耶（Ambre Gauthier,），《我灵魂的国度：马克·夏加尔内心的风景》（*Le pays qui se trouve dans mon âme" : le paysage intérieur de Marc Chagall*），摘自《马克·夏加尔，作品回顾，1908—1985年》，见上述已引用文献，第275页。
34. 维纳·哈弗特曼，《夏加尔》，巴黎，艺术圈，1975年，第23页。
35. 伊丽莎白·帕库德-雷梅（élisabeth Pacoud-Rème），"致巴黎，致法国"（à Paris, à la France），摘自《马克·夏加尔的旅行和遇见》（*Voyages et rencontres de Marc Chagall*），尼斯，国家圣经箴言博物馆，1998年版，第48—49页。
36. 娜塔莉·哈赞-布鲁内，《"走向你"，流亡风景，1922—1930年》，《熟悉而又陌生的夏加尔》，见上述已引用文献，第75页。
37. 维纳·哈弗特曼，《夏加尔》，建上述已引用文献，第86页。
38. 乔治·拉亚尔，《夏加尔的正确地位》（*Chagall à sa juste place*），《文字半月谈》（*La Quinzaine littéraire*），1984年9月16—30日刊。
39. 让·雷马利（Jean Leymarie），《马克·夏加尔》作品回顾目录序言，巴黎，大宫殿出版社，法国国家博物馆联盟，1969—1970年版。
40. 皮埃尔·施耐德，《跨越世纪的夏加尔》，见上述已引用文献，第108页。
41. 莫妮卡·波姆-杜辰，《夏加尔》，伦敦，Phaidon出版有限公司，1998年版，第200页。
42. 菲利普·苏波（Philippe Soupault），《自由的叶子》（*Les Feuilles libres*），1924年第37期。
43. 莫妮卡·波姆-杜辰，《夏加尔》，见上述已引用文献，第195页。
44. 让·克莱（Jean Clay），《现代艺术的面孔》（*Visages de l'art moderne*）《阿尔普、夏加尔等的访谈》（*entretiens avec Arp, Chagall...*），巴黎，遇见出版社，1969年版，第59页。
45. 《卢浮宫对话录》，见上述已引用文献，第55—56页。
46. 莫里斯·福莱肖莱，《公鸡女人、路灯男人和画家驴子》（*femme-coq, l'homme réverbère et l'ane-peintre*），摘自《马克·夏加尔，怪物、奇美拉以及混合的形象》（*Marc Chagall. Monstres, chimères et figures hybrides*），巴黎，法国国家博物馆联盟，2007年版，第9页。
47. 本雅明·哈沙夫，《马克·夏加尔和他的时代：纪实文献》（*Marc Chagall and his times : a documentary narrative*），斯坦福大学出版社，2004年版，第116页。

第五章　黑暗的年代（1937—1947年）

1. 皮埃尔·施耐德，《跨越世纪的夏加尔》，见上述已引用文献，第99页。
2. 沃尔特·本杰明（*Walter Benjamin*），《论历史》（*Sur le concept d'histoire*），巴黎，Denoël，1971年版。
3. 维克多·雨果（Victor Hugo），《夜》（*Et nox facta est*），《撒旦的末日》（*La Fin de Satan*），第四首诗，《完整作品》（*OEuvres complètes*），《旧书》系列，罗伯特·拉封（Robert Laffont），1986年版，第3页。
4. 阿尔蒂尔·兰波（Arthur Rimbaud），《童年》（*Enfance*），《彩图集》（*Les Illuminations*），1886年版，第111页。
5. 马塞洛·马森佐（Marcello Massenzio,），《历史画家马克·夏加尔》（*Marc Chagall peintre d'histoire*），摘自《马克夏加尔，作品回顾，1908—1985年》，见上述已引用作品，第268页。
6. 热拉尔·哈达德（Gérard Haddad,），莉迪·珀尔的《夏加尔和他名字里的字母》序言，见上述已引用文献，第8页。
7. 夏加尔，《雅各布·巴里-特舒法访谈录》（*entretien avec Jacob Baal-Teshuva*），摘自吉尔斯·普拉西（Gilles Plazy）的《夏加尔，代表作》（*Chagall. Les chefs-d'oeuvre*），巴黎，Adam Biro，2003年版，第36页。
8. 爱德华·罗迪特，《论艺术》，见上述已引用文献，第8页。
9. 金娃·阿米沙-梅瑟，《夏加尔的圣经形象：冲突与和解》，摘自《夏加尔和圣经》，见上述已引用文献，第68页。
10. 莉迪·珀尔，《夏加尔和他名字里的字母》，见上述已引用文献，第93页。
11. 皮埃尔·施耐德，《跨越世纪的夏加尔》，见上述已引用文献，第103页。
12. 弗朗茨·梅耶，《马克·夏加尔》，见上述已引用文献，第196—197页。
13. 梅来特·梅耶，《夏加尔作品中的"全艺术"和现代概念》（*"Art total" et la notion de modernité dans l'oeuvre de Chagall*），摘自《夏加尔和音乐》（*Chagall et la musique*），巴黎，Gallimard，巴黎爱乐音乐厅，鲁贝"游泳池"博物馆，2016年版，第71页。
14. 梅来特·梅耶，《马克·夏加尔后期作品："我灵魂的国度"映射？》（*L'oeuvre tardif de Marc Chagall : un reflet du "pays qui se trouve dans mon ame"?*），摘自《半空中》，见上述已引用文献，第46页。
15. 阿尔瑟尔·兰波，《谵妄（二）》（*Délires II*），《语言炼金术》（*Alchimie du verbe*），《地狱一季》（*Une saison en enfer*），1873年版。
16. 詹姆斯·约翰逊·斯维尼（James Johnson Sweeney），《马克·夏加尔》，纽约，纽约美术馆，1946年版。
17. 维纳·哈弗特曼，《马克·夏加尔，水粉、素描和水彩画》，见上述已引用文献，第89页。
18. 同上，第89页。
19. 弗朗茨·梅耶，《马克·夏加尔》，见上述已引用文献，第438页。

20.西尔维·弗莱斯蒂（Sylvie Forestier），《马克·夏加尔。芭蕾、歌剧》，尼斯，国家圣经箴言博物馆，1995年版，第20页。

21.布鲁诺·戈迪雄（Bruno Gaudichon），《为奇迹塑形，雕刻家夏加尔》（*Donner forme à la merveille, Chagall sculpteur*），摘自《马克·夏加尔，梦境的厚度》（*Marc Chagall. L'épaisseur des rêves*），鲁贝"游泳池"博物馆，巴黎，Gallimard，2012年版，第51页。

22.同上，第57页。

23.埃德文·丹比（Edwin Denby），《纽约先驱论坛报》（*New York Herald Tribune*），1942年10月7日刊，摘自雅各布·巴里-特舒法的《夏加尔》，科隆/里斯本/巴黎，Taschen，1998年版，第158—159页。

24.《回忆录》，摘自《马克·夏加尔，作品回顾，1908—1985年》，见上述已引用文献，第36页。

25.弗朗茨·梅耶，《马克·夏加尔》，见上述已引用文献，第228—229页。

26.《夏加尔》，雅克·拉塞涅访谈录（entretiens avec Jacques Lassaigne），巴黎，玛格出版社，1957年版。

27.布鲁诺·戈迪雄，《为奇迹塑形，雕刻家夏加尔》，见上述已引用文献，第51—52页。

28.爱德华·罗迪特，《论艺术》，见上述已引用文献，第11页。

29.弗朗·C.勒梅尔（Frans C. Lemaire），《犹太命运与音乐，上下三千年》（*Le Destin juif et la musique, trois mille ans d'histoire*），巴黎，Fayard，2001年版，第89—90页。

30.马丁·布伯，《神明大师传奇》，摩纳哥，Rocher出版社，1984年版，第18页。

31.爱德华·罗迪特，《论艺术。维克多·布罗纳、卡洛·卡拉、马克·夏加尔、马克思·恩斯特、莱欧娜·费妮、奥斯卡·科柯施卡、马里诺·马里尼、胡安·米罗、亨利·摩尔、乔治·莫兰迪、奥西普·扎德金、亚历山大·兹洛特尼克》（*Propos sur l'art. Victor Brauner, Carlo Carra, Marc Chagall, Max Ernst, Léonor Fini, Oscar Kokoschka, Marino Marini, Joan Miro, Henry Moore, Georgio Morandi, Ossip Zadkine, Alexandre Zlotnik*），巴黎，José Corti书店，1987年版，第50页。

32.夏加尔，《我的生涯》，见上述已引用文献，第56—57页。

33.萨罗姆-阿列赫姆，《斯坦彭尤》（*Stempenyu*），1888年版，最初发表于《公共图书馆》（*Folksbibliotek*），1905年改编成舞台剧，弗朗·C.勒梅尔在《犹太命运与音乐，上下三千年》中引用，见上述已引用文献，第108页。

34.伊夫·博纳富瓦（Yves Bonnefoy），《夏加尔的宗教》（*La religion de Chagall*），《镜子背后》（*Derrière le miroir*），1962年6月第132期。

35.皮埃尔·施耐德描写的奇妙状态："他要画的地方，不可绘画；他所要画的，离最终的成功还很遥远"，皮埃尔·施耐德，《跨越世纪的夏加尔》，见上述已引用文献，第14页。

第六章　面朝地中海（1948—1985年）

1.菲利普·福雷（Philippe Forest），《正午时分的夏加尔》（*Chagall à l'heure du grand Midi*），摘自《大地是如此灿烂，夏加尔和陶器》（*La terre est si lumineuse, Chagall et la céramique*），巴黎，Gallimard，第20页。

2.维纳·哈弗特曼，《马克·夏加尔，水粉、素描和水彩画》，见上述已引用文献，第150页。

3.安布雷·戈蒂耶，《马克·夏加尔，材料的共鸣》（*Marc Chagall, les résonances de la matière*），摘自《马克·夏加尔和音乐》，见上述已引用文献，第88页。

4.雅克·蒂里翁（Jacques Thirion），《马克·夏加尔的雕塑和陶器》（*Sculptures et céramiques de Marc Chagall*），《二十世纪》，1969年11月刊。

5.令人惊讶的是，看守藏经柜的小天使的雕塑在希伯来宗教中找到了合法的位置。我们发现《圣经》中对圣体柜和所罗门神庙的建筑有精确的描述。

6.一切都让人想到，雕塑对于传统的马赛克镶嵌画提出了一个不可逾越的问题。另外，在耶胡达·潘的学校里，除了夏加尔，还有许多犹太学生，但是没有出现任何一个雕塑家。

7.乔安娜·林德斯科，《陶器，由绘画到雕塑》（*La céramique, de la peinture à la sculpture*），摘自《夏加尔，雕塑》（*Chagall. Sculptures*），尼斯，国立马克·夏加尔博物馆，2017年版。

8.加斯东·巴什拉(Gaston Bachelard)，《光线的起源》（*Les origines de la lumière*），《镜子背后》，1952年3—4月第44—45期，巴黎，第1—4页，玛格出版社再版，1997年版，第26—27页。

9.梅来特·梅耶，《双重面孔的确立》（*L'enracinement à double profil*），摘自《大地是如此灿烂，夏加尔和陶器》，见上述已引用文献，第14页。

10.《马克·夏加尔，雕塑、陶器和蚀刻画》（*Marc Chagall, sculptures, ceramics, etchings*），纽约，库特·瓦伦汀画廊（galerie Curt Valentin），1951年版。

11.桑德拉·贝纳德雷蒂·佩拉德（Sandra Benadretti Pellard）、布鲁诺·戈迪雄、约瑟芬·马塔莫罗斯（Joséphine Matamoros），《大地是如此灿烂，夏加尔和陶器》介绍，见上述已引用文献，第11页。

12.同上，第11页。

13.西尔维·弗莱斯蒂，《大地和火：马克·夏加尔的陶器》，摘自《大地是如此灿烂，夏加尔和陶器》，见上述已引用文献，第26—30页。

14.乔安娜·林德斯科，《陶器，由绘画到雕塑》，摘自《夏加尔，雕塑》，见上述已引用文献，第26页。

15.西尔维·弗莱斯蒂，《大地和火：马克·夏加尔的陶器》，摘自《大地是如此灿烂，夏加尔和陶器》，见上述已引用文献，第28页。

16.非常令人惊讶地是，自1914年起，在夏加尔完成与空间相关的作品之前很久，阿波利奈尔就说他是个"极端多变的艺术家，能够完成巨幅作品"。

17.皮埃尔·施耐德，《跨越世纪的夏加尔》，见上述已引用文献，第41页。

18.布鲁诺·戈迪雄，《为奇迹塑形，雕刻家夏加尔》，见上述已引用文献，第49页。

19.克劳德·埃斯特万，"失重法则"，摘自《马克·夏加尔。画纸作品》，巴黎，蓬皮杜中心，1984年版，第14页。

20.皮埃尔·施耐德，《跨越世纪的夏加尔》，见上述已引用文献，第58页。

21.夏加尔，《我的生涯》，见上述已引用文献，第170页。

22.克里斯蒂娜·布希-格鲁克斯曼(Christine Buci-Glucksmann)，《褶皱时代》（*le temps des plis*），节选自《褶皱时代》（*le temps des plis*），图尔宽美术馆，2001年版，第18页。

23.《维捷布斯克上空的裸女》（*Nu au-dessus de Vitebsk*）（1933年）是个例外。这里，现实跟想象的联系是人为的，不太具有说服力。裸体充满学院派风格，似乎被镶嵌在背景的城市里；整个画面没有脱离媚俗的效果。

24.夏加尔，《我的生涯》，见上述已引用文献，第36页。

25.布鲁诺·戈迪雄，《为奇迹塑形，雕刻家夏加尔》，见上述已引用文献，第55页。

26.乔安娜·林德斯科，《陶器，由绘画到雕塑》，摘自《夏加尔，雕塑》，见上述已引用文献，第32页。

27.塔马拉·卡朗达谢娃，《夏加尔雕塑中民间传统的影射和俄罗斯艺术》，摘自《夏加尔，雕塑》，见上述已引用文献，第42页。

28.同上，第41页。

29.布鲁诺·戈迪雄，《为奇迹塑形，雕刻家夏加尔》，见上述已引用文献，第54页。

30.《回忆录》，摘自《马克·夏加尔，作品回顾，1908—1985年》，见上述已引用文献，第31页。

31.很有趣的是，夏加尔雕刻的人物像中有很多宗教主题，如浮雕主题有《摩西和雅各》（*Moïse et Jacob*）、《大卫王》《大卫和拔示巴》（*David et Bethsabée*），或来自《新约》的《基督和撒玛利亚妇人》（*Christ et la Samaritaine*），以及世俗主题《抓鱼的女人》（*Femme au poisson*）、《恋人》。表现摩西的主题非常令人惊讶，因为他是宗教当局尤其命令禁止表现的人物。

32.几年之前，许多以色列的艺术家组成了一个叫做"迦南人"的组织（迦南是以色列的旧称）。这些艺术家主要进行雕塑创作，这并非偶然，而是因为雕塑是一种唤起古中东神话的方法。

33.本雅明·哈沙夫，《马克·夏加尔和他的时代：纪实文献》，见上述已引用文献，第374页。

34.乔安娜·林德斯科，《夏加尔雕塑，无尽灵感的源泉》，摘自《夏加尔，雕塑》，见上述已引用文献，第52页。

35.在夏加尔描述他兴致勃勃地第一次参观卢浮宫时，并没有提及雕塑。

36.《在阿波罗的雕像前》（*Devant la statue d'Apollon*），特拉维夫，德维尔，1967年版，第175—177页。这首诗没有翻译版，这里只是一个简要的概述。

37.布鲁诺·戈迪雄，《为奇迹塑形》，见上述已引用文献，第60页。

38.埃里克·维斯切尔（Éric de Visscher）和布鲁诺·戈迪雄，"我的人民，我为你而歌唱……我在你的身边绘画"，摘自《夏加尔和音乐》，见上述已引用文献，第14页。

39.安布雷·戈蒂耶，"伊薇特·考吉尔-普林斯和马克·夏加尔。编织画"，摘自《夏加尔，从调色盘到职业》（*Chagall, de la palette au métier*），特洛伊，特洛伊现代艺术博物馆，2014年版，第38—41页。

40.弗朗茨·梅耶，《马克·夏加尔》，见上述已引用文献，第576页。

41.夏加尔致皮埃尔·卡巴纳（Pierre Cabane），摘自梅来特·梅耶的"拿起窗户，将墙壁放在周围"，《夏加尔的彩绘玻璃窗》（*Les Vitraux de Chagall*），见上述已引用文献，第7页。

42."仲夏夜之梦"，《时代周刊》（*Times*），1965年7月30日刊，摘自杰克·乌尔切拉格的《夏加尔》，见上述已引用文献，第509页。

43.沃尔特·埃尔本，《马克·夏加尔》，迈克尔·布洛克（Michael Bullock）英译本，纽约，Prestel，1966年版，第153页。

44.伊丽莎白·帕库德-雷梅，《夏加尔和战后法国神圣艺术的复苏》，摘自《马克·夏加尔，彩绘玻璃窗设计图》（*Marc Chagall, maquettes de vitraux*），尼斯，国立马克·夏加尔博物馆，2000年版，第2页。

45.埃里克·维斯切尔和布鲁诺·戈迪雄，"我的人民，我为你而歌唱……我在你的身边绘画"，摘自《夏加尔和音乐》，见上述已引用文献，第14页。

46.夏加尔，摘自皮埃尔·卡巴纳的《夏加尔在兰斯》，《夏加尔，耶路撒冷的彩绘玻璃窗》（*Chagall. Vitraux pour Jérusalem*），巴黎，装饰艺术博物馆，1961年版，第44页。

47.夏尔·马克，"当夏加尔接受时"（Lorsque Chagall accepta），摘自《神圣艺术》，巴黎，1961年7月—8月刊，第14页。

48.西尔维·弗莱斯蒂，《彩绘玻璃窗：录像语言》，摘自《夏加尔的彩绘玻璃窗》，见上述已引用文献，第13页。

49.尚塔尔·布钦（Chantal Bouchon），《夏加尔和宗教建筑中的彩绘玻璃窗》，摘自《夏加尔和彩绘玻璃窗》，克莱蒙费朗（Clermont-Ferrand），艺术和考古博物馆，1993年版，第31页。

50.安布雷·戈蒂耶，《思维折线和曲线：绘画、陶器和雕塑中的旅行》（*Les zigzags et les courbes de l'esprit: voyage incessant entre la peinture, la céramique et la sculpture*），摘自《夏加尔。雕塑》，见上述已引用文献，第19页。

51.马蒂亚斯·奥克莱（Mathias Auclair），皮埃尔·普罗瓦耶，《夏加尔的加尼叶歌剧院天顶》（*Le Plafond de Chagall à l'Opéra Garnier*），Montreuil，Gourcuff Gradenigo，2017年版，第14页。

52.让·夏乐，《多菲内解放报》（*Le Dauphiné libéré*），1962年11月30日刊。

53.查尔斯·索利尔，《夏加尔，主人》（*Chagall, le patron*），巴黎，Séguier，1989年版，第155—156页。

54.埃里克·维斯切尔，《巴黎歌剧院的无声芭蕾》（*Ballet silencieux à l'Opéra de Paris*），摘自《夏加尔和音乐》，见上述已引用文献，第27页。

55.加斯东·巴什拉，《光线的起源》，见上述已引用文献，第26页。

56.让-米歇尔·弗莱，《夏加尔。52个象征符号的小词典》，见上述已引用文献，第93页。

57.皮埃尔·马萨拉，《费加罗》，1964年9月22日刊，摘自卡特琳娜·斯库尔斯基（Catherine Skulski）的《夏加尔和巴黎歌剧院》（*Chagall et l'Opéra de Pari*），布鲁诺·福卡特（Bruno Foucart）指导的硕士论文，巴黎四大索邦大学，1985年，第91页。

58.菲利普·福雷，《正午时分的夏加尔》，摘自《大地是如此灿烂，夏加尔和陶器》，见上述已引用文献，第17页。

第七章　上帝的走钢丝演员

1.查尔斯·索利尔，《书之书》（*Le Livre des livres*），巴黎，André Sauret，1990年版，第67页。

2.写给莱昂·柯宁（Leo Kenig）的信，1925年9月21日，摘自娜塔莉·哈赞-布鲁内的《书影之下》（*À l'ombre du livre*），《马克·夏加尔，画家的世界》（*Marc Chagall, les univers du peintre*），罗讷河口省议会美术馆，展览目录，埃克斯-昂-普罗旺斯，阿尔（Arles），Actes Sud，2007年印刷，第10页。

3.阿尔，Actes Sud，2007年，第10页。

4.同上，第12页。

5.夏加尔，本-塔夫利亚（Ben-Tavriya）访谈录，摘自娜塔莉·哈赞-布鲁内的的《书影之下》，见上述已引用文献，第12页。

6.让-米歇尔·弗莱，《艺术家的身份》（*Identité de l'artiste*），摘自《战争与和平之间》（*Entre guerre et paix*），见上述已引用文献，第18—19页。

7.伊丽莎白·帕库德-雷梅，《夏加尔和圣经》，摘自《马克·夏加尔，圣经色彩》，见上述已引用文献，第34页。

8.西尔维·弗莱斯蒂，《夏加尔作品入门》（*L'ABC de Chagall*），巴黎，Flammarion，2016年版，第55页。

9.维纳·哈弗特曼，《马克·夏加尔，水粉、素描和水彩画》，见上述已引用文献，第7页。

10.本雅明·哈沙夫，《马克·夏加尔和他的时代：纪实文献》，见上述已引用文献，第703页。

11.金娃·阿米沙-梅瑟，《夏加尔的圣经形象：冲突与和解》，见上述已引用文献，第58页。

12.莱昂·勒内曼（Léon Leneman），《马克·夏加尔因为基督图而成为意第绪教派的象征》（*Marc Chagall wegen zeine Christus-figuren als Symbol fun Yiddische Martyrertum*）（这句话最好能确认下，没查出来，看着像德语。——译注），《我们的话》（*Unzer Wort*），1977年1月22日刊，第4页，摘自金娃·阿米沙-梅瑟的《夏加尔的圣经形象：冲突与和解》，见上述已引用文献，第78—80页。

13.西尔维·弗莱斯蒂，《夏加尔和彩绘玻璃窗》，摘自《马克·夏加尔，彩绘玻璃窗设计稿》，见上述已引用文献，第25页。

14.玛丽-阿兰·库图里埃（Marie-Alain Couturier），《阿西的教训》（*La leçon d'Assy*），摘自《神圣艺术》，巴黎，Herscher，1983年版，第52页。

15.皮埃尔·普罗瓦耶，夏加尔，《夏加尔，圣经箴言》，巴黎，艺术圈，1983年版，第39页。

16.《收藏目录》，尼斯，国立圣经箴言博物馆，1990年版，第9页。

17.夏加尔，《我的生涯》，见上述已引用文献，第62页。

18.《表象下的夏加尔》（*Chagall au-delà des apparences*），摘自劳伦斯·西格尔-克拉斯巴尔德（Laurence Sigal-Klagsbald）的《夏加尔和圣经》，犹太历史艺术博物馆，2011年版，第11页。

19.娜塔莉·哈赞-布鲁内，《夏加尔，圣经之旅》（*Chagall, voyage dans la Bible*），布鲁塞尔，Mardag，2014年版，第25页。

20.《巴比伦的塔木德》（*Talmud de Babylone*），逾越节书（1 Pessahim），6b。

21.劳伦斯·西格尔-克拉斯巴尔德，《夏加尔和圣经》，见上述已引用文献，第12页。

22.夏尔·波德莱尔（Charles Baudelaire），《欧仁·德拉克洛瓦的壁画》（*Peintures murales d'Eugène Delacroix*），《浪漫艺术》（*L'Art romantique*），1869年版，第47页。

23.欧仁·德拉克洛瓦，《日记》，1861年1月1日。

24.《创世纪》，第28章，第15句。

25.亚伦·罗森，《想象犹太艺术》（*Imagining Jewish Art*），牛津，Maney出版社，2009年版，第28页。

26.娜塔莉·哈赞-布鲁内，《书影之下》，见上述已引用文献，第22页。

27.让·卡索，《夏加尔》，见上述已引用文献，第116页。

28.伊夫·博纳富瓦，《夏加尔的宗教》，《镜子背后》，1962年6月第132期。

29.《回忆录》，《马克·夏加尔，作品回顾，1908—1985年》，见上述已引用文献，第30页。

30.皮埃尔·施耐德，《卢浮宫对话录》，见上述已引用文献，第42页。

31.同上，第42—43页。

32.同上，第62—63页。

33.马尔塞林·普雷奈（Marcelin Pleynet），《无垠》，1993年夏第42期。

34.皮埃尔·施耐德，《跨越世纪的夏加尔》，见上述已引用文献，第125页 。

35.皮埃尔·施耐德，《卢浮宫对话录》，见上述已引用文献，第63页。

36.让·克劳德·马卡德，卡西米尔·马列维奇的《论塞尚的至上主义》序言，洛桑（Lausanne），人类年代出版社，1974年，第17页。

37.夏加尔，摘自维纳·施马伦巴赫（Werner Schmalenbach）的《马克·夏加尔》，巴黎，Draeger，1979年版。

38.《即兴喜剧》，是一种介于戏剧表演和马戏表演之间的表演形式，主要素材来自于哑剧，主要是动作表演。大部分演员同时也是体操运动员，属于巡回表演团，经常在城市之间巡演。夏加尔在1958年为法兰克福剧院完成了一幅重要的壁画，被他命名为《即兴喜剧》。

39.阿尔弗雷德·雅里（Alfred Jarry），《马戏团老板》（*Barnum*），《白色杂志》（*La Revue Blanche*），1902年1月第9期。

40.《未来主义。展出、文件、公告》，洛桑，人类年代，1973年版。

41.马克·夏加尔，《马戏团》（*Cirque*），巴黎，《灵韵》杂志，1967年。

42.西奥多·庞维勒（Théodore de Banville），“小丑”，摘自《走钢丝颂》（*Odes funambulesques*），1857年。

43.皮埃尔·施耐德，《跨越世纪的夏加尔》，见上述已引用文献，第49页。

44.泽夫·古拉利耶（Zeev Gourarier），“画家和街头卖艺者，历史的邂逅”，摘自《画家和街头卖艺者》（*Le Peintre et le saltimbanque*），查尔特勒博物馆，巴黎，Somogy，2004年版，第32页。

45.马克·夏加尔，《马戏团》，见上述已引用文献，第56页。

46.马塞尔·布里翁（Marcel Brion），《夏加尔》，巴黎，Somogy，1959年版，第12页。

47.弗朗茨·梅耶，《马克·夏加尔》，见上述已引用文献，第16页。

48.吉尔贝特·拉斯科尔特，“绘画的喜悦”，摘自《马克·夏加尔》，见上述已引用文献，第19页。

49.劳伦斯·西格尔，《夏加尔：特立独行的犹太艺术家》，摘自《马克·夏加尔，在俄罗斯的那些年，1907—1922年》，见上述已引用文献，第14页。

50.让-雅克·郁南布热（Jean-Jacques Wunenburger），《夏加尔，混合生物的造梦者》（*Chagall, un rêveur de formes hybrides*），摘自《马克·夏加尔，怪物、奇美拉以及混合的形象》，尼斯，国立马克·夏加尔博物馆，2007年版，第28页。

51.米尔恰·伊利亚德（Mircea Éliadev），《马克·夏加尔和对宇宙的热爱》（*Marc Chagall et l'amour du cosmos*），摘自《向马克·夏加尔致敬》（*Hommage à Marc Chagall*），《二十世纪》杂志特刊，1969年11月，第12—13页。

52.叶甫根尼娅·库兹米娜（Evgenia Kuzmina），《在马克·夏加尔作品中的游戏人》（*L'Homo Ludens dans l'œuvre de Marc Chagall*），摘自《马克·夏加尔，马戏团》，北海道现代艺术博物馆，2013年版，第206页。

53.路易·阿拉贡（Louis Aragon），“那些不发一言却胜似千言万语的人”，摘自《夏加尔，书本》，圣保罗德旺斯，玛格基金会，1976年版，未编码。

54.夏加尔，《我的生涯》，见上述已引用文献，第101页。

55.弗朗索瓦兹·科布伦茨（Françoise Coblence），《画自己的多种方法》（*Des diverses façons de se peindre soi-même*），摘自《镜子前的夏加尔》（*Chagall devant le miroir*），见上述已引用文献，第33页。

56.让-米歇尔·弗莱，“缺席的约会”，见上述已引用文献，第8页。

57.同上，第14页。

58.让-吕克·南希（Jean-Luc Nancy），《夏加尔，混合生物的造梦者》，见上述已引用文献，第29页。

59.米利亚姆·莱纳（Mirjam Rainer），《夏加尔的新原始主义素材》（*Les sources du néo-primitivisme de Chagall*），摘自《夏加尔和俄罗斯先锋艺术》，见上述已引用文献，第25页。

60.弗朗索瓦兹·科布伦茨，《画自己的多种方法》，见上述已引用文献，第42页。

61.让-雅克·郁南布热，《夏加尔，混合生物的造梦者》，见上述已引用文献，第29页。

62.伊丽莎白·帕库德-雷梅，《夏加尔，作品中的窗户》，摘自《夏加尔，窗边的画家》，见上述已引用文献，第18页。

63.杰克·乌尔切拉格，《夏加尔》，见上述已引用文献，第196页。

64.让-米歇尔·弗莱，“缺席的约会”，见上述已引用文献，第16页。

65.娜塔莉·哈赞-布鲁内，《头顶房屋行走的人》（*L'homme qui marchait avec sa maison sur la tête*），摘自《镜子前的夏加尔》，见上述已引用文献，第98页。

66.尼可莱塔·米斯莱（Nicoletta Misler），《夏加尔和俄罗斯评论界》（*Chagall et la critique russe*），摘自《马克·夏加尔，在俄罗斯的那些年》，见上述已引用文献，第157页。

67.让-米歇尔·弗莱，《夏加尔，52个象征符号小词典》，见上述已引用文献，第18页。安布雷·戈蒂耶，《思维折线和曲线：绘画、陶器和雕塑中的旅行》，摘自《夏加尔，雕塑》，见上述已引用文献，第17页。

后记

1.路易·阿拉贡，《令人欣赏的夏加尔》（*Chagall l'admirable*），摘自《法国文学》（*Les Lettres françaises*），1973年5月第1438期。

2.路易·阿拉贡和马克·夏加尔，《那些不发一言却胜似千言万语的人》，见上述已引用文献，1976年。

部分参考书目

贝拉和马克·夏加尔书目

Chagall, Bella, *Lumières allumées*, 45 dessins reproduits, Genève-Paris, éditions des Trois Collines, 1948; *Lumières allumées*, trad. Ida Chagall, Paris, Gallimard, 1973.

Chagall, Marc, *Mein Leben*, 20 gravures, Berlin, Paul Cassirer, 1923.

Chagall, Marc, *Ma vie*, trad. du russe Bella Chagall, préface André Salmon, Paris, Stock, coll. «Ateliers», 1931 ; Paris, Stock, 2003.

Chagall, Marc, *Cirque*, 53 lithographies originales, Paris, Tériade, 1967.

Chagall, Marc, *Poèmes*, trad. Philippe Jaccottet d'après la traduction du russe par Assia Lassaigne et du yiddish par Moshe Lazar, 24 gravures sur bois, Genève, Gérald Cramer, 1968.

Chagall, Marc, *Mon univers. Autobiographie*, trad. Chantal Ringuet et Pierre Anctil d'après la version en yiddish de *Ma vie* (New York, 1925), Montréal, Fides, 2017.

马克·夏加尔插画作品

Soupault, Philippe, *La Rose des vents*, 4 dessins reproduits, Paris, Au Sans Pareil, 1920.

Goll, Claire et Yvan, *Poèmes d'amour*, 4 dessins reproduits, Paris, Jean Budry, coll. «Surréaliste», 1925.

Giraudoux, Jean, Jacob, Max, Kessel, Joseph, de Lacretelle, Jacques, Orlan, Pierre Mac, Morand, Paul, Salmon, André, *Les Sept Péchés capitaux*, 15 eaux-fortes, Paris, Simon Kra, 1926.

Éluard, Paul, *Le Dur Désir de durer*, 25 dessins reproduits, Paris, Arnold Bordas, 1946.

Gogol, Nicolas, *Les Âmes mortes*, trad. Henri Mongault, 118 eaux-fortes originales, Paris, Verve, 2 vol., 1948.

Les Mille et Une Nuits (Four Tales for Arabian Nights), 12 lithographies en couleurs, New York, Pantheon Books, 1948.

De La Fontaine, Jean, *Fables*, 102 eaux-fortes originales, Paris, Tériade, 2 vol., 1952.

La Bible, 105 eaux-fortes originales, Paris, Tériade, 2 vol., 1956.

Lassaigne, Jacques, *Chagall*, 14 lithographies en couleurs et 2 en noir, Paris, Maeght, 1957.

Longus, *Daphnis et Chloé*, 42 lithographies en couleurs, Paris, Tériade, 2 vol., 1961.

Shakespeare, William, *La Tempête*, 50 lithographies en noir et blanc, Monaco, André Sauret éditeur, 1975.

Aragon, Louis, *Celui qui dit les choses sans rien dire*, 25 eaux-fortes et aquatintes en couleurs, Paris, Maeght, 1976.

Malraux, André, *Et sur la terre*, 15 eaux-fortes et aquatintes, Paris, Maeght, 1977.

夏加尔展览作品目录

Marc Chagall, sculptures, ceramics, etchings for The Fables of La Fontaine, New York, Curt Valentin Gallery, 1951.

Marc Chagall, Paris, musée des Arts décoratifs, 1959.

Chagall. Vitraux pour Jérusalem, Paris, musée des Arts décoratifs 1961.

Marc Chagall, Paris, Grand Palais, RMN, 1969-1970.

Marc Chagall, Saint-Paul-de-Vence, Fondation Maeght, 1984.

Marc Chagall. Œuvres sur papier, Paris, Centre Pompidou, 1984.

Les Musiciens de Chagall, Sarrebourg, musée du Pays de Sarrebourg, 1991.

Marc Chagall, les années russes, 1907-1922, Paris, musée d'Art moderne de la Ville de Paris, Paris Musées, 1995.

Marc Chagall : le ballet, l'opéra, Nice, Musée national Message Biblique, Paris, RMN, 1995.

Marc Chagall, les Fables *de La Fontaine*, Céret, musée d'Art moderne, Paris, RMN, 1996.

À la Russie, aux ânes et aux autres, un chef-d'œuvre de Marc Chagall, Nice, Musée national Marc Chagall, Paris, RMN, 1997.

Voyages et rencontres de Marc Chagall, Nice, Musée national Marc Chagall, Paris, RMN, 1998.

Chagall surréaliste?, Nice, Musée national Marc Chagall, Paris, RMN, 2001.

Chagall connu et inconnu, Paris, Galeries nationales du Grand Palais, Paris, RMN, 2003.

Saltimbanques : les cirques de Chagall, Nice, Musée national Marc Chagall, Paris, RMN, 2005.

Chagall et Tériade : l'empreinte d'un peintre, Le Cateau-Cambrésis, musée Matisse, Montreuil, Gourcuff Gradenigo, 2006.

Chagall entre ciel et terre, Martigny (Suisse), Fondation Pierre Gianadda, 2007.

La terre est si lumineuse. Chagall et la céramique, Roubaix, La Piscine, Paris, Gallimard, 2007.

Marc Chagall, les univers du peintre, Aix-en-Provence, Galerie d'art du conseil général des Bouches-du-Rhône, Arles, Actes Sud, 2007.

Marc Chagall. Monstres, chimères et figures hybrides, Nice, Musée national Marc Chagall, Paris, RMN, 2007.

Chagall, un peintre à la fenêtre, Nice, Musée national Marc Chagall, Paris, RMN, 2008.

Chagall et l'avant-garde russe, Grenoble, musée de Grenoble, Paris, Centre Pompidou, 2011.

Chagall et la Bible, Paris, musée d'art et d'histoire du Judaïsme, Paris, Flammarion, 2011.

Marc Chagall. L'épaisseur des rêves, Roubaix, La Piscine, Paris, Gallimard, 2012.

Chagall devant le miroir : autoportraits, couples et apparitions, Nice, Musée national Marc Chagall, Paris, RMN-Grand Palais, 2013.

Chagall entre guerre et paix, Paris, musée du Luxembourg, Paris, RMN, 2013.

Marc Chagall. Impressions, Évian, palais Lumière, Gand, Snoeck, 2014.

Chagall et la musique, Paris, musée de la Musique-Philharmonie de Paris, Paris, Gallimard, Philharmonie de Paris, La Piscine-Roubaix, 2015.

Chagall, de la poésie à la peinture, Landerneau, Fonds Hélène et Édouard Leclerc, 2015.

Marc Chagall, des couleurs pour la Bible, Nice, Musée national Marc Chagall, Paris, Artlys, 2015.

Marc Chagall. Rétrospective, 1908-1985, Bruxelles, Musées royaux des beaux-arts de Belgique, Bruxelles, Fonds Mercator, 2015.

The decisive years. 1911-1919, Bâle, Kunstmuseum, 2017, Bilbao, Guggenheim, 2018.

Chagall. Sculptures, Nice, Musée national Marc Chagall, Paris, RMN-Grand Palais, 2017.

联展作品目录

Russian Jewish Artists, New York, The Jewish Museum, Munich, Prestel, 1995.

La Russie et les avant-gardes, Saint-Paul-de-Vence, Fondation Maeght, 2003.

Dis-moi Blaise. Léger, Chagall, Picasso et Blaise Cendrars, Biot, Musée national Fernand Léger, Paris, RMN-Grand Palais, 2009.

De Chagall à Malevitch : la révolution des avant-gardes, Monaco, Grimaldi Forum, Paris, Hazan, 2015.

Chagall, Lissitzky, Malevitch. L'avant-garde russe à Vitebsk (1918-1922), Paris, Centre Pompidou, 2018.

专著

Auclair, Mathias, Provoyeur Pierre, *Le Plafond de Chagall à l'Opéra Garnier*, Montreuil, Gourcuff Gradenigo, 2014.

Bohm-Duchen, Monica, *Chagall*, Londres, Phaidon Press Limited, 1998.

Cassou, Jean, *Chagall*, Paris, Somogy, 1982.

Cogniat, Raymond, *Chagall*, Paris, Flammarion, 1965.

Compton, Susan. P., *Chagall*, Londres, Royal Academy of Art, 1985.

Efros, Abram et Jacob Tugendhold, *L'Art de Marc Chagall*, Moscou, 1918.

Foray, Jean-Michel, *Chagall. Le petit dictionnaire en 52 symboles*, Paris, RMN, 2013.

Forestier, Sylvie, *L'ABC de Chagall*, Paris, Flammarion, 2016.

Forestier, Sylvie, *Marc Chagall, l'œuvre monumental : les vitraux*, Paris, Paris-Méditerranée, 1996.

Forestier, Sylvie, Nathalie, Hazan-Brunet, Evgenia, Kuzmina, «Chagall, voyage dans la Bible», Bruxelles, Mardaga, 2014.

Haftmann, Werner, *Marc Chagall*, Paris, Cercle d'Art, 1975.

Haftmann, Werner, *Marc Chagall, gouaches, dessins, aquarelles*, Paris, Le Chêne, 1975.

Harshav, Benjamin, *Marc Chagall on art and culture*, Stanford, Stanford University Press, 2003.

Harshav, Benjamin, *Marc Chagall and his times : a documentary narrative*, Stanford, Stanford University Press, 2004.

Kamenski, Alexandre, *Chagall, période russe et soviétique, 1907-1922*, trad. Joëlle Aubert-Yong, Paris, Éditions du Regard, 1988.

Makarius, Michel, *Chagall*, Paris, Hazan, 1987.

Mathey, François, *Chagall, 1909-1918*, Paris, Hazan, 1959.

Meyer, Franz, *Chagall*, trad. Philippe Jaccottet, Paris, Flammarion, 1964.

Meyer, Franz, *Marc Chagall. L'œuvre gravé*, Stuttgart, Gerd Hatje, 1957.

Pearl, Lydie, *Chagall et les lettres de son nom*, Bordeaux, Presses universitaires de Bordeaux, 2011.

Provoyeur, Pierre, *Chagall, le Message Biblique*, Paris, Cercle d'Art, 1983.

Schapiro, Meyer, *Les Illustrations de Chagall pour la Bible*, trad. J. Laganne, Verve, vol. VIII, n° 33-34, Paris, Tériade, 1956.

Schneider, Pierre, *Chagall à travers le siècle*, Paris, Flammarion, 1995.

Schmidt, Georg, *Marc Chagall*, Paris, Hazan, 1953.

Sorlier, Charles, *Chagall by Chagall*, Jérusalem, Steimatzky, 1979.

Venturi, Lionello, *Chagall*, Genève, Skira, 1956.

Wullschläger, Jackie, *Chagall*, trad. Patrick Hersant, Paris, Gallimard, 2012.

其他著作

Buber, Martin, *Gog et Magog*, Paris, Gallimard, 1983.

Clay, Jean, *Visages de l'art moderne (entretiens avec Arp, Chagall...)*, Paris, Rencontre, 1969.

Coquiot, Gustave, *Cubistes, passéistes, futuristes*, Paris, Ollendorff, 1914.

Dobzynski, Charles, *Anthologie de la poésie yiddish*, Paris, Gallimard, 2000.

Gogol, Nicolas, *Les Âmes mortes*, Paris, Folio Gallimard, 1973.

Howe, Irving, *World of Our Fathers. The Journey of the East European Jews to America and the Life They Found and Made*, New York and London, Harcourt Brace Javanovich, 1976.

Jarassé, Dominique, *Existe-t-il un art juif?*, Paris, Adam Biro, 2006.

Kampf, Avram, *Jewish Experience in the Art of the Twentieth Century*, Massachusetts, Bergin et Garvey, 1984.

Le Foll, Claire, *L'École artistique de Vitebsk (1897-1923)*, Paris, L'Harmattan, 2002.

Lecombre, Sylvain, *Ossip Zadkine, l'œuvre sculpté*, Paris, Paris Musées, 1994.

Lemaire, Frans C., *Le Destin juif et la musique, trois mille ans d'histoire*, Paris, Fayard, 2001.

Lissitzky, El, *Almanach Ounovis* 1, Vitebsk, 1920.

Roditi, Édouard, *Miró, Ernst, Chagall. Propos sur l'art*, Paris, Hermann, 2006.

Rosen, Aaron, *Imagining Jewish Art : encounters with the masters in Chagall, Guston and Kitaj*, Londres, Legenda, 2009.

Salmon, André, *Souvenirs sans fin*, Paris, Gallimard, 1955-1961.

Schneider, Pierre, *Les Dialogues du Louvre*, Paris, Denoël, 1972.

Scholem-Aleichem, « Motl, Peysi the Cantor's Son », *In America*, New York, 1916 ; *Motel, fils du chantre*, Paris, Grohar-Rudetzki, 1950.

Sed-Rajna, Gabrielle (dir.), *L'Art juif*, Paris, Citadelles & Mazenod, 1995.

Shatskikh, Aleksandra, *Vitebsk : the Life of art*, New-Haven, Yale University Press, 2007.

Tugendhold, Jacob, *The Art of October Epoch*, Leningrad, Academia, 1930.

媒体文章

Amishai-Maisels, Ziva, « Chagall et Ardon, problématique de l'art juif », *Art et Judaïsme*, Ramat-Gan, Israël, 1988.

Apollinaire, Guillaume, « Vernissage aux Indépendants », Paris, *Chroniques d'art*, 20 mars 1912.

Aronson, Boris et Issachar Ber Ryback, « Voies de la peinture juive », Kiev, *Oyfgang*, Kulturelige, 1919.

Bakst, Léon, « Les chemins du classicisme en art », Saint-Pétersbourg, *Apollon*, n° 2-3, novembre-décembre 1909.

Beaumelle, Agnès de la, « Marc Chagall », Paris, *Collection du Centre Pompidou*, 1986.

Ben Yogli Buki (Yehuda L. Katzenelson), « Paralleli », *Ruski Yevrei*, n° 1, 1881.

Berlewi, Henri, « Les zigzags de l'art juif », Paris, *Almanakh*, 1955.

Blok, Alexandre, « Les couleurs et les mots », Moscou, *La Toison d'or*, n° 1, 1906.

Bonnefoy, Yves, « La religion de Chagall », *Derrière le miroir*, n° 132, juin 1962.

Fondane, Benjamin, « Marc Chagall », Paris, *Cahiers juifs*, n° 9, avril-mai 1934.

Kristeva, Julia, « Word, Dialogue and Novel », *The Kristeva Reader*, Oxford, Blackwell, 1986.

Marq, Charles, « Lorsque Chagall accepta », Paris, *L'Art sacré*, juillet-août 1961.

Raillard, Georges, « Chagall à sa juste place », Paris, *La Quinzaine littéraire*, 16-30 septembre, 1984.

Salmon, André, Paris, *Montjoie !*, mars 1914.

Soupault, Philippe, « Chagall », Paris, *Les Feuilles libres*, n° 37, 1924.

Thirion, Jacques, « Sculptures et céramiques de Marc Chagall », Paris, *xxe siècle*, novembre 1969.

Tugendhold, Jacob, « Marc Chagall », Saint-Pétersbourg, *Apollon* n° 1, 1913.

访谈

Entretien avec Jacques Guenne, Paris, *L'Art vivant*, décembre 1927.

« An Interview with Marc Chagall » par James Johnson Sweeney, Boston, *Partisan Review*, 1944.

Interview par Jacques Chancel, Paris, *Journal Littéraire*, n° 42, 1985.

关于马克·夏加尔的诗

Cendrars, Blaise, « Portrait », *Poèmes élastiques*, Berlin, *Der Sturm*, n° 198-199, février 1914.

Schwitters, Kurt, « À un dessin de Marc Chagall », poème n° 28, in Anna Blume, *Poèmes de Kurt Schwitters*, Paris, Champ Libre / Ivrea, 1994.

人名索引

粗体表示插画编号

Adam, Adolphe–Charles 308
Altman, Nathan 135, **8**, **130**
Amishai–Maisels, Ziva 62, 66, 77, 223, 320
Ansky, Semyon 42, 131
Antokolsky, Mark 132, **128**
Apollinaire, Guillaume 73, 76, 80, 81, 91, 128, 338, 362, **71**, **72**, **74**
Aragon, Louis 344, 366, 367
Archipenko, Alexander 70, 71, 281
Aronson, Boris 134, 136
Arp, Hans 94
Artigas, José Gervasio 274

Bachelard, Gaston 274, 308
Bakhtine, Mikhaïl 187
Bakst, Léon 46, 154
Baltrušaïtis, Jurgis 169
Banville, Théodore de 340
Barr, Alfred 227
Baudelaire, Charles 113, 327
Benjamin, Walter 216
Benois, Alexandre 170
Ber Ryback, Issachar 134, **11**
Berlioz, Hector 308
Bialik, Haïm Nahman 315
Bloch, Albert 94
Blok, Alexandre 46
Bock, Jerry 251
Bodenheimer, Alfred 170, 172, 173
Bohm–Duchen, Monica 134, 172, 208
Bonnard, Marthe 128
Bonnard, Pierre 109, 128, 202, 204, 280
Boucher, Alfred 71
Bourliouk (frères) 50, 94
Brancusi, Constantin 71
Braque, Georges 81, 307
Breton, André 70, 170, 210, **250**
Brion, Marcel 342
Brodsky, Valentina, dite Vava 261, **284**
Bruegel, Pieter, dit Bruegel l'Ancien 24
Buber, Martin 172
Campendonk, Heinrich 94
Canudo, Ricciotto 80, 94, 362
Cassirer, Paul 177, 184
Cassou, Jean 83, 339
Cauquil–Prince, Yvette 292, **314**, **316**
Cendrars, Blaise 12, 50, 73, 80, 81, 128, 182, 344, 362
Cézanne, Paul 70, 144, 196
Chagall, Bella (née Rosenfeld) 92, 116, 128, 131, 139, 140, 196, 199, 231, 243, 245, 247, 281, 283, 327, 344, 355, 356, 364, **92**, **110**, **111**, **121**, **212**
Chagall, David 99, 109, **104**, **105**
Chagall, Ida 110, 204, 245, **92**, **111**, **116**, **212**
Chagall, Lisa **96**
Chagall, Mania **94**
Chagall, Mariasenka **93**
Chagall, Valentina, voir Brodsky, Valentina
Chaikov, Joseph 136
Chaillot, Jean 307
Chaplin, Charlie 367, **386**
Chouraqui, André 320
Chterenberg, David 140, 147, **148**
Coblence, Françoise 355
Cocteau, Jean 196
Colley, Hubert 191
Coquiot, Gustave 80, 194
Corot, Camille 334
Couturier, Marie–Alain 320, 321

Dalí, Salvador 346
Debussy, Claude 289, 308
Degas, Edgar 336, 340
Delaunay, Robert 12, 73, 80, 87, 91, 196, 202, 211, 324, **86**
Delaunay, Sonia 80, 196
Derain, André 284
Devémy, Jean 320
Diaghilev, Sergeï Pavlovitch 46, 154, 251
Dizengoff, Meïr 315
Doboujinski, Mstislav 143
Dobrushin, Yehezkel 134, **8**
Dobychina, Nadezhda 44
Doig, Peter 128
Dopffer, Anne 321
Douanier Rousseau, Henri Rousseau, dit 170
Dürer, Albrecht 350
Efros, Abram 16, 43, 99, 136, 158, 162, 163, 168, 176, 348, 355, **133**
Ehrenbourg, Ilya 71, 169
Eiffel, Gustave 71
Éliade, Mircea 344
Erben, Walter 294
Ernst, Max 94, 346, **250**
Esteban, Claude 176
Evreïnov, Nikolaï 158
Exter, Alexandra 154

Falk, Robert 147
Feilchenfeldt, Walter 177
Fleg, Edmond 315
Fokine, Michel 248
Fondane, Benjamin 26
Foray, Jean–Michel 9, 18, 20, 315
Forestier, Sylvie 274, 276, 301, 320
Fréchuret, Maurice 119, 210
Freund, Gisèle **281**
Fry, Varian 227

Gamzou, Haïm 24
Garnier, Charles 307
Garouste, Gérard 13
Gaudichon, Bruno 243, 251, 276, 281, 283, 285
Gauguin, Paul 44, 46, 52, 54, 243, 284, 356, **374**
Gaulle, général de 308
Gauthier, Ambre 268, 302
Genet, Jean 344
Gilot, Françoise 260
Girshman (les) 44
Gleizes, Albert 81
Goldberg (avocat) 42
Goll, Yvan et Claire 211, 232
Gontcharova, Natalia 46, 50, 52, 58, 142, **48**, **141**
Granovski, Alexis 155, 157, 158
Grosz, George 187
Guenne, Jacques 195
Gunzburg, Horace (baron) 42, 131

Haddad, Gérard 220
Haftmann, Werner 70, 98, 191, 203, 204, 264
Haggard, Virginia 287
Halevi, Judah 324
Harshav, Benjamin 12, 176, 211
Hayter, Stanley H. 344
Hazan–Brunet, Nathalie 26, 182, 315, 322
Hélion, Jean 232
Hermant, André 322
Hitler, Adolf 220
Hofstein, David **19**, **20**
Hugo, Victor 217

Iakerson, David **138**

Jarrassé, Dominique 43
Jarry, Alfred 336

Kagan–Shabshai, Yakov 44, 131
Kalisker, Abraham 342
Kamenski, Alexandre 367
Kampf, Avram 44, 164
Kandinsky, Vassily 42, 44, 54, 147, 332, 334, 360, **147**
Kaplan, Jacob 320
Karandasheva, Tamara 151
Kertész, André **1**
Kikoïne, Mikhaïl 39, 71
Klee, Paul 217, 315
Kontchalovski, Piotr 58
Krylov, Ivan 195
Kubin, Alfred 344
Kurtz, Aaron 214

La Beaumelle, Agnès de 124
La Fontaine, Jean de 128, 187, 188, 191, 194–196, 274, 307, 344, **201–207**
Lamartine, Alphonse de 217
Larionov, Mikhaïl 46, 50, 52, 54, 55, 58, 70, 134, 280, **49**, **52**
Lascault, Gilbert 12, 342
Le Corbusier, Charles–Édouard Jeanneret–Gris, dit 322
Le Fauconnier, Henri 71, 81
Le Foll, Claire 141, 145
Léger, Fernand 71, 81, 105, 232, 281, 320, **250**
Lenepveu, Jules Eugène 307
Lénine, Vladimir Ilitch Oulianov, dit 141, 153, 344
Leyb, Mani **13**
Leymarie, Jean 207
Limot, Walter **66**

Lindskog, Johanne 274, 283, 318, 321
Lipchitz, Jacques 281, 320, **250**
Lipnitzki, Boris **268**, **296**
Lisarelli, Lanfranco 285
Lisov, Aleksandr 143
Lissitzky Lazar, dit El Lissitzky 135, 136, 138, 143–146, 148, 152, 169, **13**, **131**, **132**, **135**, **146**
Lunacharsky, Anatoly 71, 138, 139, 140

Macke, August 94
Maeght, Aimé 9, 260, 274, 278, 289
Maïakovski, Vladimir 50, 138, 151
Makarius, Michel 179
Malevitch, Kazimir 50, 52, 54, 70, 134, 136–138, 144–147, 148, 150, 152, 168, 272, 280, 334, **51**, **146**
Malraux, André 80, 307, 308, 321
Manet, Édouard 70
Marc, Franz 94
Marcadé, Jean-Claude 50
Maritain, Jacques 211
Markish, Peretz 26
Marq, Charles 292, 301, **317–323**, **325–328**
Marx, Karl 136, 141
Massine, Léonide 240, 243
Masson, André 307, **250**
Matisse, Paul 54, 70, 202, 231, 234, 260, 261, 264, 274, 284, 294, 320, 321, 332, 346
Mazara, Pierre 308
Mekler, Victor 40
Melano, Heidi et Lino 289, **310**, **311**
Metzinger, Jean 71, 81
Meyer, Franz 13, 109, 137, 167, 184, 185, 226, 243, 251, 294, 342
Meyer, Meret 231, 274, 285, 322
Meyerhold, Vsevolod 168
Mezeritch, Dov Baer de 251
Michel-Ange, Michelangelo Buonarroti, dit 332
Miestchaninov, Oscar 40
Mikhoëls, Salomon 158
Miró, Joan 274
Misler, Nicoletta 362
Modigliani, Amedeo 71, 281
Mondrian, Piet 298, **250**
Monet, Claude 70, 204, 322, 332, 334
Moussorgski, Modeste Petrovitch 308
Mozart, Amadeus 308

Napoléon, Bonaparte 146
Neuch (oncle de Marc Chagall) 254
Nietzsche, Friedrich 356
Nijinski, Vaslav 50, 73
Novarina, Maurice 320

Pacoud-Rème, Élisabeth 318, 357
Pascal, Blaise 356
Pen, Yehuda 39, 40, 42, 132, 137, 139–141, 177, **16**, **36**
Peretz, Yitskhok Leybush 26, 131, 157, **10**
Perret, Auguste 322
Pétain, Philippe 227
Petrova, Evgénia 54
Picasso, Pablo 73, 76, 81, 128, 260, 261, 274, 276, 284, 321, 336, 364, 365
Pissarro, Camille 196
Pouchkine, Alexandre 240
Pouni, Ivan, Jean Pougny dit 143
Pounine, Nicolaï 140
Provoyeur, Pierre 322

Rabinovitch, Isaac 169
Raillard, Georges 207
Rainer, Mirjam 46
Rameau, Jean-Philippe 308
Ramel, Serge 274
Ramié, Georges et Suzanne 274
Rappoport, Shlomo 42
Raval, Marcel 210
Ravel, Maurice 308
Rembrandt, Rembrandt Harmenszoon van Rijn, dit 327, 330, 350, 359
Renoir, Auguste 70, 204, 260, 261, 336
Répine, Ilya 39
Reverdy, Pierre 211
Rey, Robert 191
Richier, Germaine 320
Rimbaud, Arthur 217, 234
Roditi, Édouard 24
Roerich, Nikolaï 46
Romm, Alexandre 141
Rosen, Aaron 328
Rothko, Mark 298
Rouault, Georges 223
Roublev, AndreÏ 324
Rozanova, Olga 52
Rubiner, Frida 176
Rubiner, Ludwig 73

Salmon, André 80, 211
Schapiro, Meyer 23, 152, 232, 322
Schmitz, Marcel 191
Schneider, Pierre 12, 13, 81, 191, 208, 210, 281, 334, 340
Scholem-Aleichem 26, 39, 157–158, 162, 251, 254, **156–157**
Schulmann, Didier 194
Schwitters, Kurt 94
Schwob, René 211
Segal de Slutsk, Hayyin Ben Isaac 135, **129**
Ségur, comtesse de 184
Selezneva, Ekaterina L. 54
Seurat, Paul 70, 336
Sforim, Mendele Moïcher 157
Sigal-Klagsbald, Laurence 322
Simon, Brigitte 301, **317–323**, **325–328**
Smoline, Dimitri **158–162**, **165–166**
Sorlier, Charles 307
Soupault, Philippe 210, 211
Soutine, Chaïm 39, 71, 81
Stanislavski, Konstantin 160
Starobinski, Jean 341
Stassov, Vladimir 42, 43
Stein, Joseph 251
Stravinsky, Igor 73, 308, **265–269**
Struck, Hermann 172, 177, 315, **179**
Sutzkever, Abraham 320
Sweeney, James Johnson 98, 238
Synge, John Milington 158

Taïrov, Alexandre 154
Tarkhov, Nikolaï 128
Tatline, Vladimir 50, 137, 152
Tchaïkovski, Piotr Ilitch 240, 308, **256–263**
Tchernikhovsky, Saül 287
Tériade, Stratis Eleftheriadis, dit 187, 191, 195, 274, 318, 321, 332, 348
Tintoret, Jacopo Robusti, dit 330
Titien, Tiziano Vecellio, dit 223, 330
Toulouse-Lautrec, Henri de 336
Tsemah, Naum 155
Tsetline, Alexandr **145**
Tugenhold, Jacob 140

Valentin, Curt 278
Van Gogh, Vincent 70
Venturi, Lionello 332
Véronèse, Paolo Caliari, dit 223, 330
Vinaver, Maxime 42, 70, 131
Vollard, Albroise 176, 184, 191, 210, 211, 315, 321, 337, 348, **196**
Vuillard, Édouard 204

Wagner, Richard 308
Walden, Herwarth 80, 94, 176, 182, 184, 220
Warszawski, Oser 26
Watteau, Antoine 334
Weber, Max **21**
Weizmann, Chaïm 320
Wind, Edgar 321
With, Karl 176
Wullschläger, Jackie 13, 137

Yehoash 315
Yudovin, Solomon 42, 134, **41**

Zadkine, Ossip 39, 70, 71, 232, 281, **250**
Zarfin, Faïbich-Schraga 39
Zeitlin, Aaron 214
Zweig, Arnold 172, **179**

作品索引

粗体表示插画编号

A

《阿波利奈尔礼赞》76页, 图**74**
《阿波利奈尔肖像》图**71**
《阿列科》238页, 240页, 243页, 248页, 306页, 332页
《月光下的阿列科和齐姆菲拉》图**256**
《夏季午后的麦田》图**257**
《蝙蝠》图**260**
《公鸡》图**262**
《圣彼得堡狂想或印象圣彼得堡》图**258**
《班杜拉琴演奏者》图**263**
《狐狸》图**259**
《齐姆菲拉》图**261**
《阿舍的部族》见耶路撒冷，哈大沙医院
阿西圣母院，278页，294页，298页，315页, 320页
《持烛台的天使》320页
《持圣油的天使》320页
《牝鹿或诗篇42》320页
《鸟或诗篇124》320页
《过红海》320页, 图**342**
《哀悼男人的女人》图**59**
《埃菲尔铁塔下的夫妇》图**244**
《爱情》50页, 图**47**
《安息日》图**32**
《昂蒂布岬角的红月》图**282**
《昂蒂布岬角七月的花束》图**280**

B

巴黎，加尼叶歌剧院，307—308, 图**329**, 图**330**, 图**331**, 图**332**, 图**333**
《巴黎，摩天轮》91页, 图**85**
《白脖子的贝拉》245页, 281页, 355页, 图**121**
《白色磔刑》214页，223页，226页，328页, 图**240**
《百合花恋人》207页
《帮派》封皮 210页, 图**226**
《报贩》(1914年) 104页, 图**97**
《报贩》(习作) 图**98**
《抱着律法书的男人》图**23**
《贝拉和伊达》图**111**
《贝拉和伊达在培拉卡瓦》图**212**
《被信经簇拥的基督》见梅斯大教堂
《表演马戏》图**367**

C

《餐桌旁的父亲》图**185**
《餐桌旁的羔羊或夫妇》图**37**
《餐桌旁的马妮亚》图**94**
《草莓或餐桌旁的贝拉和伊达》109页, 图**92**
《茶饮》234页
《查加的立体主义景色（向前迈进)》图**150**
《城市上空》119页, 图**114**
《持灯的男人》图**134**
《持广口瓶的女人》图**38**
《持红酒杯的双人肖像》123页, 140页, 184页, 图**116**
《持扇的裸女》图**56**
《持圣油的天使》见阿西圣母院
《持调色盘的天使》356页, 图**376**
《持烛台的天使》见阿西圣母院
《冲击岩石》见尼斯
《丑角》(1922—1944年) 340页, 图**360**
《丑角》(1933年) 247页
《丑角》(草稿) 图**291**
《丑角或致我的妻子》图**316**
《窗边的花或是鸡肉静物》207页, 图**220**
《窗边的丽莎》图**96**
《窗边的身影》图**136**
《窗前的画家》202页
《窗外的巴黎》92页, 图**88**
《创世纪（天堂)》见梅斯大教堂
《吹号的骑士》141页, 图**140**

D

《达芙妮与克罗埃》264页, 307页, 图**286**, 图**287**
《大卫》图**104**
《大卫和拔士巴》(1956年) 见《圣经》
《大卫和拔士巴》(1973年) 图**314**
《大卫王》(雕塑) 图**306**
《大卫王》(油画) 322页, 图**344**
《戴黑手套的未婚妻》355页
《诞生》66页, 图**65**
《淡紫色的裸女》(素描) 图**294**
《淡紫色的裸女》268, 图**293**
《道路》图**209**
《地中海风光》《圣经箴言》图**315**
第382页
《雕塑花瓶》278页, 图**300**
《丁香丛中的恋人》图**224**

F

《法兰西之王》见兰斯大教堂
《反抗》153页
《房前的自画像》359页, 图**378**
《房屋背后》图**109**
《风暴》杂志封皮 136页, 210页, 图**225**
《风景》232页
《父亲》图**45**
《复活》图**238**

G

《高更礼赞》284页
《革命》344页
《各各他或基督受难地》83页，94页，223页, 图**89**
《公鸡上的恋人》图**248**
《估价》(习作) 图**235**
《估价或黄色犹太教士》229页, 图**236**, 图**237**
《孤独》214页, 图**230**
《果戈理礼赞》186, 图**163**
《过红海》(油画) 321页, 图**343**
《过红海》(阿西圣母院瓷砖墙设计稿) 320页, 图**342**

H

《号角》图**24**
《喝酒的士兵》图**2**, 图**78**
《和平或生命之树》见萨尔堡
《黑白犹太教士或维捷布斯克的犹太教士》135页, 图**127**
《红色犹太人》18页, 283页, 图**14**
《画架前的自画像》151页, 图**151**
《画室》图**68**
《怀孕的女人（母爱图)》65页, 图**62**
《幻想的野兽或幻想的驴马》图**305**
《黄色卧室》图**46**, 图**79**
《黄色磔刑》223页, 图**241**
《谎言》162页, 图**157**
《灰色大马戏团》图**368**
《灰色恋人》124页, 图**119**
《回想》图**366**
《婚礼》(1911—1912年) 86页, 255页, 图**7**, 图**82**
《婚礼》(1918年) 123页, 图**117**
《火鸟》73页，238页，244页，248页，251页, 307页, 332页, 图**268**, 图**269**
《带紫色面具的怪物》图**267**
《绿色怪物》图**266**
《长翅膀的人》图**265**

J

加尼叶歌剧院，见巴黎
《街道上的商店》图**28**
《节日或手持柠檬的犹太教士》105页, 图**102**
《结婚》86页, 图**81**
《井边的女人》278页
《敬礼》图**101**

K

《看见庭院的窗》202页, 图**216**
《看向布雷阿岛的窗》图**217**
《克莱斯塔科夫同志》
《卢卡·卢基什·克罗普夫》(《学监》) 图**162**
《迪尔吉戈尔达》(《警察》) 图**159**
《小火车》图**165**
《小山羊》图**166**
《奥西普》(《仆人》) 图**161**
《工人》图**161**
《彼得·伊万诺维奇·多布钦斯基》(《小市民》) 图**158**
《克兰伯里湖滨路》231页, 图**247**
《哭墙》289页
《先知以赛亚》292页

L

《拉封丹寓言》128页，187页，188—195页, 196页, 271页, 274页, 275页, 307页, 344页
《变成太太的母猫》194页, 图**207**
《乌鸦和狐狸》图**298**
《两只鹦鹉》194页
《狮子和老鼠》图**204**
《狼和鹳》图**203**
《磨坊主和他的儿子及驴子》图**202**
《孔雀向王后朱诺抱怨》205页, 194页
《泥罐和铁罐》191页, 图**206**
《老鼠和大象》194页
《狐狸和葡萄》图**201**
《爱说笑话的人和鱼》188页
《拉克湖畔尚邦教堂》194页, 图**199**—210
兰斯，圣母大教堂，292页，294页
《耶西之树或犹大之王，亚伯拉罕和基督》图**325**, 图**326**
《法兰西之王》图**325**
《蓝翅膀的摆钟》217页, 图**232**
《蓝色房屋》113页, 220页, 图**107**
《蓝色恋人》124页, 图**118**
《蓝色驴子》275页, 图**297**
《蓝色马戏团》图**363**
《蓝色小提琴手》图**275**
《立体主义景色》150页, 图**149**
《利尔-阿达姆附近的景色》196页, 图**208**
《脸上有房子的自画像》图**379**
《恋人》(1916年) 118页, 图**113**
《恋人》(1928年) 207页, 图**222**
《恋人》(1964—1965年) 311页
《恋人和鸟或公鸡背上的恋人或恋人和

公鸡》图**302**
《恋人和野兽》图**299**
《两个裸体或亚当和夏娃或雕刻石柱》281页, 图**303**
《路上的亚伯拉罕和以撒》见《圣经》
《绿色恋人》124页, 图**120**
《绿色眼睛》232页, 图**249**
《绿色犹太人》图**103**
《绿色自画像》355页, 图**373**

M
《马槽》220页
《马克·夏加尔》图**381**
《马戏团的马》图**365**
《马戏团的未婚夫妇》344页
《卖面包的女商贩》图**29**
《玫瑰色恋人》124页
梅斯，圣埃蒂安大教堂，294页
《被信经簇拥的基督》（习作）图**317**
《创世纪（天堂）》图**318**, 图**319**
《妹妹玛利亚桑卡》图**93**
《梦》图**128**
《摩西》图**307**
《墨西哥磔刑》223页
《木偶傀儡师》图**155**
《沐浴的女人》278页
《墓地》图**126**, 131页
《墓地大门》18页, 131页, 137页, 图**12**

N
《拿弗他利的部族》见耶路撒冷，哈大沙医院
《拿梳子的裸女》图**58**
尼斯，国立马克·夏加尔博物馆，23页，128页，276页，289页，307页，314页，318页，321—335页
《雅歌》组画 128页, 191页, 318页, 322页, 330页, 331页, 图**3**, 图**352**, 图**353**
《上帝造人》322, 图**349**
《创世纪（习作）》324页
《创世纪》301页, 图**278**, 图**323**
《冲击岩石》318页, 328页
《摩西在燃烧的荆棘丛前》328页, 图**334**, 图**348**
《摩西接受律法板》322页, 328页, 图**350**
《天堂》图**354**
《先知以利亚》289页, 图**310**
《过红海》322页, 图**343**
《献祭以撒》318页, 图**351**
《鸟或诗篇124》320页, 见阿西圣母院
纽约，波坎蒂科山，294
纽约，联合国，292页，294页
《农民生活》图**178**
《诺亚接到建造方舟的指示》见《圣经》

O
《哦上帝》图**6**

P
《培拉卡瓦的景色，鹰》图**211**
《牝鹿或诗篇42》见阿西圣母大教堂
《平躺的诗人》201页, 图**213**
《普珥节》131页, 图**125**
《七指自画像》24页，92页，154页，355页, 图**18**, 图**87**
《祈祷的犹太人》153页, 图**15**

Q
《去祖父母家》32页, 图**33**

R
《燃烧的房子或飞翔的马车》238页, 图**254**
《乳品厂》210页, 图**227**

S
萨尔堡，科德利埃礼拜堂，292页, 301页
《亚当和夏娃》图**328**
《和平或生命之树》图**327**
《塞纳河上的桥》图**288**
《塞壬》285页
《三点半诗.诗人》86页, 图**84**
《三个杂技演员》图**357**
《散步》119页, 140页, 178页, 282页, 图**115**
《丧礼》，封面插画 26页, 图**19**, 图**20**
《山羊构图》152页, 图**153**
《上帝宽恕耶路撒冷》见《圣经》
《上帝造人》（1930年）见《圣经》
《上帝造人》（1956—1958年）见尼斯
《上帝造人》（1959年）图**301**
《上帝造人》（1971—1872年）见尼斯
《上帝造人》见《圣经》
《生日》116页, 184页, 207页, 图**112**
《牲畜棚》30页, 图**25**
《牲口贩子》（1912年）184页, 图**194**
《牲口贩子》（1922—1923年）图**182**, 图**195**
《圣保罗上空的恋人》图**283**
《圣车夫》340页
《圣家庭》（1910年）65页, 图**63**
《圣家庭》（1912年）66页, 图**64**
《圣家庭或夫妻》65页, 图**61**
《圣经》23页, 191页, 211页, 232页, 261页, 275页, 314—320页, 321页, 328页, 350页
《路上的亚伯拉罕》（1930年）
《上帝造人》（1930年）328页
《大卫和拔示巴》（1956年）图**341**
《上帝造人》图**337**
《诺亚接到建造方舟的指示》图**338**
《上帝宽恕耶路撒冷》图**339**
《先知耶利米预知耶路撒冷将被尼布甲尼撒王占领》图**340**
《献祭以撒》318页, 图**336**
《圣经里的女性：拉结和利亚》图**308**
《圣经里的女性：撒拉和利百加》图**309**
《圣经箴言》见尼斯
《圣母院的怪物》图**289**
《诗人马辛》86页, 图**83**
《诗人与鸟》199页, 图**53**
《时间无垠》217页, 图**233**
《时钟上的自画像或是摆钟上的自画像》图**234**
《世界之外》113页, 图**106**
《收获》58页, 图**55**
《手》图**382**
《手持画刷的自画像》图**371**
《手持调色盘的自画像》119页, 图**372**
《手持小提琴的自画像》254页, 图**276**
《手里的两颗头颅或两颗头颅和一只手》图**304**
《受伤的士兵》图**100**
《受磔刑的画家》图**242**
《树旁的裸女》图**57**
《睡觉的女人》278页
《斯摩棱斯克日报》105页, 图**99**
《死魂灵》182页, 184页, 187页
《警察出面》图**200**
《果戈理和夏加尔》图**197**
《画家们》图**199**
《小城》图**198**
《死亡》62页, 153页, 188页, 图**60**
《死者（村庄和拉小提琴的人）》图**76**
《四季》见芝加哥

T
《弹曼陀铃的大卫》图**105**
《堂吉诃德》367页, 图**387**
《天使之坠》217页, 图**231**
《天堂》见尼斯
《田园牧歌》204页, 图**218**

W
《瓦瓦肖像画》图**285**
《旺斯的恋人》图**279**
《维尔纳的犹太教堂》图**229**
《维捷布斯克》图**34**
《维捷布斯克窗外的景色》202页, 图**215**
《维捷布斯克的集市》图**90**, 图**108**
《维捷布斯克上空》图**123**
《文学》见犹太艺术剧院
《我，马克·夏加尔》图**192**
《我的生涯》177页, 图**183**
《在画架前》图**193**
《自画像》图**189**
《房中自画像上的自画像》图**380**
《维捷布斯克的房屋》178页
《祖父的房子》图**191**
《母亲》图**187**
《母与子》图**186**
《音乐家》图**190**
《父亲》图**184**
《餐厅》图**188**
《犹太教律法研究者》图**22**
《我的生涯》10页, 346页, 图**5**
《我和村庄》74页, 图**69**
《我们的餐厅》32页, 图**31**
《舞蹈》见犹太艺术剧院
《舞台爱情》见犹太艺术剧院

X
《西布伦的部族》见耶路撒冷，哈大沙医院
《西方世界的杂技演员》158页, 图**164**
《习作》图**124**
《先知耶利米预知耶路撒冷将被尼布甲尼撒王占领》见《圣经》
《先知以利亚》（1914—1915年）图**10**
《先知以利亚》（1970年）见尼斯
《显圣》128页, 356页, 图**122**
《献给我的未婚妻》73页, 94页, 128页, 图**70**
《献祭以撒》（1931年）见《圣经》
《乡间茅舍的和平——宫殿的战争》141页, 图**137**
《小马戏团》348页, 图**361**
《小提琴手》（1911—1914年）图**272**
《小提琴手》（1912—1913年）图**271**
《小提琴手》（1926—1927年）图**274**
《新娘的椅子》204页, 图**221**
《雄鸡和侧影》图**295**
《雪，维捷布斯克的冬天》图**30**
《雪橇上的圣母》图**255**
《雪中火焰》234页

Y
《雅歌》见尼斯
《雅各的梦》327页
《雅各的梯子》328页
《雅各与天使互搏》327页, 图**346**
《雅各与天使互搏》327页, 图**347**
《亚伯拉罕和三个天使》318页，324页，图**345**

《亚当和夏娃》（1976年）83页，图**77**
《亚当和夏娃》（1976年）见萨尔堡
《亚当和夏娃》（习作）77页，图**73**
《仰头的男人》9页，图**4**
耶路撒冷，《新约》289页，292页
《进入耶路撒冷》292页
《出埃及记》292页
耶路撒冷，希伯来大学哈大沙医院 298页
《阿舍的部族》图**321**
《拿弗他利的部族》图**322**
《西布伦的部族》图**320**
《耶西之树或犹大之王，亚伯拉罕和基督》见兰斯大教堂
《夜晚的街头卖艺者》344页，图**364**
《椅子上的花，穆里翁》204页
《艺术家的家庭幻象》图**228**，图**246**
《音乐》见犹太艺术剧院
《音乐的胜利》251页，图**270**
《音乐的源泉》251页
《音乐家们》图**273**
《萦绕》234页，图**251**
《尤利西斯箴言》289页
《犹太剧院序幕》见犹太艺术剧院
犹太艺术剧院，138页，240页，243页，256页，307页，308页，338页，342页
《舞台爱情》164页，图**175**
《圆圈和山羊构图》图**154**
《舞蹈》（习作）图**171**
《舞蹈》图**172**
《犹太剧院序幕》（草图）图**168**
《犹太剧院序幕》（习作）图**169**
《犹太剧院序幕》图**167**
《文学》图**174**
《音乐》图**170**
《戏剧》图**173**《雨》图**75**
《圆圈和山羊构图》见犹太艺术剧院
《月光下的运水工》58页，图**54**
《月之画家》151页，图**152**

Z
《杂技演员》（1914年）图**355**
《杂技演员》（1918年）图**356**
《杂技演员》（1927年左右）图**358**
《杂技演员》（1930年）图**359**
《杂耍艺人》346页，图**362**
《在公鸡背上》图**43**
《在画前》图**243**
《在理发店》图**50**
《在路上或游荡的犹太人》图**181**
《在犬和狼之间》图**245**
《在她的身旁》247页，图**264**
《扎尔基窗外的景色，维捷布斯克附近》199页
《战争》（草图）图**252**
《战争》234页，图**253**
《磔刑》图**239**
《着火的村庄》234页
芝加哥第一国民银行，289页
《四季》图**312**，312页
《职员》162页，图**156**
《致阿波利奈尔》图**72**
《致查理·卓别林》图**386**
《致俄罗斯、驴子和其他》24页，73页，92页，94页，图**17**
《钟》217页
《住棚节》（普珥节）图**125**
《桌下的裸女》204页，图**219**
《紫色背景上的花束或覆盆子》图**223**
《自画像（头戴光环）》图**44**
《自画像》（1907年）图**385**
《自画像》（1909年）356页，图**375**
《自画像》（1914年）图**370**
《自画像》（1925年）350页
《自画像》（1952年）图**383**
《自画像》（1959—1968年）图**290**
《自画像》（1968—1969年）图**384**
《自由》153页
《祖母》图**95**
《醉酒的男人或酒鬼》73页，83页，94页，图**80**
《做鬼脸的自画像》22页，327页，359页，图**377**

摄影作品所有权

Scala Archives, Florence : plats 1 de la couverture et du coffret, p. 45 (Museo Nacional Thyssen-Bornemisza) ; p. 13, 89, 105, 106, 223, 351 (Photo The Philadelphia Museum of Art/Art Resource, NY) ; p. 16b, 27g (Photo The Jewish Museum/Art Resource, NY) ; p. 21 ; p. 37, 85, 101, 196, 207, 232 (Christie's Images, London) ; p. 68-69, 338 (The Art Institute of Chicago/Art Resource, NY) ; p. 74, 95, 117, 130-131, 137g, 146, 158, 176, 234, 240 à 244 (Digital Image, The Museum of Modern Art, New York) ; p. 115, 123, 215, 367 ; p. 142b (Digital Image Museum Associates/LACMA/Art Resource, NY) ; p. 144b, 145, 185, 186, 187 (Photo Fine Art Images/Heritage Images) ; p. 171, 336h (Albright Knox Art Gallery/Art Resource, NY) ; p. 269 (Courtesy of the Ministero Beni e Att. Culturali e del Turismo). **Agence photographique de la Réunion des Musées Nationaux – Grand Palais, Paris :** p. 2, 26, 28, 29, 32, 36h, 38h, 47, 51, 53, 55, 59, 60h, 76, 77, 104d, 107, 126, 127, 132h, 133, 137d, 139, 141, 148, 149, 154, 156, 157, 159, 160, 161, 162-163h, 163, 165g, 174-175, 177h, 183b, 194, 195, 210, 225, 228, 235, 246, 266, 267, 327, 336b, 345, 356d, 357, 358, 362, 365 et 366 (Centre Pompidou, MNAM-CCI/Philippe Migeat), 14-15 et 86-87 (Centre Pompidou, MNAM-CCI/Bertrand Prévost), 17 et 63 (Centre Pompidou, MNAM-CCI/Jacques Faujour), 19, 88, 104g et 125 (Centre Pompidou, MNAM-CCI/image Centre Pompidou, MNAM-CCI), 24 (Centre Pompidou, MNAM-CCI/Jean-François Tomasian), 122 (Centre Pompidou, MNAM-CCI/Adam Rzepka), 211 (Centre Pompidou, MNAM-CCI/Georges Meguerditchian), 237 (Centre Pompidou, MNAM-CCI/Jacqueline Hyde) ; p. 5, 83, 93, 172b, 238 (The Solomon R. Guggenheim Foundation/Art Resource, NY) ; p. 6-7, 231, 258-259, 277, 288, 294, 300, 312-313, 316, 317, 324-325, 326 et 328 à 335 (Musée Marc Chagall/Adrien Didierjean), 64, 72-73, 222, 257, 279, 284, 285, 286, 287, 293h, 301, 318, 319, 321, 323, 339, 340, 341, 343, 354 et 363 (Musée Marc Chagall/Gérard Blot) ; p. 16h, 20, 135b, 136d (Musée d'art et d'histoire du judaïsme/Michel Urtado) ; p. 27d (BPK, Berlin/Michael Herling/Benedikt Werner), 30, 177b et 180bg (BPK, Berlin/Michael Herling/Aline Gwose), 91 et 268h (BPK, Berlin/Elke Walford), 108, 253 et 352 (BPK, Berlin/Walter Klein), 178h (BPK, Berlin/image BPK) ; p. 34-35 (The Metropolitan Museum of Art/Image of the MMA/The Frederick and Helen Serger Collection, Bequest of Helen Serger, in honor of William S. Lieberman, 1989), 58, 96-97, 114 et 220h (The Metropolitan Museum of Art/Image of the MMA/Bequest of Scofield Thayer, 1982), 118-119 (The Metropolitan Museum of Art/Malcolm Varon/Jacques and Natasha Gelman Collection, 1998), 209 (The Metropolitan Museum of Art/Image of the MMA/Bequest of Richard S. Zeisler, 2007) ; p. 138 (Tate, Londres/Tate Photography/David King Collection), 200 (Tate, Londres/Tate Photography) ; p. 203b (Archives Alinari, Florence/Fratelli Alinari) ; p. 224 (Art Institute of Chicago/Image The Art Institute of Chicago) ; p. 212-213, 230 (Michel Urtado) ; p. 261b (IMEC, Fonds MCC/Gisèle Freund). **© Archives Marc et Ida Chagall, Paris :** p. 8, 22, 31h, 40, 42, 46, 50, 60b, 61, 67, 71, 78, 81, 98, 102, 103, 110, 116, 142h, 143, 144h, 152, 153, 155, 168, 169, 178b, 179, 180h, 180bd, 182, 184, 189, 197, 199, 205, 208, 214, 217, 218, 219, 226, 229, 233, 236, 245, 247, 248-249, 250, 255, 256b, 260, 261h, 262, 263, 265, 268b, 270d, 271, 272, 273, 275, 276, 278, 283, 292, 306, 314, 315, 320, 337, 342, 346 à 349, 350, 353, 359, 360, 361, 364b. **© Archives Fondation Maeght, Saint-Paul de Vence :** p. 10-11, 227 (photo Claude Germain), 289 (photo Roland Michaud). **© Ryback Art Museum, Bat Yam/Photo Jens Ziehe :** p. 18. **© Musée national des beaux-arts de Biélorussie, Minsk :** p. 23, 39. **© Collection Stedelijk Museum Amsterdam :** p. 25, 65, 92, 204, 239, 252, plats 4 de la couverture et du coffret. **© Musée régional de Vitebsk, Biélorussie :** p. 31b, 38b, 147b. **AKG-Images, Paris :** p. 33, 52, 132b, 147h, 151 ; p. 124 (Cameraphoto) ; p. 140b (Fine Art Images) ; p. 172h (Bildarchiv Pisarek) ; p. 220b (Sammlung Berliner Verlag/Archiv) ; p. 295 (Bildarchiv Monheim/Paul M.R. Maeyaert) ; p. 296-297 (Yvan Travert). **© Rheinisches Bildarchiv, Sabrina Walz** : p. 36b (rba_d048799). **© Galerie Tretiakov, Moscou :** p. 41, 120, 162-163b, 164, 165d, 166, 167. **© mahJ, Paris :** p. 43g (photo Mario Goldman), 135h (photo Christophe Fouin), 136g (photo Niels Forg). **© Fondation Pierre Gianadda, Martigny :** p. 44, 270g. **© Fondation Beyeler, Riehen/Basel - Foto Robert Bayer :** p. 48-49, 84. **© Kunstmuseum Basel :** p. 54, 109, 134h, 183h, 216, 221. **© Minneapolis Institute of Art :** p. 56-57. **© Musée russe, Saint-Pétersbourg :** p. 62, 121, 134b. **© Kunsthaus Zürich :** p. 66. **Bridgeman Images, Paris :** p. 70 (Photo © Limot) ; p. 82 (Saint Louis Art Museum, Missouri) ; p. 90 (Photo © Lefevre Fine Art Ltd., London) ; p. 192 (National Gallery of Victoria, Melbourne) ; p. 193 (Private Collection) ; p. 356g (Detroit Institue of Arts). **© Kunstmuseum Bern :** p. 75. **© Collection Van Abbemuseum, Eindhoven/Photo Peter Cox, Eindhoven :** p. 79. **© The Solomon R. Guggenheim Foundation, Peggy Guggenheim Collection, Venice, 1976 :** p. 80. **Collection Emil Bührle, Zurich © SIK-ISEA, Zurich (J.-P. Kuhn) :** p. 86. **La Collection, Paris :** p. 99, 111, 201, 202 (Artothek) ; p. 290-291 (Clément Guillaume). **Leemage, Paris :** p. 100, 140h, 203h, 254 (FineArtImages) ; p. 264 (De Biasi/MP/Portfolio) ; p. 304, 305 (DeAgostini). **© The Museum of Modern Art, Gunma :** p. 112. **© Liège, musée des beaux-arts – La Boverie :** p. 113. **© Museum of Avant-Garde Mastery, Moscou** : p. 129. **© Collection particulière :** p. 150, 173. **© MRBAB, Bruxelles/Photo J. Geleyns – Art Photography :** p. 181. **© Collection Larock-Granoff :** p. 188, 190. **© Museum Boijmans Van Beuningen, Rotterdam/Photo Studio Tromp, Rotterdam :** p. 198. **© Gothenburg Museum of Art** : p. 206. **© Boris Lipnitzki/Roger-Viollet :** p. 248, 274. **© Galerie Thomas, Munich :** p. 256h. **© Photo Benoit Coignard :** p. 280, 281, 282, 364h. **© Cliché Adagp Images :** p. 293b. **© Yuval Yairi :** p. 298, 299. **© Manuel Cohen :** p. 302, 303. **© Hélène Jeanbrau/Rapho :** p. 307. **© Jean-Pierre Delagarde :** p. 309 à 311.

根据知识产权法的规定，我们搜索了所有图像和文字的权利所有者。页码后标注的h/b/g/d分别对应该页上/下/左/右 图。如有未被联系的权利所有者，请接受我们的歉意并告知出版社。

致谢

夏加尔作品的重要性和成功吸引了很多研究者对他和作品进行研究。这些研究者和他们的著述丰富了我的知识，启迪了我的思维，在这里不再一一列举出，不过读者会在阅读这本书的过程中会发现他们的名字。

此外，在这本书的写作过程中，我的朋友也给了我很大的支持。其中安娜·贝尔努（Anne Bernou）给了我非常珍贵的鼓励、建议和意见，布里吉特·普洛美（Brigitte Plommet）、贝特朗·迪里耶（Bertrand Tillier）和弗朗索瓦·科扎维尔（François Xavier）也给我提出了非常重要的改进意见。当然，如果没有Citadelles & Mazenod出版社团队的马里恩·捷安（Marion Jouan）、纳什塔斯·查哈塔因斯基（Nastassia Chahtahtinsky）和格温娜·本·爱莎（Gwenaël Ben Aissa），这本书也会难以面世。

我也不能忘记马克·夏加尔协会的友好合作，以及协会副会长梅来特·梅耶的帮助，他了解祖父马克·夏加尔的所有事情。还要感谢安布雷·戈蒂耶、索菲亚·格鲁霍娃（Sofiya Glukhova）和保罗·施耐特（Paul Schneiter）。

最后，我还要深切表达我对校对苏珊娜·马东（Suzanne Madon）和编辑吉纳维芙·鲁道夫（Geneviève Rudolf）的感激之情。

再次感谢以上各位人士对本书的贡献。